U0687165

珞珈管理评论
Luojia Management Review

2016 年卷　第 1 辑(总第 18 辑)

武汉大学经济与管理学院　主办

武 汉 大 学 出 版 社

图书在版编目(CIP)数据

珞珈管理评论.2016年卷.第1辑:总第18辑/武汉大学经济与管理学院主办.—武汉:武汉大学出版社,2016.6
ISBN 978-7-307-18207-3

Ⅰ.珞… Ⅱ.武… Ⅲ.经济管理—文集 Ⅳ.F2-53

中国版本图书馆 CIP 数据核字(2016)第 144984 号

责任编辑:陈 红 责任校对:李孟潇 版式设计:韩闻锦

出版发行:**武汉大学出版社** (430072 武昌 珞珈山)
(电子邮件:cbs22@ whu.edu.cn 网址:www.wdp.com.cn)
印刷:武汉中科兴业印务有限公司
开本:787×1092 1/16 印张:12.5 字数:290 千字
版次:2016 年 6 月第 1 版 2016 年 6 月第 1 次印刷
ISBN 978-7-307-18207-3 定价:28.00 元

版权所有,不得翻印;凡购买我社的图书,如有质量问题,请与当地图书销售部门联系调换。

目　　录

CONTENTS

领导成员交换关系：中庸思维和高承诺工作系统的影响研究[*]

● 蒋文凯[1]　贾良定[2]　刘德鹏[3]

（1，2，3　南京大学商学院　南京　210093）

【摘　要】领导成员交换关系对员工及组织发展有着日益重要的作用。基于中国东部某地区 26 家公司、46 个团队、206 名员工—上司配对数据的跨层次分析表明，员工中庸思维与员工感知的领导成员交换关系正相关，主管中庸思维加强了该正相关关系；并且高承诺工作系统加强了领导成员交换关系与员工工作绩效之间的正相关关系。本文拓展了中国情境下领导成员交换关系的前因变量，即上下级的中庸思维，以及高承诺工作系统对领导成员交换关系发挥效能的情境作用。

【关键词】中庸思维　领导成员交换关系　高承诺工作系统　工作绩效

1. 问题的提出

领导成员交换关系理论为研究领导与员工"二元关系"提供了新视角（Gerstner and Day，1997；Liden，Sparrowe，and Wayne，1997）。高质量的领导成员交换以社会、情感交换为特征，在领导与成员关系之间形成长期的相互信任、赏识以及帮助；而低质量的领导成员交换以物质、经济交换为特征（Liden et al.，1997）。基于社会交换的互惠原则，领导成员交换关系质量更高的员工向领导者回馈更高的工作积极性和责任意识，从而为组织作出更多贡献（Green，Anderson，and Shivers，1996）。研究表明，上下级之间良好的社会交换关系有利于缓解压力、降低离职倾向、提高绩效等（Humphrey，Nahrgang，and Morgeson，2007；Ilies，Nahrgang，and Morgeson，2007；Gerstner and Day，1997）。关于中国情境的研究也表明，员工普遍重视与领导的上下级关系，管理者也倾向于与下属保持良

* 基金项目：国家自然科学基金资助项目"制度环境、企业间网络与企业战略的互动关系：以乡镇企业集权为对象的研究"（71272109），"中国企业雇佣关系模式与人力资源管理创新研究"（71332002），"明星员工的同伴效应：个体和团体层次的实证研究"（71502094），以及"中国特色社会主义经济建设协同创新中心"的支持。

通讯作者：蒋文凯，E-mail：kevin_jiang09@ 163. com。

好的关系（Zhang，Wang，and Shi，2012；Wang，Law，Hackett，Wang，and Chen，2005；王忠军、龙立荣、刘丽丹，2011）。Chen 等（1998）认为相比于美国员工，中国员工在团队合作中更倾向于形成"圈内人"导向。Gelfand 等（2007）认为不同的社会文化情境下，个体所拥有的价值观、性格特征对其在组织中发展人际关系也有不同的影响。

社会文化影响下的价值观、思维方式等是研究社会关系需要考虑的因素。Peng 等（1999）认为由于受不同社会文化的影响，东西方人在思维方式上会表现出很大差异，对东方人而言，和谐是社会关系发展的重要导向，其问题处理方式更倾向于折中的方案。中庸思维是中国传统文化的核心价值观之一，对组织成员价值观和日常工作有广泛而深刻的影响。然而，现有的关于中庸思维对领导成员交换关系影响的研究却甚为少见。

领导成员交换关系的重要性还体现在对员工在组织中的态度及行为的积极影响。然而，由于中国情境下员工与领导发展形成的"圈内"、"圈外"差异关系未必带来的都是正能量（Li and Liao，2014；江静、杨百寅，2014；马力、曲庆，2007；Liden，Erdogan，and Wayne，2006）。良好的领导成员交换关系能否转化为员工生产力？这可能需要组织层次的结构与文化的配合。战略性人力资源管理作为组织重要的文化、战略载体，对员工有着深刻的影响（江静和杨百寅，2014；Scullion and Starkey，2000）。随着企业人力资源系统从控制型转为以承诺为导向，越来越多的管理学者和实践者意识到高承诺工作系统在组织中的有效性（Walton，1985；Chang，Jia，Takeuchi，and Cai，2014；Xiao and Björkman，2006）。高承诺工作系统以提高员工组织承诺感为宗旨，包括员工培训、利润分享计划、团队绩效评估、工作轮换、员工自我管理等一系列组织人力资源管理实践（Xiao and Tsui，2007）。然而，现有的关于领导成员交换与工作绩效关系的研究忽视了组织结构和文化情境的影响（Dulebohn et al.，2012；Chen，Kirkman，Kanfer，and Allen，2007；Day，Gronn，and Salas，2006）。

因此，基于领导成员交换关系的重要性，本文探究具有中国传统文化特色的中庸思维对领导成员交换关系发展的影响，以及高承诺工作系统下领导成员交换对员工绩效关系的影响。

2. 理论与假设

2.1 领导成员交换关系

领导成员交换关系（Leader-member Exchange，LMX）是基于社会交换理论而提出的，指员工感知的来自领导者的信任和支持，反映了员工与领导者二元关系的质量（Graen，1976）。

领导—成员二元关系的发展与彼此之间的个体特征息息相关（Dienesch and Liden，1986）。从个性特征来看，下属宜人性、外向性有助于员工在工作场所的沟通，而尽责性较高的员工在工作中能得到领导者更多的工作委派和信任，因而宜人性、外向性、尽责性高的下属更易与领导者发展质量较高的 LMX（Dulebohn et al.，2012；Philiphs and Bedeian，1994）。下属和领导的积极情感对 LMX 均具有正向作用（Chun，Law，and Chen，

1999）。此外，员工向上的影响行为如迎合、结盟、自荐等对 LMX 的发展有着积极作用（Colella and Varma，2001；Schriesheim，Castro，and Yammarino，2001）。Wang 等（2005）的研究表明变革型领导有助于提高 LMX，从而进一步提高员工的公民行为与绩效。相反，辱虐型领导、威权型领导对 LMX 有显著的负向影响（Xu，Huang，Lam，and Miao，2012；邱功英、龙立荣，2014）。王忠军等（2011）发现，下属在工作之余对主管私人关系的投入能提升 LMX。

在关于 LMX 的前因变量研究中，领导与下属的相似性是重要的研究方向，如性别相同（Goertzen and Fritz，2004）、价值观相似性（Ashkanasy and O'Connor，1997），以及感知的相似性（Murphy and Ensher，1999）等。Zhang 等（2012）的研究结合了领导与下属个体特征的两个层面，探究了双方在主动型人格方面的一致性对 LMX 的作用。基于领导与下属性格、价值观或行为处事等方面的相似性而形成的相互间的喜爱和吸引对双方之间的关系有着重要的作用（Dulebohn et al.，2012；Murphy and Ensher，1999）。相比于"实际的"相似性，双方"感知到的"相似性对领导成员关系的发展更为重要（Liden et al.，1997）。

情境变量与 LMX 的质量有着密切的关系。例如，工作团体的规模、主管权力的集中度、组织文化会影响 LMX 的质量（Dienesch et al.，1986）。Kinicki 和 Vecchio（1994）发现，主管在工作场所中感受到的时间压力与 LMX 正相关。Walumbwa 等（2009）认为组织公平中的人际公平、信息公平影响 LMX 的发展。Masterson 等（2000）在探索组织层面的变量影响领导成员交换时发现分配公平感、程序公平感、互动公平感和组织支持感均对 LMX 存在积极影响。团队凝聚力、工作性质、工作负荷、组织资源等因素与 LMX 的发展正相关，组织部门数量与 LMX 质量负相关（Cogliser and Schriesheim，2000；Green et al.，1996）。

已有的研究表明，高质量的 LMX 有助于提高员工的工作绩效（Zhang，Wang，and Shi，2012；Dulebohn，Bommer，Liden，Brouer，and Ferris，2012；Wang，Law，Hackett，Wang，and Chen，2005；周明建，宝贡敏，2005）。根据领导成员交换理论，员工与上级形成较好的 LMX，有助于员工获得更多的组织资源和增强其内在动力，并投入工作中，因而提升员工工作绩效。元分析的结果也验证了上述关系（Gerstner and Day，1997；Dulebohn et al.，2012）。值得注意的是，江静和杨百寅（2014）的研究发现，良好的 LMX 可能会弱化具有批判性思维的员工在工作中的创造力，以避免对领导权威的挑战。马力和曲庆（2007）认为，差异化的 LMX 可能会有损组织公平，在关系盛行的组织中造成领导与下属之间的互惠现象。因此，中国情境下，高质量的 LMX 可能会带来组织假象以及不良后果。

综上回顾发现，有关领导与下属的交互作用对 LMX 影响的研究较少（Dulebohn et al.，2012），主要集中于人口统计学变量、性格等的相似性。然而，领导成员二元关系的发展不应将两者孤立开来（陈建勋、凌媛媛、刘松博，2012）。此外，LMX 发展的动机并不应仅仅局限于领导风格和性格等方面（张志学、鞠冬、马力，2014；Antonakis and Atwater，2002）。组织工作情景对 LMX 影响的研究相对较少，组织工作情景的差异性如组织文化、人力资源管理制度等对团队及个人跨层次影响的研究较少（Dulebohn et al.，2012；Chen，Kirkman，Kanfer，Allen，and Rosen，2007；Dienesch and Liden，1986）。

2.2　中庸思维

中庸是中国传统儒家文化的核心思想，是人们为人处世及解决问题的基本原则①。"中庸"的基本含义及精神是：执两端而允中。实质上，中庸之道包括"中"与"和"，"中"指"恰如其分，不走极端"；"和"则是从全局性和整合性出发，讲求行动体系的和谐关系导向（张德胜、金耀基、陈海文、陈健民、杨中芳、赵志裕，2001）。张德胜和金耀基（1999）指出中庸不是没有原则性的居中折半，要明辨是非，做到"不偏不倚"、"合宜合适"。近年来，随着本土心理学的发展，中庸思维的研究逐渐从社会学的定性理论分析层面拓展到基于概念测量及实证分析的具体化层面（Peng and Nisbett，1999）。杨中芳、赵志裕（1997）和吴佳辉、林以正（2005）等提出的关于中庸思维的量表将中庸思维的管理学及心理学研究提升到了可操作的层面。吴佳辉等人（2005）将中庸思维总结为多方思考、整合性和和谐性等三个维度，并在中国情境发展了量表。

高中庸思维者重视"和"，倾向于以整合性、全局性的观点为基础，来处理人际关系导向。面对组织事物矛盾，尽量做到既有利于组织又不伤害他人，如段锦云和凌斌（2011）研究发现，高中庸思维的员工能够积极地进行顾全大局式建言，而反对自我冒进的建言行为，表现为大局观意识以及和谐性的关系导向。基于全局行动方案的最优化及组织工作情境中动态信息的整合，中庸思维能够有效地改变组织中员工沉默的现状（何轩，2009）。赵可汗等（2014）的研究发现，团队成员整体的中庸思维水平，通过信息的整合及换位思考而形成的对问题的全面理解，能够有效地抑制团队关系冲突对信息加工的负效应。已有的关于员工中庸思维的研究集中于建言、冲突、沉默等方面。

孔子说，"君子和而不同，小人同而不和"。高质量的关系发展能够接受以"和"为中心的基础价值，充分表达自己的见解。君子之道应表现为在承认差异的前提下寻求和谐共处，通过扬长避短等方式，形成以平衡和谐为导向的人际关系处理原则。然而，鲜有研究探究上下级中庸思维对 LMX 的影响。

2.3　员工中庸思维与领导成员交换关系

相比于西方人注重局部加工的思维方式，东方人更强调整体性加工，倾向于注意事物之间的关系（Han and Northoff，2008），在工作场所中表现为更加注重人际关系的发展。LMX 被认为是工作场所中最重要的一种人际关系（Tierney et al.，1999）。站在员工的角度，员工的中庸思维深刻地影响着其在工作场所的行动和感知。中庸思维强调在处理矛盾时寻找平衡点，以达到全局状态的行动最优方案。不拘泥于某一观点或者行动，而是根据周围情境对自身做出适时调整，整合各种信息及观点。与低中庸思维的员工相比，高中庸思维的员工在处理矛盾或冲突等难题时，一方面会关注矛盾与冲突本身及其对立双方，宽

---

①　杨中芳. 传统文化与社会科学结合之实例：中庸的社会心理学研究[J]. 中国人民大学学报，2009，23（3）：53-60.

容对方，吸收并整合对方意见；另一方面会细察其对应的背景和发展动态①，更倾向于以"和谐"为导向，通过建言等方式的调整来加强人际关系②。因此，本文提出：

假设 1：团队成员个体的中庸思维与领导成员交换关系正相关。

2.4 主管中庸思维的调节作用

LMX 是上级与下属相互影响的重要通道(Tierney et al. , 1999)。现有的关于领导中庸思维影响的研究主要关注高层管理者。如高中庸思维的领导者兼备多方思考和整合的思维，从而通过组织两栖导向来提高战略决策的质量并带来组织绩效的提升(陈建勋、凌媛媛、刘松博，2010)。李维安等人(2014)研究了董事会的中庸思维对 IPO 定价的影响。极少有文献关注中层甚至一线领导如团队主管的中庸思维影响作用。

中庸思维较高的团队主管通过营造融洽的工作氛围来克服团队成员间所产生的冲突。团队主管对团队氛围有着深刻的影响(Gardner et al. , 2005)。高中庸思维的团队主管，在团队建设中能够营造和谐、宽容的团队氛围，更加高效地整合团队中的信息，重视员工的意见表达。高中庸思维的团队主管能够站在员工的角度思考问题，能够完整而清晰地体察工作环境的变化，对于员工的错误能够表现为更多的理解和宽容，给予员工更多的指导和帮助(李超平，2013)。相反的是，与高中庸思维概念存在部分对立的威权领导，与下属保持较高的权力距离和威严性，一方面降低了下属向上沟通与交流的主动性，另一方面降低了领导者向下沟通交流的主动性，因此威权型领导与下属的领导成员交换质量较差(邱功英、龙立荣，2014)。领导者的威权行为会影响领导者对员工信息的感知，削弱员工感知到的公平感和存在感，从而组织中形成较为紧张的团队氛围，使得整个团队人心涣散，团队成员与领导者的社会关系处于以经济交换为主的低质量状态(Xu, Huang, Lam, and Miao，2012)。

作为团队工作情境，高中庸思维主管营造的特有的团队氛围对员工的影响作用具有普适性吗？基于社会信息处理理论，工作环境中信息接收者对信息的敏感度与其思维方式、价值观等方面的契合度相关(Salancik and Pfeffer，1978)。思维模式的差异对员工接受工作环境中信息的有效性及信息加工的导向具有深刻的影响(赵可汗、贾良定、蔡亚华、王秀月、李珏兴，2014；何轩，2009；段锦云、凌斌，2011)。因此，不同中庸思维程度的员工对团队氛围的敏感度存在差异。

一方面，高中庸思维的主管能够在团队中建立宽恕、和谐的氛围，顾全大局，执中、辞让并避免偏激(陈建勋、凌媛媛、刘松博，2010；Leung et al. , 2002)。根据社会信息加工理论，同样具有高中庸思维的员工对宽容氛围能够更加具有信息敏感度，因而进一步表现为对主管的价值认同感。高中庸思维的员工能够提高自身的宽容度以响应主管及团队宽恕、和谐的工作氛围。元分析的研究表明，与中庸思维的和谐性、多方思考等维度相类

---

① 何轩. 互动公平真的就能治疗"沉默"病吗？——以中庸思维作为调节变量的本土实证研究[J]. 管理世界，2009(4)：128-134.

② Leung, K. , Koch, P. T. , Lin, L. . A dualistic model of harmony and its implications for conflict management in Asia[J]. *Asia Pacific Journal of Management*，2002，19(2)：201-220.

似的宜人性、换位思考与员工的宽恕行为正相关（Fehr and Gelfand，2012）。当员工遇到冲突与冒犯时，高中庸思维的领导更倾向于选择激发宽容的团队氛围来处理冲突与矛盾，宽恕氛围能够激活高中庸思维的员工的共情与换位思考而赢得领导的信任（张军伟、龙立荣，2014；Fehr and Gelfand，2012）。

另一方面，高中庸思维的员工对团队主管营造的工作氛围存在抵触或者反对的倾向较低，能够有效地整合宽恕的团队氛围对员工个体的要求，并站在主管的视角积极响应团队氛围的建立和实施。高中庸思维的员工会因为领导在管理过程中对自己的一分尊敬及宽容，回报十分的宽容与认同，从而对领导创造的工作氛围更加遵循（何轩，2009）。马力和曲庆（2007）认为，领导者更喜欢仁慈型的员工，而非计较者，希望员工能够将组织利益置于个人利益之上。Ilies，Morgeson 和 Nahrgang（2005）使用互惠和价值一致性解释了领导者通过渲染具有共同价值观的氛围来与下属建立积极的社会交换关系的过程。因此，当高中庸思维领导者展示平衡加工信息、多方思考以及和谐性等价值导向时，高中庸思维的团队成员能够获得更高水平的信任和积极情感。

根据以上分析，本文提出如下假设：

假设 2：团队主管的中庸思维增强团队成员个体的中庸思维与领导成员交换关系之间的正向关系。

2.5　领导成员交换关系与工作绩效

在中国，领导成员交换关系一定程度上体现了"做人"的一面，尤其是中庸强调"和"的思维导向。下属与主管发展出的具有"圈内人"特征的关系会渗透到正常工作中，在组织内发挥作用①②。由此推论，良好的领导成员关系质量会进一步提升下属感受到的来自管理者的信任和支持，从而激励员工在组织内实现更好的工作绩效。据此，本文提出如下假设：

假设 3：领导成员交换关系与工作绩效正相关。

2.6　高承诺组织系统的调节作用

早期的人力资源管理与组织关系的研究以单个政策或者实践为研究视角，多集中于单个人力资源管理实践与员工态度、行为之间的影响关系，缺乏对组织人力资源管理活动更宏观的整合性研究。20 世纪 90 年代起，人力资源管理领域的研究开始逐渐将组织人力资源管理作为整体，聚焦于一系列的人力资源关系措施作为整体对组织的影响研究。作为一整套人力资源管理体系，战略性人力资源管理的研究逐步探索其与组织战略管理相结合在战略实施过程中的作用。

Arthur（1994）指出组织人力资源管理体系可以分为控制导向和承诺导向。承诺导向的

---

① 王忠军，龙立荣，刘丽丹. 组织中主管—下属关系的运作机制与效果. 心理学报，2011（7）：798-809.

② 刘军，宋继文，吴隆增. 政治与关系视角的员工职业发展影响因素探讨. 心理学报，2008，40（2）：201-209.

人力资源管理体系通过向员工表达组织的期望与信任，发展组织与员工的互惠机制，以获得员工更多的组织回报。高承诺工作系统以增强员工与组织之间的心理联结为导向，通过增强员工决策参与度、提供更多的培训机会和晋升通道等一系列管理措施与实践，来实现组织对员工心理和资源等方面的投入（Xiao and Björkman，2006；Xiao and Tsui，2007）。根据情境相依论，领导成员交换关系对员工态度和绩效的影响，可能依组织情境而不同。

高承诺组织表现为非正式的契约控制，而低承诺组织表现为正式的契约控制（Xiao and Björkman，2006）。杨付等（2012）认为，当领导者与下属形成高质量的 LMX 时，表现为信任及相互支持，而组织契约控制的出现会弱化员工与领导原本的信任关系，从而影响其对员工绩效的作用。然而，高承诺工作系统下，组织强调员工和组织或管理层之间形成强有力的非正式合同关系。Baron 和 Kreps（1999）认为，基于互惠原则，高承诺组织通过给予员工更多资源和信任而使员工向组织回报组织承诺感，其核心要义在于高承诺组织系统成为组织向员工传递信任的主要渠道和沟通工具。高承诺工作系统通过不断完善管理措施，向组织成员不断传输对员工的信任，以形成组织与员工双赢机制。因此高承诺工作系统非但不会因契约控制而抑制员工与主管上下级之间的信任，反而通过以承诺为导向的一系列的管理措施来强化信任感。因此，本文提出如下假设：

假设 4：高承诺工作系统调节领导成员交换与员工工作绩效的正向关系，即相比于低承诺的工作系统，高承诺工作系统下，LMX 与工作绩效的正向关系越强。

综合以上假设，本研究的理论模型如图 1 所示：

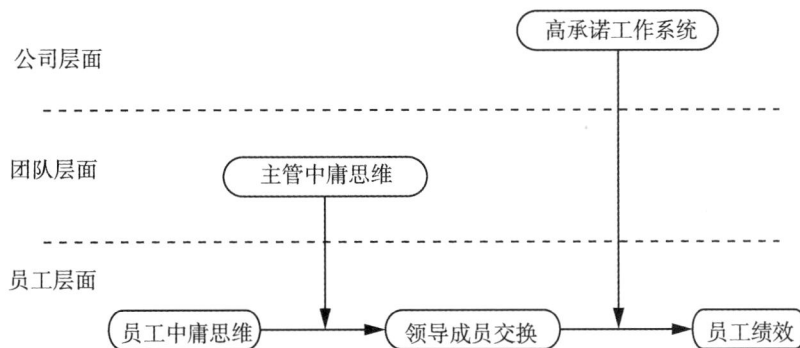

图 1 理论模型图

3. 研究方法

3.1 样本选择

本研究的数据样本来自于我国沿海某省份的高新技术企业。研究团队对其中 32 家企业按企业层次、团队层次、员工层次进行问卷调查。本研究一共收集了 60 个研发工作团队的数据，剔除无效数据及缺失数据后。其中，206 名员工、46 个团队、26 家企业提供

3.2 概念测量

中庸思维。本文采用吴佳辉等(2005)开发的"中庸思维量表",包括 13 个条目对个体中庸思维进行测量。团队成员及主管以 6 点李克特刻度进行评价,从 1 = "完全不同意"到 6 = "完全同意"。中庸思维量表在中国情境下具有良好的适用性(陈建勋、凌媛媛、刘松博,2010;段锦云、凌斌,2011)。量表的整体信度为 0.93。

领导成员交换关系(LMX)。本文采用 Wang 等(2005)的 7 个条目量表测量领导成员交换关系。该量表主要测量的是主管与员工之间的了解、支持、信任和关系等。本文要求团队成员以 6 点李克特刻度进行评价,从 1 = "完全不同意"到 6 = "完全同意"。信度为 0.91。

高承诺工作系统。本文采用 Xiao 和 Björkman(2006)的 17 个条目量表测量高承诺工作系统,人力资源经理以 6 点李克特刻度进行评价,从 1 = "完全不同意"到 6 = "完全同意"。信度为 0.71。

工作绩效。本文选择了 Tsui 等(1997)的 5 条目量表由团队主管对团队成员进行角色内工作绩效的评估,从 1 = "极低"到 7 = "极高"。信度为 0.91。

控制变量。本研究选取了员工层次、团队层次、公司层次三个层次的控制变量。员工层次包括员工年龄、性别(女性 = 1,男性 = 2)、受教育程度、领导成员交换、员工中庸思维、员工工作绩效;团队层次包括主管年龄、性别、受教育程度、团队规模、团队女性成员比例、主管中庸思维;公司层次包括企业年限、企业规模、所有制形式、高承诺工作系统。

3.3 分析方法

本研究是跨层次分析,分析软件为 HLM6.01。员工及主管的中庸思维分别由员工、主管进行自我评价,LMX 由员工进行报告,员工的工作绩效由团队主管进行评价,高承诺工作系统由企业人力资源经理进行评估,基本控制了同源方差问题。其中,员工层次变量采取组均值中心化,团队层次变量采取组均值中心化,企业层次变量采取总体均值中心化。按照 Aguinis,Gottfredson 和 Culpepper (2013)的建议,分别运用了无限制模型、控制变量模型、截距随机斜率固定模型、截距随机斜率随机模型以及跨层次的交互模型进行数据结果汇报。

4. 结果与分析

本研究的变量描述性统计及相关系数如表 1 所示。员工中庸思维、主管中庸思维的平均值分别为 5.15、5.08,表明中国情境下,员工的中庸思维程度普遍较高。员工中庸思维与员工感知的 LMX 呈显著的正相关($r = 0.66$,$p < 0.01$),表明员工中庸思维程度越高,其感知的 LMX 的质量越高。员工感知的 LMX 与团队主管评价的员工绩效呈显著的正相关($r = 0.16$,$p < 0.05$),表明员工感知到的 LMX 质量越高,其工作绩效越高。本文的假设 1、假设 3 得到初步验证。

表1   员工层次、团队层次、企业层次变量的描述性统计及相关系数表

变量	平均值	标准差	1	2	3	4	5
Level-1：员工层次（N = 206）							
1. 员工年龄	2.38	1.34					
2. 员工性别	1.80	.40	.03				
3. 员工受教育程度	3.95	.96	-.26**	.10			
4. 领导成员交换	4.98	.71	.05	.08	-.12		
5. 员工中庸思维	5.15	.55	-.02	-.02	-.13	.66**	
6. 员工工作绩效	5.10	.83	.17*	-.01	-.12	.16*	.01
Level-2：团队层次（N = 46）	平均值	标准差	1	2	3	4	5
7. 主管年龄	3.61	1.60					
8. 主管性别	1.91	.28	.22				
9. 主管受教育程度	4.22	1.13	-.17	-.49**			
10. 团队规模	5.93	2.19	.25	.13	-.07		
11. 团队女性成员比例	.78	.24	.19	.20	.04	-.02	
12. 主管中庸思维	5.08	.50	-.20	-.09	.15	.00	-.05
Level-3：企业层次（N = 26）	平均值	标准差	1	2	3	4	5
13. 所有制形式	2.81	.40					
14. 企业年限	2.44	.82	.04				
15. 企业规模	6.94	1.14	-.24	.60**			
16. 高承诺工作系统	4.53	.47	.19	.19	.20		

注：* 表示 $p<0.05$（双尾），** 表示 $p<0.01$（双尾）。

以员工感知的 LMX 为因变量的跨层次线性回归结果如表2所示。模型1的结果表明，员工的中庸思维程度对其感知的 LMX 有显著的正向影响作用（$\beta = 0.67$，$p<0.01$），假设1得到验证。模型2a 和2b 的结果表明，主管的中庸思维对员工中庸思维与 LMX 之间的关系有正向的调节作用（$\beta_s = 0.42$，$p<0.01$），假设2得到验证，图2描绘了主管中庸思维的调节作用。

表2中的模型3、4a 和4b 的结果表明，员工感知的 LMX 与员工工作绩效正相关，假设3得到验证（$\beta=0.18$，$p<0.05$；$\beta = 0.35$，$p<0.01$；$\beta = 0.39$，$p<0.01$）。模型5a 和5b 的结果表明，高承诺工作系统增强了 LMX 与员工工作绩效间的正相关关系（$\beta=0.22$，$p<0.10$；$\beta=0.23$，$p<0.10$），假设4得到验证，图3描绘了高承诺工作系统的调节作用。

图2表明，员工和主管的中庸思维程度均较高时，其 LMX 质量最高。图3表明，高承诺工作系统时，LMX 与员工工作绩效正相关关系更强。

表2

基于 HLM 线性回归分析表

变量	领导成员交换关系					工作绩效						
	零模型	控制变量模型	模型1	模型2a 截距随机斜率固定模型	模型2b 截距随机斜率随机模型	零模型	控制变量模型	模型3	模型4a 截距随机斜率固定模型	模型4b 截距随机斜率随机模型	模型5a 截距随机斜率固定模型	模型5b 截距随机斜率随机模型
Level-1												
截距项	4.93**	4.96**	4.96**	4.96**	4.96**	5.10**	5.10**	5.10**	5.10**	5.10**	5.10**	5.10**
员工年龄		-.09*	-.05	-.05	-.05		.16*	.17*	.16*	.18*	.17*	.17*
员工性别		.29**	.22**	.20*	.20*		.02	-.01	-.05	-.04	-.06	-.05
员工受教育程度		-.08	.02	.04	.04		.03	.05	.01	.07	.07	.08
员工中庸思维			.67**	.65**	.65**				-.36**	-.38**	-.41**	-.41**
领导成员交换								.18*	.35**	.39**	.42**	.42**
Level-2												
主管年龄		.01	.01	.03	.03		.06	.06	.09	.02	.03	.03
主管性别		.17	.24	.21	.21		1.56**	1.57**	1.58**	1.69**	1.71**	1.70**
主管受教育程度		-.02	-.02	-.01	-.01		.10	.10	.10	.09	.10	.09
团队规模		-.23**	-.24**	-.24**	-.24**		-.04	-.04	-.05	.00	.00	.00
团队女性成员比例		-.22	-.21	-.12	-.12		-.30	-.26	-.21	-.12	-.10	-.09
主管中庸思维				.16	.16				.16	.08	.08	.09
Level-3												
所有制形式		.24	.24	.24	.24		.08	.11	.10	.24	.34	.36
组织年限		-.08	-.07	-.07	-.07		-.01	-.01	-.02	-.08	-.07	-.09
组织规模		.02	.02	.02	.02		.13	.14	.14	.22*	.24*	.24**
高承诺工作系统											-.24	-.24
跨层次的交互效应												
员工中庸思维×主管中庸思维				.42**	.42**				-.03	.00	-.02	-.02
领导成员交换×高承诺工作系统											.22†	.23†
-2 log likelihood（FIML）	621.38	590.70	521.60	516.03	516.04	465.11	433.64	425.96	412.85	403.17	399.67	399.58
估计参数个数	4	15	16	18	20	4	15	16	19	21	23	25
Pseudo R^2		.151	.310	.321	.321		.238	.250	.270	.291	.298	.293

注：† 表示 $p<0.10$，* 表示 $p<0.05$，** 表示 $p<.01$。FIML = full information maximum likelihood estimation(全信息最大似然估计)。

10

值得注意的是,团队层次上,控制变量模型表明团队规模与员工感知的 LMX 质量有显著的负相关关系($\beta=-0.23, p<0.01$),表明团队规模越大,其团队成员与上司的关系质量越低。由于团队主管精力有限,其不可能与团队中的每个员工都形成较好的 LMX。因此,团队规模成为上下级之间领导成员二元关系发展的潜在制约因素(Li and Liao,2014)。

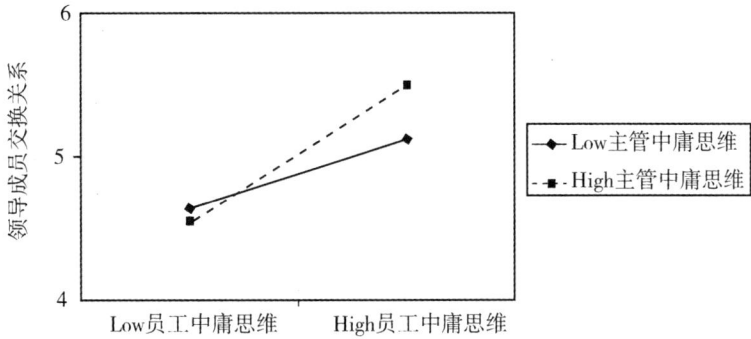

图 2　主管中庸思维的调节作用图

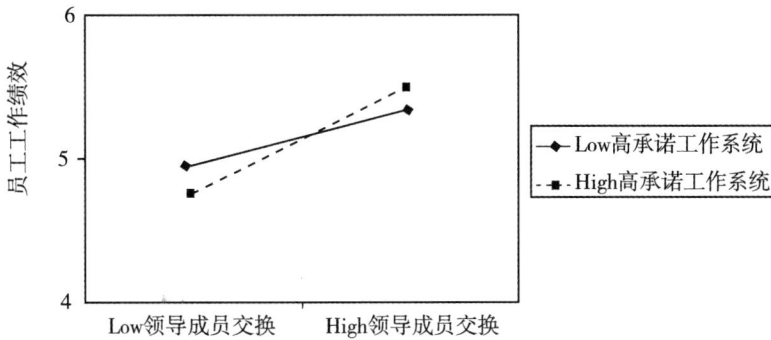

图 3　高承诺工作系统的调节作用图

5. 讨论

5.1　理论意义

本文对于研究中国情境下领导成员交换关系的发展及影响作用、中庸思维以及高承诺工作系统均有重要的理论意义。

其一,基于领导成员交换关系在组织中的重要性,尤其是在"以关系为导向"的中国情境下,组织内部人际关系的发展对员工职业发展有着重要的影响,LMX 成为组织输入与输出之间重要的桥梁。本文展现了社会交换在组织运转及管理实践中的重要意义。然而,过往关于领导成员交换关系前因变量的探索主要是舶来西方概念,较少探索中国情境下的前因变量。本文把上下级中庸思维作为 LMX 的前因,拓展了现有的 LMX 的研究。

其二,本文采用跨层次分析,构建了社会、组织、团队和个体各层次的员工工作绩效的影响机制模型,从而增强了研究的解释力。跨层次分析表明,员工工作绩效受以中庸思维为代表的社会文化情境,高承诺工作系统为代表的组织情境以及团队中团队主管、成员等多方面的影响。员工工作绩效一直是组织研究的热点,其影响机制较为复杂,仅仅考察个人层面变量的研究往往无法充分地解释组织中的员工绩效等组织现象(张志学,鞠冬,马力,2015)。然而,较少有研究将宏观、微观相结合去探讨其影响机制。本文把员工绩效的影响机制研究放到更广阔的大环境下,不仅对管理理论有贡献,对管理实践也有着重要意义。

其三,在中国情境下,本文破除了以往人们对于中庸思想存在的一定的偏见,通过领导成员交换关系的传导,团队成员及主管的中庸思维能够给个人工作绩效带来积极的影响。很多人将中庸思维理解为无原则的妥协和委曲求全,存在思想认识的偏差。本文结合中国社会下人际关系的重要性,验证了中庸思维对员工及组织的积极作用。中庸思维的重点在于取舍和对各方关系的平衡。作为一个重要的中国情境构念,本文验证了中庸思维通过领导成员交换对员工绩效产生影响的机制。

5.2 对管理实践的启示

本文对管理实践者有着如下启示:第一,团队的领导者在团队运行过程中可以充分发挥和利用中庸思维,有效地形成多方思考、整合性、和谐性等思维习惯,鼓励团队成员发挥中庸思维的特征,从而形成良好的上下级关系。中庸思维作为中庸概念的积极方面,企业应逐渐重视团队主管和成员的中庸思维对 LMX 发展的积极作用。第二,企业能够通过自身战略性人力资源系统的设计来进一步发挥上下一心的积极作用。在转型期的经济中,很多企业受员工绩效瓶颈的影响无法进一步发挥其能力。企业可以采取有针对性的方法和策略,构建或完善具有本企业特色且有效的高承诺工作系统。企业管理者应通过制度及身体力行,采用多样化的方式强化员工的主人翁意识,让员工主动认同组织的价值观。企业要邀请所有的员工加入组织高承诺工作系统的构建,为企业带来高效的沟通与协同,迅速灵活地推进工作。

5.3 研究不足与未来展望

其一,本研究所用的实证数据主要来自于某一省份的高新技术企业,中庸思维在中国不同区域对个人的影响可能存在一定的差异。此外,该样本员工普遍较为年轻,中庸思维是随着个体工作生活而发展的思维方式,因此样本较为集中可能会给本研究结果的普适性带来一定的局限性。

其二,本文采用横截面数据来检验员工及上司中庸思维对 LMX 的影响,以及 LMX 对员工绩效的积极作用等因果关系。未来的研究可考虑通过纵向样本、访谈等方式进一步验证本研究的因果关系。

其三,本研究中 LMX 由员工报告,但是现实中员工感知的 LMX 可能与上司感知到的存在一定差异(Ilies et al.,2007)。因此,在未来的研究中,可采取领导与下属同时报告的方式,以更全面、准确地反映上下级关系。

其四,LMX 能够对个体态度及行为产生诸多影响,本文聚焦于高承诺工作系统的调节作用。未来的研究可以探索不同的情境变量以及不同的结果变量。

6. 结论

高质量的领导成员交换关系对员工和组织来说,都是很重要的,尤其是在比较强调人际关系的中国情境下。但是,由于领导的资源、精力和时间有限,高质量的LMX可能会导致成员间的差异性,这种差异性也存在危害性。问题是:如何才能形成上司与下属之间高质量的交换关系?如何尽可能避免高质量LMX的危害性?本文基于中国东部某地区26家公司、46个团队、206名员工的问卷调研数据的研究表明,员工中庸思维对员工感知的LMX有积极的影响作用,主管中庸思维会增强该积极作用;高承诺工作系统对领导成员交换关系与员工工作绩效的正向关系有增强作用。因此,尽可能培养员工和管理者的中庸思维,并尽可能实践高承诺的人力资源管理工作系统,既有利于形成高质量的领导成员交换关系,又有利于高质量的领导成员交换关系发挥积极效应。

◎ 参考文献

[1]陈建勋,凌媛媛,刘松博.领导者中庸思维与组织绩效:作用机制与情境条件研究[J].南开管理评论,2010,13(2).

[2]段锦云,凌斌.中国背景下员工建言行为结构及中庸思维对其的影响[J].心理学报,2011,43(10).

[3]江静,杨百寅.善于质疑辨析就会有高创造力吗:中国情境下的领导—成员交换的弱化作用[J].南开管理评论,2014,17(2).

[4]李超平.和谐领导的结构、测量及其作用机制[J].心理科学进展,2013,21(12).

[5]李维安,刘振杰,顾亮.IPO定价:中庸思维还是团队极化[J].中国工业经济,2014,32(5).

[6]马力,曲庆.可能的阴暗面:领导—成员交换和关系对组织公平的影响[J].管理世界,2007,23(11).

[7]邱功英,龙立荣.威权领导与下属建言的关系:一个跨层分析[J].科研管理,2014,35(10).

[8]吴佳辉,林以正.中庸思维量表的编制[J].本土心理学研究,2005,13(24).

[9]杨付,王桢,张丽华.员工职业发展过程中的"边界困境":是机制的原因,还是人的原因[J].管理世界,2012,28(11).

[10]杨中芳,赵志裕.中庸实践思维初探[J].第四届华人心理与行为科学国际学术研讨会,1997.

[11]张德胜,金耀基.儒商研究:儒家伦理与现代社会探微[J].社会学研究,1999,14(3).

[12]张德胜,金耀基,陈海文,陈健民,杨中芳,赵志裕.论中庸理性:工具理性、价值理性和沟通理性之外[J].社会学研究,2001,16(2).

[13]张军伟,龙立荣.员工宽恕的前因与后果:多层次模型[J].心理学报,2014,59(8).

[14]张志学,鞠冬,马力.组织行为学研究的现状:意义与建议[J].心理学报,2014,59(2).

[15]赵可汗,贾良定,蔡亚华,王秀月,李珏兴.抑制团队关系冲突的负效应:一项中国情境的研究[J].管理世界,2014,30(3).

[16]周明建,宝贡敏.组织中的社会交换:由直接到间接[J].心理学报,2005,50(4).

[17]Aguinis, H., Gottfredson, R. K., and Culpepper, S. A.. Best-practice cecommendations for estimating cross-level interaction effects using multilevel modeling [J]. *Journal of Management*, 2013, 39(6).

[18]Antonakis, J., and Atwater, L.. Leader distance: A review and a proposed theory[J]. *Leadership Quarterly*, 2002, 13(6).

[19]Arthur, J. B.. Effects of human resource systems on manufacturing performance and turnover [J]. *Academy of Management Journal*, 1994, 37(3).

[20]Ashkanasy, N. M., and O'Connor, C.. Value congruence in leader-member exchange[J]. *The Journal of Social Psychology*, 1997, 137(5).

[21]Baron, J. N., and Kreps, D. M.. *Strategic human resources: Frameworks for general managers*[M]. New York: Wiley, 1999.

[22]Chang, S., Jia, L., Takeuchi, R., and Cai, Y.. Do high-commitment work systems affect creativity? A multilevel combinational approach to employee creativity [J]. *Journal of Applied Psychology*, 2014, 99(4).

[23]Chen, G., Kirkman, B. L., Kanfer, R., Allen, D., and Rosen, B.. A multilevel study of leadership, empowerment, and performance in teams [J]. *Journal of Applied Psychology*, 2007, 92(2).

[24]Chen, Y. R., Brockner, J., and Katz, T.. Toward an explanation of cultural differences in in-group favoritism: The role of individual versus collective primacy [J]. *Journal of Personality and Social Psychology*, 1998, 75(6).

[25]Chun H., Law K., and Chen Z.. A structural equation model of the effects of negative affectivity, leader-member exchange, and perceived job mobility on in-role and extra-role performance: A Chinese case[J]. *Organizational Behavior and Human Decision Processes*, 1999, 77(1).

[26]Cogliser, C. C., and Schriesheim, C. A.. Exploring work unit context and leader-member exchange: A multi-level perspective [J]. *Journal of Organizational Behavior*, 2000, 21(5).

[27]Colella, A., and Varma, A.. The Impact of Subordinate Disability on Leader-Member Exchange Relationships[J]. *Academy of Management Journal*, 2001, 44(2).

[28]Day, D. V., Gronn, P., and Salas, E.. Leadership in team-based organizations: On the threshold of a new era [J]. *Leadership Quarterly*, 2006, 17(3).

[29]Dienesch, R. M., and Liden, R. C.. Leader-member exchange model of leadership: A critique and further development [J]. *Academy of Management Review*, 1986, 11(3).

[30] Dulebohn, J. H., Bommer, W. H., Liden, R. C., Brouer, R. L., and Ferris,

G. R.. A Meta-analysis of antecedents and consequences of leader-member exchange integrating the past with an eye toward the future [J]. *Journal of Management*, 2011, 38 (6).

[31]Fehr, R., and Gelfand, M.J.. The forgiving organization: A multilevel model of forgiveness at work [J]. *Academy of Management Review*, 2012, 37(4).

[32] Gardner, W.L., Avolio, B.J., Luthans, F., Douglas, R.M., and Walumbwa, F.. Can you see the real me? A self-based model of authentic leader and follower development[J]. *Leadership Quarterly*, 2005, 16(3).

[33]Gelfand, M.J., Erez, M., and Aycan, Z.. Cross-cultural organizational behavior[J]. *Annual Review of Psychology*, 2007, 58(1).

[34] Gerstner, C.R., and Day, D.V.. Meta-analytic review of leader-member exchange theory: Correlates and construct issues [J]. *Journal of Applied Psychology*, 1997, 82 (6).

[35]Goertzen, B.J., and Fritz S.. Does sex of dyad members really matter? A review of leader-member exchange[J]. *Journal of Leadership Education*, 2004, 57(2).

[36] Graen, G.. Role-making processes within complex organizations [J]. *Handbook of Industrial And Organizational Psychology*, 1976, 13(2).

[37] Green, S.G., Anderson, S.E., and Shivers, S.L.. Demographic and organizational influences on leader-member exchange and related work attitudes [J]. *Organizational Behavior and Human Decision Processes*, 1996, 66(2).

[38]Han, S., and Northoff, G.. Culture-sensitive neural substrates of human cognition: A transcultural neuroimaging approach [J]. *Nature Reviews Neuroscience*, 2008, 9(8).

[39] Humphrey, S.E., Nahrgang, J.D., and Morgeson, F.P.. Integrating motivational, social, and contextual work design features: A meta-analytic summary and theoretical extension of the work design literature [J]. *Journal of Applied Psychology*, 2007, 92(5).

[40] Ilies, R., Nahrgang, J.D., and Morgeson, F.G.. Leader-member exchange and citizenship behaviors: A meta-analysis[J]. *Journal of Applied Psychology*, 2007, 92(3).

[41] Kinicki, A.J., and Vecchio, R.P.. Influences on the quality of supervisor-subordinate relations: The role of time-pressure, organizational commitment, and locus of control [J]. *Journal of Organizational Behavior*, 1994, 15(15).

[42] Li, A.N., and Liao, H.. How do leader-member exchange quality and differentiation affect performance in teams? An integrated multilevel dual process model[J]. *Journal of Applied Psychology*, 2014, 99(5).

[43] Liden, R.C., Sparrowe, R.T., and Wayne, S.J.. Leader-member exchange theory: The past and potential for the future research in personnel and human [J]. *Resources Management*, 1997, 15(2)

[44]Liden, R.C., Erdogan, B., Wayne, S.J., and Sparrow, R.T.. Leader-member exchange, differentiation, and task interdependence: implications for individual and group

performance [J]. *Journal of Organizational Behavior*, 2006, 27(6).

[45] Masterson, S. S., and Taylor, M. S.. Integrating justice and social exchange: The differing effects of fair procedures and treatment on work relationships. [J]. *Academy of Management Journal*, 2000, 43(4).

[46] Murphy, S. E., and Ensher, E. A.. The effects of leader and subordinate characteristics in the development of leader-member exchange quality [J]. *Journal of Applied Social Psychology*, 2006, 29(7).

[47] Peng, K., and Nisbett, R. E.. Culture, dialectics, and reasoning about contradiction [J]. *American Psychologist*, 1999, 54(9).

[48] Phillips, A. S., and Bedeian, A. G.. Leader-follower exchange quality: The role of personal and interpersonal attributes [J]. *Academy of Management Journal*, 1994, 37 (4).

[49] Salancik, G. R., and Pfeffer, J.. A social information processing approach to job attitudes and task design [J]. *Administrative Science Quarterly*, 1978, 23(2).

[50] Scullion, H., and Starkey, K.. In search of the changing role of the corporate human resource function in the international firm [J]. *International Journal of Human Resource Management*, 2000, 11(6).

[51] Schriesheim, C. A., Castro, S. L., and Yammarino, F. J.. Investigating contingencies: An examination of the impact of span of supervision and upward controllingness on leader-member exchange using traditional and multivariate within- and between-entities analysis [J]. *Journal of Applied Psychology*, 2000, 85(5).

[52] Tierney, P., Farmer, S. M., and Graen, G. B.. An examination of leadership and employee creativity: the relevance of traits and relationships [J]. *Personnel Psychology*, 1999, 52(3).

[53] Tsui, A. S., and Tripoli, A. M.. Alternative approaches to the employee-organization relationship: does investment in employees pay off? [J]. *Academy of Management Journal*, 1997, 40(5).

[54] Walton, R. E.. From control to commitment in the workplace[J]. *Harvard Business Review*, 1985, 63(2).

[55] Walumbwa, F. O., Cropanzano, R., and Hartnell, C. A.. Organizational justice, voluntary learning behavior, and job performance: A test of the mediating effects of identification and leader-member exchange [J]. *Journal of Organizational Behavior*, 2009, 30(8).

[56] Wang, H., Law, K. S., Hackett, R. D., Wang, D., and Chen, Z. X.. Leader-member exchange as a mediator of the relationship between transformational leadership and followers' performance and organizational citizenship behavior [J]. *Academy of Management Journal*, 2005, 48(3).

[57] Xiao, Z., and Björkman, I.. High commitment work systems in Chinese organizations: A

preliminary measure[J]. *Management and Organization Review*, 2006, 2(3).

[58] Xiao, Z., and Tsui, A. S.. When brokers may not work: the cultural contingency of social capital in chinese high-tech firms[J]. *Administrative Science Quarterly*, 2007, 52 (1).

[59] Xu, E., Huang, X., Lam, C. K., and Miao, Q.. Abusive supervision and work behaviors: The mediating role of LMX[J]. *Journal of Organizational Behavior*, 2012, 33 (4).

[60] Zhang, Z., Wang, M., and Shi, J. Q.. Leader-follower congruence in proactive personality and work outcomes: The mediating role of leader-member exchange [J]. *Academy of Management Journal*, 2012, 55(1).

Leader-member Exchange: The Role of Middle-way
Thinking and High-commitment Work System

Jiang Wenkai[1]   Jia Liangding[2]   Liu Depeng[3]

(1, 2, 3 Business School of Nanjing University, Nanjing, 210093)

Abstract: Leader-member exchange (LMX) plays an increasingly important role in the development of organizations and employees. Based on the data of 206 subordinate-supervisor dyads in 46 teams from 26 companies from a south province in China, we did the Hierarchical Linear Model analyses, and the results show that the superiors' middle-way thinking strengthens the positive relationship between subordinates' middle-way thinking and LMX, and the organization-level high-commitment work system accentuates the association between LMX and subordinates' task performance. The paper contributes to existing literature by exploring the middle-way thinking as the antecendents of LMX, and discovering the moderated role of high commitment work system in the relationship between team members' perception of LMX and their task performance.

Key words: Middle-way thinking; Leader-member exchange; High-commitment work system; Task performance.

专业主编：陈立敏

承担社会责任有助于企业获得竞争优势吗[*]

● 陈宏辉[1]　张　麟[2]　张　淯[3]

（1，2，3　中山大学岭南学院　广州　510275）

【摘　要】越来越多的企业开始意识到承担社会责任的重要性，也愿意采取实际行动来承担相应的社会责任。企业在承担社会责任方面的投入只是纯粹的无偿付出，还是有助于企业获得竞争优势，进而实现社会与企业共赢的局面，这是学术界关注的重要话题。本文以资源基础理论和产业组织理论为理论框架，探讨企业承担社会责任与其竞争优势之间的关系问题，并以183家样本企业的调查数据对其进行了实证分析。研究结果表明：（1）只有战略性企业社会责任活动才能够为企业带来明显的竞争优势；（2）企业所处的生命周期阶段对战略性企业社会责任与企业竞争优势之间的关系起到正向调节作用。本文的研究结论有助于增进我们对企业承担社会责任活动的特征及其影响结果的认识，也为中国企业更好地承担社会责任提供了参考依据。

【关键词】企业社会责任　战略性企业社会责任　竞争优势　企业生命周期

1. 引言

近年来，随着富士康员工跳楼、三鹿有毒奶粉、百度"卖"贴吧等丑闻事件的频发，企业社会责任（Corporate Social Responsibility，CSR）问题引起了我国社会各界的广泛关注。许多企业开始意识到承担社会责任的重要性，并逐渐将 CSR 提上公司的重要议事日程。但是，如何有效地履行社会责任却是困扰许多企业管理者的一个问题。有的企业只是把承担社会责任当作一种宣传的噱头和作秀的工具，只是简单地花钱买面子；另有一些企业却能够把承担社会责任的行动与企业的战略愿景紧密结合，进而在提升企业的长期竞争力和可持续发展方面起到非常重要的作用（Barney，1991）。

可以说陈光标的"高调慈善"与通用电气公司（GE）推出的"绿色创想"项目是这两种做法中的鲜明代表。陈光标先生有过很多慈善壮举，涵盖灾后救济、社会扶贫、捐资助学、生态保护等方面，这些与公司的主营业务（城市建筑物环保拆迁）联系甚微。因为喜欢公

＊　基金项目：国家自然科学基金资助项目（71472190）。

通讯作者：陈宏辉，E-mail：Lnschh@ mail. sysu. edu. cn。

开"发现金、发实物"和"高调作秀"，陈光标先生经常登上媒体的娱乐版面。然而，他所经营的公司却被曝陷入了财务危机（Zhang，Chen and Lin，2013）。与之相对应，通用电气公司在承担社会责任方面却是另外一番光景。2005 年 5 月，通用电气公司首席执行官 Jeferry Immelt 推出了其社会责任战略行动方案——"绿色创想"（Ecomagination）。此方案的核心思想就是将企业经营过程中的节能环保与企业的盈利结合起来，为各种类型及各个行业的企业提供盈利的环保解决方案。仅 2011 年一年，GE 就从"绿色创想"产品与服务中获得了 210 亿美元的收入，占公司总营收的 14.7%，其增长速度超过公司总收入增长速度的两倍①。

应该说这两种承担社会责任的方式都给社会带来了价值，但对企业自身的发展却造成了截然不同的影响。从个人行为来讲，也许陈光标先生作秀是无可厚非的，甚至还可以提高社会公众对慈善捐赠的认知。但是，从企业层面来看，如果其社会责任活动既不与企业的战略和运作相关，也不与企业运作所在的区域和客户相关的话，我们就很难想象这种活动的持久性，也会对它提升企业竞争力的作用深表怀疑。在现实生活中，我们可以看到一些企业推出光鲜绚丽的社会责任行动计划，但却轰轰烈烈地开始，勉为其难地坚持，最后悄无声息地结束，或者不了了之。类似于 GE 公司的成功实践告诉我们：并不是所有的企业社会责任行动都是有利于企业长期发展的，只有那些经过审慎考虑、严密实施的社会责任活动，才蕴藏着真正的共享价值机遇。

因此，我们迫切需要回答的问题是：究竟哪些或者说什么样的企业社会责任行为能有助于企业获取竞争优势？这一过程又受到什么条件的影响？探寻该问题的答案能有助于增进我们对企业承担社会责任活动的特征及其影响结果的认识，也可以激发并增强企业更好地履行社会责任的积极性和持续性，实现企业与社会的共生共赢。

2. 文献综述与研究假设

2.1 战略性企业社会责任

最早明确提出"战略性企业社会责任（Strategic Corporate Social Responsibility，SCSR）"这一术语的学者是 Burke 和 Logsdon（1996），他们认为当企业社会责任行为（政策、项目或流程）能对企业核心业务提供支持，为企业创造实际价值，有助于实现企业使命时，企业社会责任就上升到战略高度。他们提出了战略性社会责任的五个维度：向心性（centrality）、专用性（specificity）、前瞻性（proactivity）、自愿性（voluntarism），可见性（visibility）。其中向心性是对企业社会责任政策或项目与企业使命和目标匹配程度的度量；专用性是指企业通过社会责任投入让自己获取某种内部化的资源或利益的能力，而不是简单地提供能被产业、社区或整个社会所共享的集体产品或公共品；前瞻性是指企业在没有面临危机的情况下，提前对未来经济、技术、社会和政治趋势做出应对的行为；自愿性是指因企业的主观愿望，而不是因法律的强制或财政的激励而开展的社会责任行动；可

---

① http：//www.ge.com/about-us/ecomagination.

见性是指企业的社会责任表现对内外部利益相关者来说是可观测到的。

Baron（2001）从社会责任活动分类的角度提出了战略性社会责任的概念。按照企业活动的动机差异，Baron 将企业社会责任行为明确区分为三种类型，分别是以利润最大化为目的、以应对社会活动家的威胁和以利他主义为目的的社会责任行为。Baron 认为以利润最大化为目的社会责任行为具有明显的盈利指向性，就是战略性社会责任行为。显然，Baron 只是提出了划分企业社会责任的思路——动机（而且他的"盈利指向性就是战略性"的观点并没有被学术界广为接受），而没有对不同动机的企业社会责任的界限进行进一步的阐述。Lantos（2001）完成了这一工作，他将企业社会责任分为战略性企业社会责任、伦理性企业社会责任和利他性企业社会责任三种类型。他认为战略性企业社会责任是指能够作为营销手段，提升企业形象，增进企业利润的企业社会责任；伦理性企业社会责任是指使企业日常经营对社会的损害最小化的社会责任；利他性企业社会责任指所有能够提高整个社会福利水平和生活质量的慈善、政策、行动。

Porter 和 Kramer（2006）以竞争优势理论为基础，对 Lantos 的"战略性企业社会责任"的定义进行了拓展，丰富了其内涵和外延，并将企业社会责任分为战略性和回应性两种类型。他们认为战略性社会责任是那些能够通过价值链创新来造福于社会，并有助于企业回应外部环境的变化，推进其战略实施，显著影响到其竞争力的社会责任行动。

在实证研究领域，Husted 和 Allen（2007）修正了 Burke 和 Logsdon（1996）的模型，认为自愿性对于战略性企业社会责任而言并非必要，或者说任何社会责任活动都应该建立在自愿的基础上。而专用性则更多地是一种理想化的结果，很难想象某一社会责任活动不具有外部性，因而专业性也不是战略性企业社会责任本身的特点。在此基础上，Husted 和 Allen（2007）从价值创造的角度实证研究了战略性企业社会责任与企业绩效之间的关系。

尽管不同学者对战略性企业社会责任阐述各有差异，但整体看法基本相同。他们都强调社会期望与企业目标的统一，社会责任实践与企业经营指向的统一，社会价值与企业价值的统一。综合前人的研究成果，本文认为战略性企业社会责任是指企业开展的一些特定的社会责任行动，它们能率先响应社会期望的变化，与企业战略相融合，并为社会可见和认同。我们采用前瞻性、向心性和可见性三个维度来刻画企业的战略性企业社会责任。

2.2 战略性企业社会责任与企业竞争优势

竞争优势（Competitive Advantage，CA）的概念最早由英国经济学家 Chamberlin（1933）在其著作《垄断竞争理论》中提出来。Porter（1985）认为竞争优势是企业相对于其他竞争者所拥有的独特而优越的竞争地位，可以通过市场占有率或获利能力两个指标来衡量。J. Barney（1991）指出"当企业现有或潜在的竞争者无法同时实施与该企业相同的价值创造策略"时，企业便拥有竞争优势。

在战略管理领域，有关企业竞争优势来源的理论研究主要有两类：一类是竞争优势内生论，以资源基础观、企业能力理论及企业知识理论为代表，认为企业的资源与能力决定了企业的竞争优势；另一类是竞争优势外生论，以产业组织分析理论为代表，认为竞争优势是由企业的外部环境和市场结构所决定。随着战略管理学者对企业竞争优势的不同来源进行深入探讨，研究企业社会责任问题的学者也逐步开始从这两个视角来理解企业如何从履行社会责任中获取竞争优势。

　　企业资源基础理认为企业可持续的竞争优势来源于企业对独特的资源和能力的分析与运用。该理论建立在两个假设之上：（1）企业的内部资源和能力在某种程度上都存在一定的异质性；（2）企业内部资源和能力的流动性是不完全的。当这些无法完全流动的、异质性资源或能力具备了价值性、稀缺性、难以模仿性和组织充分利用性之后，它们就会给企业带来可持续的竞争优势（J. Barney，1991）。Russo 和 Fouts（1997）从资源基础观的视角分析了企业社会责任问题，认为企业的社会责任行为可以成为其竞争优势的源泉，特别是在高速发展的行业更是如此。但是，进一步的研究表明，并不是所有的企业社会责任活动都能带来竞争优势，只有那些战略性企业社会责任既能创造社会和企业的共享价值，又能把共享价值转化为企业的异质性资源（Branco and Rodrigues，2006）。究其原因，主要在于以下三个方面：首先，战略性企业社会责任对最新的社会期望与需求（如环保）做出应对，这意味着企业要保持创新活力，为新的市场提供新的产品和服务。在这过程中，企业在逐渐积累异质性的资源（如技术专利、新的市场渠道）；其次，战略性企业社会责任将社会价值的创造与企业的使命匹配起来，能让企业获得特有的组织能力（如特有的与社会责任相匹配的企业文化、思考方式、工作流程及激励机制等）。这些异质性的资源及特有的组织能力是企业竞争优势的强大源泉；最后，社会价值意味企业满足社会需求和解决社会问题，而开展战略性企业社会责任活动要求这一过程是"可见的"，即可被媒体、政府等利益相关者及社会公众所观察到，这帮助企业获得利益相关者及公众的信任，提升企业的声誉。具有良好社会责任声誉的企业更容易受到高端人才、投资者和消费者等外部利益相关者的青睐，从而为企业带来超额利润（Porter and Kramer，2007；Sekhar Bhattacharyya，2010）。更重要的是，资源基础理论认为企业声誉这类无形资源是无法通过市场交易获得的，也很难以被模仿或替代，是企业竞争优势的重要来源（J. B. Barney，2002）。

　　产业组织分析理论认为企业的竞争优势取决于其所处区位的产业竞争环境以及企业在产业中的相对地位（Porter，1985）。Porter 和 Kramer（2007）认为战略性企业社会责任恰恰可以通过资金及技术的投入，改善企业的产业竞争环境的影响因素，有助于企业实现其制定的战略，使企业的产品和服务有别于竞争对手，从而提升企业的竞争优势。首先，战略性企业社会责任可提升竞争环境的需求条件。战略性企业社会责任要求企业管理层保持对利益相关者核心利益的关注，并预见未来社会的新需求和新趋势，特别是率先识别并满足客户的产品或非产品需求，这往往为企业带来新的市场机会。例如，思科公司率先识别到客户经常为找不到合适的网络管理人员而发愁。于是，思科公司的一项社会责任活动就是主动帮助客户推荐和培训网络管理人员。这些网络管理人员则自然会更加青睐和信任思科公司的产品，从而帮助思科提升市场渗透率。其次，战略性企业社会责任能够改善企业竞争环境的要素条件。战略性企业社会责任要求企业的社会责任活动与其战略使命及日常运营相关。这意味着企业不是将一笔善款打入某个教育基金的账号或出资修建校舍就完事了，而是要为当地居民提供与企业空缺岗位相关的教育和培训，形成企业稳定的劳动力或人力储备；不是简单地在某个乡村修路建桥，而是要改善企业运营所在地的基础设施建设和生活配套措施，激发员工的责任心、积极性和归属感，有效改善组织氛围，从而保持对人才的吸引力（Burke and Logsdon，1996）。最后，从相关和支持性产业角度看，战略性社会责任要求企业关注并支持其重要的上下游及外包产业的发展，特别是帮助原材料生产者提高专业能力，推动其走上产业集群的道路，使得企业能够低价而稳定地获得原材料、零配件及外包服务。企业不是简单地通过以高于正常价格收购当地的原材料来增加当地居民收入，而是要通过提高当地的机械作业水平和劳动生产率，既增加当地居民收入，又降低企业原材料的收购价格。

综上所述，基于资源基础观和产业组织理论，我们可以认为战略性企业社会责任能够帮助企业形成独特的资源和能力，改善其竞争环境，进而获得竞争优势。因此，我们提出如下假设：

假设1：战略性企业社会责任对企业竞争优势有显著的正向影响作用。

2.3　企业所处生命周期阶段的调节作用

20世纪50年代，Haire（1959）首次提出企业的成长像有机体一样，存在着诞生、成长、成熟、衰退至死亡的"成长曲线"，有明显的周期现象。Chandler（1962）指出企业的发展会出现四个阶段，分别是资源积累阶段、集权化阶段、多元化阶段和多分部结构阶段。Greiner（1972）提出企业生命周期（Corporate Life Cycle）可分为五个发展阶段，包括创造性地获得增长的阶段、通过指导与控制获得增长的阶段、因授权而获得增长的阶段、协调良好而获得增长的阶段以及与他人合作而获得增长的阶段。迄今为止，西方学者关于企业生命周期理论的研究已经非常丰富，其中Ichak（1989）的观点得到了较为普遍的接受。他在《企业生命周期》一书中指出，企业的生命周期可概括为成长阶段（包括孕育期、婴儿期、学步期、青春期与盛年期）与老化阶段（包括稳定期、贵族期、官僚前期、官僚期与死亡期）。企业的成长与老化的区别主要体现在灵活性与可控性的差异上。

国内学者也对企业生命周期问题做了很多研究。陈佳贵（1995）把企业成长过程分为孕育期、求生存期、高速成长期、成熟期、衰退期和蜕变期（或衰亡期）6个阶段。在此基础上，李业（2000）对企业生命周期模型进行了修正，将企业的生命周期分为5个时期，分别为孕育期、初生期、成长期、成熟期和衰退期。Kazanjian和Drazin（1989）的研究表明，四阶段（初创期、成长期、成熟期和衰退期）的组织生命周期模型比五阶段模型更具有预测能力。

为了简化分析，本文接下来的研究将企业所处的生命周期阶段分为初创期和非初创期（包括成长期、成熟期和衰退期）两种情况。事实上，有一些企业在创立之初就在企业社会责任方面进行较大的投入，但这种做法往往并不能帮助企业获取竞争优势，反而将企业推向亏损的泥潭。相较于非初创期企业而言，处于初创期的企业有三个明显特征：规模小、成立时间短、增速波动较大。从资源基础理论的视角来看，战略性企业社会责任有助于企业形成有形（新技术、新产品）或无形的异质性资源（独有的企业文化、组织能力、市场渠道、良好的人力资源及企业声誉）。但初创期的企业往往缺乏技术积累及开发、推广新产品方面的经验，难以获得并利用好这些资源，也难以将企业社会责任行动转化为某种被市场所接受的产品或服务。同时，由于经营时间较短，处于初创期的企业尚未形成良好的品牌辨识度，无法帮助其获得并承载社会责任行动带来的良好声誉。

从产业组织理论的视角来看，战略性企业社会责任能帮助企业改善竞争环境的影响因素，进而提升企业的竞争优势。然而，竞争环境作为一种外在的影响因素，并不似异质性资源那样可以被独占。从一般意义上来说，同一个国家或地区的同一个产业中的企业面对着同一种竞争环境。一般来说，非初创期的企业相对于初创企业更可能在某一个地区的某个产业中取得主导地位或占据较大市场份额，从而能在改善当地产业竞争环境的影响因素的过程中，获得更大的竞争优势。例如阿里巴巴集团承担社会责任的行动之一是资助建立了阿里巴巴商学院，它依托于杭州师范学院，以培养更多的电子商务人才。由于阿里巴巴集团的行业龙头地位，该商学院的毕业生大多数会加入阿里巴巴公司，从而为阿里巴巴在人才竞争中获取竞争优势。成熟企业相比初创企业在特定产业中占据更为主导的地位，更加有资格、有能力、有资源长期参与到影响该产业发展的社会责任行动之中，进而在市场竞争中分得更大份额"蛋糕"，获取更多的竞争优势。因此，我们提出如下假设：

假设 2：企业所处的生命周期阶段会调节战略性企业社会责任与竞争优势之间的关系。即相较于处于初创期的企业而言，处于非初创期企业的战略性企业社会责任与企业竞争优势之间的正向影响关系更强。

3. 数据搜集与变量测量

3.1 数据来源

考虑到本文研究的主题是有关企业的战略、企业社会责任、企业成长阶段等问题，因此调查对象仅限于企业的高管成员和部分中层管理人员。2013 年 5 月—12 月，我们在珠三角地区发放了 360 份调查问卷，每个企业收集一份问卷数据。我们回收了 212 份，回收率达 58.9%。为保证数据的真实性，即填写问卷者需要对其企业的经营状况及社会责任行动有充分的了解，我们对回收的问卷进行了两轮筛选，即筛选掉必填信息填写不全的问卷，筛选掉在"没有听说或参与过企业社会责任活动"问题上画钩的问卷。如此操作之后，共剩余 183 份有效问卷，有效率为 86.3%。样本的描述性统计见表 1。

表 1　　　　　　　　　　　　样本的描述性统计

变量	分类	频数	百分比（%）
填写问卷者性别	男性	124	68.5
	女性	57	31.5
填写问卷者年龄	30 岁以下	59	32.6
	31～40 岁	89	49.2
	41～50 岁	30	16.6
	50 岁以上	3	1.7
企业性质	国有企业	52	28.4
	民营企业	86	47.0
	中外合资企业	23	12.6
	外国独资企业	22	12.0

变量	分类	频数	百分比(%)
行业分类	制造业	42	23.0
	非制造业	141	77.0
企业生命周期	初创期	79	43.2
	非初创期	104	56.8

3.2 变量测量

本研究将战略性企业社会责任作为解释变量。我们基于 Burke 和 Logsdon（1996）以及 Husted 和 Allen（2009）开发的战略性企业社会责任量表做了适当的改写，包括向心性、前瞻性和可见性三个特征的 9 个题项，采用 Likert 5 分量表进行测量。典型问题如：我们公司将社区合作项目与企业的使命相匹配；我们公司持续关注社会的变化以提升公司满足社会期望的能力；我们公司的社会责任行动显著提升了公司的媒体曝光度。

本研究的被解释变量是企业的竞争优势。目前，学术界研究企业竞争优势的相关文献非常丰富，但关于如何测量企业的竞争优势并未达成共识（Ma，2000）。本文采用的量表是由 Quinn 和 Rohrbaugh（1983）开发的、发表在管理学顶级期刊 *Management Science* 上的一个经典量表。该量表是以与企业主要竞争对手进行比较的方式来测量企业竞争优势，分为内部流程、人际关系、合适的目标、开放的系统 4 个维度共 12 个题项，同样采用 Likert 5 分量表进行测量。典型问题如：与最主要的竞争对手相比，我们公司的人力资源更加优质；与最主要的竞争对手相比，我们公司适应不断变化的市场需求的能力更强；与最主要的竞争对手相比，我们公司的利润份额增长得更快；与最主要的竞争对手相比，我们公司员工的自动离职率更低。

本研究将企业所处的生命周期阶段作为调节变量。我们根据被试的选项将企业所处的生命周期阶段分为初创期和非初创期两种类型，前者记为 0，后者记为 1。被试需要回答的问题是"您所在的公司正处于以下哪个发展阶段？"，选项分别是"初创期：企业成立，刚刚进入市场，企业面临的主要问题是生存"、"成长期：威胁生存的主要问题已大部分得到克服，企业正在积极扩张，快速成长"、"成熟期：企业成长速度相对平缓，拥有稳定的市场份额，组织良好，制度健全"或"衰退期：市场对企业产品或服务的需求显著下降，经营状况恶化，竞争地位弱化"。

本研究还考虑两个控制变量：企业社会责任总体水平和企业性质。我们用企业相较于行业平均水平的差距来测量企业社会责任总体水平的高低：1＝明显低于行业平均水平、2＝稍低于行业平均水平、3＝处于行业平均水平、4＝稍高于行业平均水平、5＝明显高于行业平均水平。企业性质是分类变量。

4. 数据分析

4.1 信度分析

我们通过 SPSS20.0 来计算解释变量及被解释变量测量量表的 Cronbach's α 值来评价

其内部一致性。我们还观察删除某一题项后整体量表内部信度系数 Cronbach's α 系数的变化情况，进而决定该题项是否删除。

结果表明，战略性企业社会责任量表各题项的一致性相当高，其 Cronbach's α 系数达 0.945；删除某一题项后 Cronbach's α 值的变化范围在 0.935 至 0.946 之间。类似地，企业竞争优势量表的内部一致性也很高，Cronbach's α 系数达 0.970，删除某一题项后也无法明显提高该 α 值。数据表明，我们采用的战略性企业社会责任量表和企业竞争优势量表都是相当可信的。

4.2 效度分析

本文采用的是较为成熟的量表来测量解释变量和被解释变量，因此我们直接进行验证性因子分析。我们采用 Amos20.0 对解释变量（战略性企业社会责任）进行验证性因子分析，结果如表 2 所示。从绝对拟合指标来看，$\chi^2 = 36.862$，RMSEA 为 0.054，拟合效果较好；GFI 为 0.957，AGFI 为 0.919，都大于 0.90，表明模型可接受。SRMR 检验值为 0.023，位于临界值 0.08 以下。从相对拟合指标来看，χ^2/df 为 1.536，小于 2；CFI、TLI、NFI、IFI 都大于 0.9。可见，模型整体的拟合情况较好，用前瞻性、向心性和可见性三个维度来测量战略性企业社会责任是有效的。

表 2   战略性企业社会责任测量模型验证性因子分析结果

变量	标准化因子载荷			t 值
	前瞻性	向心性	可见性	
前瞻性 1	0.823			
前瞻性 2	0.662			9.812
前瞻性 3	0.872			14.480
前瞻性 4	0.882			14.743
向心性 1		0.804		
向心性 2		0.817		12.753
向心性 3		0.781		11.992
可见性 1			0.862	
可见性 2			0.861	15.517
χ^2	36.862		RMSEA	0.054
df	24		SRMR	0.023
χ^2/df	1.536		CFI	0.990
p	0.045		TLI	0.985
NFI	0.972		GFI	0.957
IFI	0.990		AGFI	0.919

类似地，我们采用 Amos20.0 对被解释变量(企业竞争优势)进行验证性因子分析，结果如表 3 所示。从绝对拟合指标来看，$\chi^2 = 47.707$，RMSEA<0.05，拟合效果较好；GFI 为 0.956，AGFI 为 0.929，大于临界值 0.90，表明模型可接受。SRMR 检验值为 0.025，位于临界值 0.08 以下。从相对拟合指标来看，χ^2/df 为 0.994，小于 2；CFI、TLI、NFI、IFI 也都大于 0.9。这说明模型整体的拟合情况较好，企业竞争优势的测量模型包括内部流程、合适的目标、开放的系统、人际关系四个维度。

表 3 竞争优势测量模型验证性因子分析结果

变量	标准化因子载荷				t 值
	内部流程	合适的目标	开放的系统	人际关系	
内部流程 1	0.868				
内部流程 2	0.853				13.807
内部流程 3	0.902				17.062
合适的目标 1		0.879			
合适的目标 2		0.877			16.853
合适的目标 3		0.878			15.916
开放的系统 1			0.868		
开放的系统 2			0.876		16.384
开放的系统 3			0.863		15.059
人际关系 1				0.898	
人际关系 2				0.851	15.777
人际关系 3				0.872	16.024
χ^2	47.707	RMSEA			0.000
df	48	SRMR			0.025
χ^2/df	0.994	CFI			1
p	0.485	TLI			1
NFI	0.683	GFI			0.956
IFI	1	AGFI			0.929

4.3 相关性分析

相关性分析反映了变量之间相互作用的可能性。根据相关性分析的结果，我们可以初步判断研究假设的合理性。本文主要变量之间的相关性分析结果如表 4 所示。

表 4 变量间的相关系数表

变量名称	CA	NC	CSR	SCSR	CLC
竞争优势(CA)					
企业性质(NC)	0.390**				
企业社会责任整体水平(CSR)	0.672**	0.340**			
战略性企业社会责任(SCSR)	0.881**	0.343**	0.751**		
企业生命周期(CLC)	0.455**	−0.050	0.293**	0.468**	

注：**表示显著性水平 $p<0.01$(双尾检验)；*表示显著性水平 $p<0.05$(双尾检验)。

从表 4 中可以看出，解释变量(战略性企业社会责任)与被解释变量(竞争优势)之间存在显著的相关关系，假设 1 有其合理性，也具备了进一步进行回归分析的可能性。控制变量企业性质、企业社会责任整体水平分别都与竞争优势存在显著相关关系。为了排除多重共线性的问题，我们计算了自变量的 VIF 值。数据显示所有自变量的 VIF 值都小于 10，表明多重共线性问题不存在。

4.4 回归分析与假设检验

本文采用逐步回归的方法检验概念模型中的理论假设。表 5 显示了以企业竞争优势作为因变量的逐步回归分析结果。在模型 1 中，我们只放入了两个控制变量。我们可以看到企业社会责任整体水平对企业竞争优势具有显著的正向影响($\beta=0.546$，$p<0.001$)。在模型 2 中，我们放入了主要解释变量——战略性企业社会责任。数据分析结果显示战略性企业社会责任对企业竞争优势具有显著的正向影响($\beta=0.498$，$p<0.001$)。在增加战略性企业社会责任这个变量后，整个模型的解释力度增加了 13%。这表明即使在控制了企业社会责任整体水平的情况下，战略性企业社会责任依然对企业竞争优势具有显著正向影响。根据以上数据结果，本文的假设 1 得到支持。

在模型 3 中，我们加入了企业生命周期进行控制。我们可以看到在加入企业生命周期这个变量后企业社会责任整体水平对于企业竞争优势的影响变得不显著了($\beta=0.037$，$p>0.05$)，而战略性企业社会责任对于企业竞争优势的影响依然显著($\beta=0.653$，$p<0.001$)。这说明企业社会责任整体水平促进企业竞争优势只是一种表象，真正对竞争优势有影响的是战略性企业社会责任。在模型 4 中，我们加入了战略性企业社会责任与企业生命周期的交乘项。数据结果显示战略性企业社会责任与企业生命周期两者的交乘项对于企业竞争优势具有显著的正向影响($\beta=0.388$，$p<0.001$)。

为了更进一步说明企业生命周期对战略性企业社会责任与竞争优势之间关系的调节作用，我们进行了分组回归分析。将样本分为初创期及非初创期两组后，我们分别对两组样本进行了回归分析，回归分析结果见表 6。

变　量	竞争优势（CA）为因变量			
	模型 1	模型 2	模型 3	模型 4
企业性质（NC）	**0.190***** （3.202）	**0.080** （1.496）	**0.125***** （3.045）	**0.126***** （3.197）
企业社会责任（CSR）	**0.546***** （10.694）	**0.265***** （4.564）	**0.037** （0.767）	**0.013** （0.274）
战略性企业社会责任（SCSR）		**0.498***** （7.544）	**0.653***** （12.547）	**0.334***** （3.459）
企业生命周期（CLC）			**1.275***** （11.446）	**1.298***** （12.081）
战略性企业社会责任＊企业生命周期（SCSR＊CLC）				**0.388***** （3.870）
R^2	0.482	0.607	0.773	0.791
调整后 R^2	0.476	0.600	0.768	0.785
R^2 变化		0.13	0.167	0.018
F 值	83.601	92.017	151.886	134.042

表 5　　　逐步回归分析结果

注：表中括号处为 t 值；＊，＊＊，＊＊＊分别表示 $p<0.05$，$p<0.01$，$p<0.001$。

表 6　　　分组回归结果

变　量	竞争优势（CA）为因变量	
	初创期	非初创期
企业性质（NC）	**0.043** （0.166）	**0.126***** （3.150）
企业社会责任（CSR）	**0.148** （0.952）	**−0.004** （−0.074）
战略性企业社会责任（SCSR）	**0.574**** （2.279）	**0.846***** （13.286）

注：表中括号处为 t 值；＊，＊＊，＊＊＊分别表示 $p<0.05$，$p<0.01$，$p<0.001$。

从表 6 中，我们看到初创期组的战略性企业社会责任的回归系数为 0.574，显著性指标 $p<0.05$；而非初创期组的战略性企业社会责任的回归系数为 0.846，显著性指标 $p<0.01$。数据分析结果显示相对于初创期企业，非初创期企业的战略性企业社会责任对竞争优势的影响更为显著。综合以上数据分析结果，假设 2 得到支持。

5. 研究结论与启示

在越来越多的企业开始关注企业社会责任的今天，什么样的企业社会责任才能带来企业经济绩效和社会绩效的双赢是一个值得关注的话题。通过文献回顾、模型构建、问卷调查和统计分析等一系列研究过程，本研究已对战略性企业社会责任及其与竞争优势之间的关系进行了分析论证。研究结果表明，战略性企业社会责任能够给企业带来竞争优势。而一般性的企业社会责任并不能对提升企业竞争优势带来多大帮助。此外，对于初创期企业来说，战略性企业社会责任对企业竞争优势的正向影响会弱化。

本文的研究结果对于企业承担社会责任具有如下启示：(1)只有那些既能满足社会需要又有益于企业提升竞争力的社会责任活动才是可持续的，才是真正有益于社会的。然而，并不是所有企业社会责任活动都能给企业带来竞争优势。所以为了企业自身利益，更为了长期的社会利益，企业应该有选择性地承担企业社会责任，避免盲目地承担企业社会责任。(2)只有战略性的企业社会责任才能帮助企业形成竞争优势，进而实现社会利益和企业经济利益的双赢。所以企业在选择企业社会责任活动时应融入战略性的思维。具体说来，企业应该前瞻性地识别出最新的社会需要，并将其与企业使命及经营战略匹配起来，即将社会责任融入企业的日常经营活动，以最新的社会需求来激发产品(服务)与流程的社会责任创新(如 GE 的绿色创想系列产品；丰田的混合动力汽车和民生银行的小微企业金融服务等)，最终在实现社会价值的同时，也带给企业带来竞争优势。(3)对于处在初创阶段的企业来说，即使是战略性企业社会责任活动也不能为其带来竞争优势，所以初创阶段企业的社会责任活动是不可持续的。对于这些企业来说，承担社会责任应当量力而为。这并不意味着处于初创期的企业不应该承担社会责任。我们提倡的是处在不同生命周期阶段的企业应当采取不同的方式来承担社会责任，而不能够简单地进行社会责任行动的攀比和模仿。

◎ 参考文献

[1]陈佳贵.关于企业生命周期与企业蜕变的探讨[J].中国工业经济，1995，9(11).

[2]李业.企业生命周期的修正模型及思考[J].南方经济，2000，18(2).

[3] Barney, J. B.. Firm resources and sustained competitive advantage [J]. *Journal of Management*, 1991, 17(1).

[4]Barney, J. B.. *Gaining and sustaining competitive advantage* [M]. NJ: Pearson Education, 2002.

[5]Baron, D. P.. Private politics, corporate social responsibility, and integrated strategy[J]. *Journal of Economics and Management Strategy*, 2001, 10(1).

[6]Branco, M. C., Rodrigues, L. L.. Corporate social responsibility and resource-based perspectives[J]. *Journal of Business Ethics*, 2006, 69(2).

[7]Burke, L. , Logsdon, J. M. . How corporate social responsibility pays off[J]. *Long Range Planning*, 1996, 29(4).

[8]Chamberlin, E. H. . *The theory of monopolistic competition*[M]. London: Macmillan, 1933.

[9]Chandler, A. D. . *Strategy and structure: Chapters in the history of the American enterprise* [M]. Massachusetts Institute of Technology Cambridge, 1962.

[10]Greiner, L. E. . Evolution and revolution as organizations grow[J]. *Evolution And Revolution As Organizations Grow*, 1972, 50(3).

[11]Haire, M. . Biological models and empirical histories of the growth of organizations[J]. *Modern Organization Theory*, 1959, 8(3).

[12]Husted, B. W. , Allen, D. B. . Strategic corporate social responsibility and value creation among large firms: lessons from the Spanish experience[J]. *Long Range Planning*, 2007, 40(6).

[13]Husted, B. W. , Allen, D. B. . Strategic corporate social responsibility and value creation [J]. *Management International Review*, 2009, 49(6).

[14]Ichak, A. . *Managing corporate lifecycles*[M]. NJ: Prentice Hall Press, 1999.

[15]Kazanjian, R. K. , Drazin, R. . An empirical test of a stage of growth progression model[J]. *Management Science*, 1989, 35(12)

[16]Lantos, G. P. . The boundaries of strategic corporate social responsibility[J]. *Journal of Consumer Marketing*, 2011, 8(7).

[17]Ma, H. . Competitive advantage and firm performance[J]. *Competitiveness Review: An International Business Journal*, 2000, 10(2).

[18]Porter, M. E. . *Competitive advantage: Creating and sustaining superior performance*[M]. NY: Free Press, 1985.

[19]Porter, M. E. , Kramer, M. R. . Strategy and society: The link between competitive advantage and corporate social responsibilit[J]. *Harvard business review*, 2006, 84(12).

[20]Quinn, R. E. , Rohrbaugh, J. . A spatial model of effectiveness criteria: Towards a competing values approach to organizational analysis[J]. *Management Science*, 1983, 29(3).

[21]Russo, M. V. , Fouts, P. A. . A resource-based perspective on corporate environmental performance and profitability[J]. *Academy of Management Journal*, 1997, 40(3).

[22]Sekhar, B. S. . Exploring the concept of strategic corporate social responsibility for an integrated perspective[J]. *European Business Review*, 2010, 22(1).

[23]Zhang, L. , Chen, H. , Lin, Y. . Slack resource, political tie and corporate philanthropy: Evidence from Chinese private corporates[J]. *Paper presented at the Academy of Management Meetings*, 2013, 94(1).

Can Socially Responsible Activities Really Help
Corporate Achieve Competitive Advantage

Chen Honghui[1]   Zhang Lin[2]   Zhang Yu[3]

(1, 2, 3   Lingnan College of Sun Yat-sen University, Guangzhou, 510275)

Abstract：Nowadays, more and more entrepreneurs have realized the importance of corporate social responsibility and begun to take actions to undertake their social responsibility. Whether corporate social can enhance corporate competitive advantage has been an important topic in academia. Based on resource-based view and industrial organization theory, this paper explored the relationship between corporate social responsibility and corporate competitive advantage. And we tested our hypotheses with a sample of 183 firms. The findings shows that：(1) It is the strategic corporate social responsibility rather than corporate social responsibility in general can bring competitive advantage to firms. (2) corporate developmental stage can moderate the relationship between corporate social responsibility and corporate competitive advantage. This paper contributes to enhancing the understanding of corporate social responsibility and its impact. This paper also has important practical implications about how to undertake corporate social responsibility.

Key words：Corporate social responsibility；Strategic corporate social responsibility；Competitive advantage；Corporate life cycle

专业主编：陈立敏

中外职业经理人成长文化环境比较研究*

● 李锡元[1]　舒　熳[2]

(1, 2　武汉大学经济与管理学院　武汉　430072)

【摘　要】国际化竞争日趋激烈，竞争格局与模式日新月异。在这一形势下，我国企业开始注重对职业经理人制度的使用，并把其作为在国际竞争中站稳脚跟的重要着力点。然而，目前我国职业经理人的数量和质量都远远不能满足企业的要求。基于此，作者试图通过对中外文化环境进行对比分析，以帮助回答并解决优质职业经理人在我国严重匮乏的问题。本文首先对职业经理人进行了界定；接着，从文化维度理论的视角，分别分析了西方与中方文化对职业经理人成长的利弊关系；最后，根据比较的结果，提出有针对性的建议。

【关键词】职业经理人　成长　文化环境　中外比较

1. 引言

　　当代企业最显著的特征就是所有权和经营权的分离。在这种情况下，企业的经营权一般由职业经理人具体负责，职业经理人的能力和素质将直接关系到企业的发展。《中共中央关于全面深化改革若干重大问题的决定》再一次指出，要"健全协调运转、有效制衡的公司法人治理结构"，"建立职业经理人制度，更好发挥企业家作用"，并且明确表示要"积极吸收借鉴国外一切优秀文化成果"，"进一步深化文化体制改革"，文化治理的理念已经深入人心，企业管理也应高度重视对国家文化的适应与变革。此外，李克强总理在2015年政府工作报告中进一步强调，近年我国的主要工作任务要求"完善现代企业制度，改革和健全企业经营者激励约束机制"；"践行社会主义核心价值观，弘扬中华优秀传统文化"。顺应时代和经济发展的要求，我国急需建设成熟的职业经理人市场，并为其成长提供良好的文化环境。

　　职业经理人是在特定的公司治理模式下，以从事企业管理活动为职业，具有专业化的管理知识和技能，能够合理运用企业内外各项资源，为完成企业主或股东制定的运营目标

　　* 基金项目：国家社会科学基金一般项目"职业经理人市场治理与国企职业经理人市场融入协同研究"（14BGL082）的阶段性研究成果。

　　通讯作者：李锡元，E-mail：xyliwhu@126.com.

而担任高级管理职务的受薪人员①。职业经理人与职位高低无必然联系，代表着一种高素质的能力。国内学术界对职业经理人成长的现有研究中，大多集中于宏观经济环境与微观处理机制方面，很少有学者考虑文化环境对职业经理人成长的影响，而这一影响不容忽视。本文分别介绍了中西方文化内涵对职业经理人成长的作用，并基于文化维度理论，描述两种不同的文化背景对职业经理人成长的影响。在理论方面，本文对有关职业经理人成长影响因素的研究做出了一定贡献；在实践方面，则为我国大力推行职业经理人制度，建设有效的职业经理人市场提供了参考。

2. 文化差异对职业经理人成长的不同影响

文化具有丰富的内涵和广泛的特征，它是一整套由某个集体共享的理想、价值观和行为准则，是使个人行为能够为集体所接受的共同标准，并且每个民族的文化都将在子孙后代中流传。体现在管理中就是，不同的文化环境下管理者制定决策时所考虑的因素不同，管理者和员工们对权力、领导、工作团队以及伦理实践的感知也不同。已有研究表明，在中国情境下，职业经理人受儒家文化影响越大，委托-代理关系中产生的代理成本越低②。基于此，本文结合霍夫斯泰德的文化维度与中国传统文化的分析，将文化环境的发展与职业经理人的成长联系起来，比较何种文化更适合职业经理人的成长。

2.1 西方文化对职业经理人成长的影响

2.1.1 个体主义利于培养竞争意识

在强个体主义倾向的文化氛围下，关键的单位是个人，对其而言，空间和隐私都很重要，人们倾向于直接、明确和个人化的沟通方式，个体更加关心自己及其家人、直接亲属③，商业活动则是交易且富有竞争性的。在个体主义与集体主义这一维度上，具有代表性的国家是美国。美国文化具有十分强烈的个人主义倾向，人们之间的感情与联系较为淡薄，在此背景下，美国经理人在进行企业事务处理时，顺序是法、理、情，更依赖于制度化的管理。他们在管理时显得不那么"近人情"、"古板"，因为个体主义文化使得其对于人际关系的认识较为理性、对立，对经济激励更可能做出回应④。就这一点来说，个体主义文化利于职业经理人的成长，因为他们从事的是职业化的商业管理，在管理时依照企业的规章严格行事，避免了由于人际关系而可能带来的额外的麻烦与损失，更可能满足委托人的要求，获取其信任，从而可能获得更多的自主权，更能培养其管理能力。而在集体主

① 李锡元. 中国职业经理人成长理论及应用研究[M]. 武汉：湖北人民出版社，2007：13.

② Hofstede, G.. The interaction between national and organizational value systems [J]. *Journal of Management Studies*, 1985, 22(4)：348.

③ Cannon, J.P., Doney, P.M., Mullen, M.R., and Petersen, K.J.. Building long-term orientation in buyer-supplier relationships：The moderating role of culture[J]. *Journal of Operations Management*, 2010, 28(6)：506-521.

④ 古志辉. 全球化情境中的儒家伦理与代理成本[J]. 管理世界，2015(3)：113-123.

义文化中，谦虚的人为了避免造成自夸的印象，在公众面前不是特别愿意表现自己，因此就限制了信息的分享①。总的来说，在个体主义文化的作用下，职业经理人更追求个人的成功，更可能具备进取精神与竞争意识。

2.1.2 低权力距离利于制定正确的决策

在低权力距离的文化下，组织里的沟通是双向的，既可以由上至下，也可以由下至上，组织结构更倾向于扁平化、民主化。权力距离对于领导者的决策制定、监督与控制、授权、责任承担等方面的行为都具有深远的影响②。在处于低权力距离文化下的美国，职业经理人更偏爱进行参与式管理，强调授权、员工参与和领导者的个人魅力③。因为在低权力距离文化下，员工们期待与管理者进行平等的沟通，因此在决策制定时，往往不是"一个人说了算"，而是从下到上进行意见的收集。由于并不崇尚至高无上的权力，职业经理人也更可能听取普通员工对于完成某项任务的看法。在这种情况下，员工觉得管理者需要提升自己的经验和魅力来赢得认同和信任，而不只是依靠职位赋予他们的权力。因此在监督与控制员工方面，对职业经理人的要求更高。

2.1.3 低不确定性规避利于培养冒险精神

不确定性规避是人们所感受到的风险和未知所带来的威胁，社会希望创建更为正规的制度，但人们往往很难接受脱离正轨的想法和做法，信赖绝对的知识和专家权威给出的措施来回避风险。在低不确定性规避文化下，人们更加能够认可不确定性，由于精神压力较小，愿意尝试冒险，更可能改变生活和工作地点，更不惧怕未知。在具有低不确定性规避文化的一些西方国家，职业经理人更具备"冒险"精神，勇于创新，也会更积极鼓励员工创新，此外，崇尚个性的职业经理人也有可能采取非常规措施来解决问题，而这些举措往往能带来意想不到的结果。因此，虽然"冒险"可能给企业利益带来风险，但确实有利于职业经理人实践自己的管理知识，提升其管理能力。

2.1.4 短期导向阻碍深远发展

短期导向文化更看重眼前利益，较少关注长足发展。在英美等奉行短期导向文化的国家，职业经理人更看重自己在职期间的效益，在做决策时，很可能忽视企业未来的发展状况以及潜在收益。从企业生命周期的角度来看，在企业的成长期，职业经理人担负着"规范化"经营运作的重任，但在短期导向的影响下，他们制定规章制度和政策常常会侵犯元老们的权力和员工们的利益，因此也可能会引起矛盾，不利于其在企业立足。并且，职业经理人的"短视"行为很有可能造成企业资源的浪费，无法使企业资本发挥出最大限度的效用，反而会加速企业的衰老，这不仅与企业长期发展的诉求相违背，更不利于职业经理人职业生涯的进一步提升。

---

① Alexandre, A., Martin, M., Wei Li, Tim, W., and Reed, S.. Cultural influences on knowledge sharing through online communities of practice [J]. *Journal of Knowledge Management*, 2006, 10(1): 94-107.

② 廖建桥，赵君，张永军. 权力距离对中国领导行为的影响研究[J]. 管理学报，2010(7): 988-992.

③ Sean M. Handley, and Corey M. Angst. The impact of culture on the relationship between governance and opportunism in outsourcing relationships [J]. *Strategic Management Journal*, 2015, 36(9): 1412-1434.

2.2　中方文化对职业经理人成长的影响

2.2.1　集体主义利于组织管理能力提升

在强集体主义倾向的文化氛围下，关键的单位是集体，对他们而言，空间和隐私都没有关系重要。集体主义文化下，沟通更依靠直觉，并且更加复杂，人们也更可能根据印象来判断某一事物，商业活动则互相关联、互相协作。与美国不同，中国处于集体主义文化氛围下，对人际关系意识较为强烈，属于"人情"社会、"关系"社会。在管理时，职业经理人更可能将下属进行"圈内"与"圈外"的划分，因此可能会偶尔忽视制度的严肃性，发生用人失误而出现管理失当的情况。但集体主义文化下，职业经理人更可能以集体利益为主，管理的重点也更可能倾向于培养组织成员间的和谐与团结，从而使得组织成员都极具集体荣誉感，更可能做出"无私"、"利他"的行动，采取各种措施来维护企业的利益。因此，集体主义文化有利于职业经理人采用顾全大局的思考方式，能帮助其组织管理能力的提升。

2.2.2　高权力距离易产生决策失当

在高权力距离的文化下，沟通受到种种制约，并且是单方面的、由上至下的，组织中的沟通往往要经过中介，这个中介一般由处于有利职位的、学识渊博的人来担任，组织里的权力结构也更加可能拥有严格的层级。中国自古以来的君王制度赋予了中国传统的高权力距离文化，在这种文化下，决策权被牢牢掌握在拥有更高权力的少数上层管理者手中，人们也更加相信上层比组织里的其他人拥有更加丰富的经验和知识。职业经理人在企业中进行管理活动时，拥有一定的管理自主权，而在高权力距离文化下，人们对权力的接受程度使得其更可能片面地依靠自己有限的信息来解决问题，同时，人们模糊地表达自己的情绪和意见，甚至隐藏或不愿意说出自己的意见，所以由于缺乏适当的必要的参考，员工的参与式决策水平和创新行为都将下降，更可能导致决策失误。

2.2.3　高不确定性规避阻碍创新

在高不确定性规避文化下，人们更难接受不确定性，认为时间就是金钱，会因为内在的动力拼命工作，更倾向于采取一些措施来防止不确定性；对于职业经理人而言，不确定性规避则是对愿意承担的不可预测性及风险的一个重要代理[①]。较为典型的具有高不确定性规避文化的国家是日本，职业经理人在制定决策时，将会避免最有风险的选择，用规则和政策来主导企业，更加追求"稳定"。我国职业经理人对不确定性的规避程度较高，在这种文化背景下，职业经理人可能中规中矩，在进行决策以及制定企业战略时，更可能强调安全、稳定以及可预测性，因而很多中国企业偏爱采用成本领先战略，而非创新战略。这并不表示其管理水平不足、缺乏长远的战略意识，而是对未来不确定性的担忧使其更加保守，从而缺乏冒险精神与创新进取的决心，不愿为开拓新的市场付出过多努力，从而更可能使得企业停滞不前，难有较大突破。

①　Crossland，C.，Hambrick，D.C..How national systems differ in their constraints on corporate executives：A study of CEO effects in three countries[J]．*Strategic Management Journal*，2007，28(8)：67-78.

2.2.4 长期导向利于深远成长

长期导向更多地是强调一种长远观念，它意味着对目标不屈不挠的追求，也意味着对未来和全局的考虑。中国是最具有代表性的拥有长期导向文化的国家。在我国，受古代儒家思想的影响，人们注重节俭、强调坚韧的精神，把传统、礼尚往来视为一种良好的社会风尚。对于职业经理人而言，在这种文化背景下，可能会更加注重企业未来的发展，在制定决策时，会更多地考虑到以后的生产条件与状况，也会更加注重对环境的保护；然而就其自身成长而言，他们会更加明白自己的处境，知道如何才能让自己在未来的职业生涯中有更好的发展，以及获取更大的利益。因此长期导向文化对职业经理人的成长具有至关重要的正面作用。

3. 促进中国职业经理人成长的建议

自古以来中西方文化间就存在很大差异，职业经理人制度这一西方文化下的产物，其在中国的实施效果受到各种因素的影响，其中，社会文化的作用已不容忽视。为了更好地运用职业经理人制度来帮助建立我国的现代企业制度，创造完善的市场经济条件，建设中国经理人的成长环境，本文将重点从文化角度提出相关的建议。我们需要学习和借鉴国际先进文化的可取之处，掌握西方文化中有利于职业经理人成长的文化精髓；还要继承并发扬我国民间文化的优良传统，真正将职业经理人制度运用到我国的文化大环境中来，将其改造成为具有中国特色的职业经理人制度，使之在我国得到长远发展。

3.1 学习并借鉴西方文化中的经典

西方文化强调独立，崇尚个体主义文化，其社会文化与企业文化都充斥着积极进取的竞争意识，人们不甘心落后，但其社会关系需要用契约来维持，信任也建立在合同的基础上，同时，组织里上级与下级之间拥有平等的地位，可以进行密切的交流与合作。基于上文的分析，建议从以下几点学习西方文化来帮助我国职业经理人成长。

第一，形成个体意识，培养职业经理人的进取精神与竞争能力。企业的命运取决于市场竞争的胜败，如果想在残酷的竞争中站稳脚跟，就一定要具备强大的竞争力。而作为企业的实际经营者，职业经理人必须对市场动向有敏锐的洞察力，能抓住一切机会，擅长捕捉有利时机，能确定企业的经营目标和经营策略，并且能够让企业在与其竞争对手的较量中，处于不败的地位。西方文化尤其是美国文化崇尚个体主义，以及个人英雄主义，十分强调竞争，因此在企业治理中，经理人会更加富有竞争力，其决策将更加贴合企业的经营目标与发展战略。

第二，减弱对权力的依赖，虚心听取他人意见，提升团队合作意识。有调查表明，大多数企业家或者企业高管把"进取心"和"团队合作"视为对成功有着最重要影响的文化因素①。在西方文化中，低权力距离使得经理人在制定决策时能更好地听取他人意见，不论是企业的经理等管理人员，还是基层助理等普通工作者，都对企业的决策制定享有一定的

---

① 林新奇．中国企业家成长的文化生态研究[J]．中国人民大学学报，2007(5)：85-90．

权力，降低了错误决策的可能性，能帮助职业经理人更好地实现企业的经济目标。对于我国职业经理人而言，由于受传统"君王"思想的影响，企业的发展往往掌握在少数或个别人手中，可能出现遇到问题无法及时解决等情况，因此，职业经理人应该提升自己的团队合作意识，要学会信任他人，采纳别人的好想法，来帮助自己做出正确的决定，提升企业的竞争力。

第三，克服规避不确定性的心理，培养勇于承担风险的精神。开拓创新必定面临着风险，做前人没有尝试过的事，无法避免失败的可能。如果经理人在风险面前畏缩不前，即使有新的创意和想法也永远无法成为现实。这也意味着，勇于面对并承担风险是开拓创新的前提条件，也是成功的第一步。当然，这也并不意味着盲目冲动，而是需要在风险面前保持冷静的头脑，根据科学的分析做出自己的判断，并采取必要的措施，做出果断的决策。从这一点上来说，我国的经理人应该好好把握不确定性规避的程度，在需要面对风险的时候不能过于谨慎，而是应该相信自己，积极面对。

第四，明确职位重要性，提升责任意识，加强自我监控。西方宗教"天职观"强调了信用与责任的重要性，在"大五"人格模型中，责任心这一维度是预测个人是否能够成功的关键性因素。一个人如果有着高度的责任心，那他一定是负责的，并且可以认为其处事有条不紊，是一个可以信任的人，并且有理由相信他做事情能持之以恒。对职业经理人来说，责任心是决定其能否取得长远发展的核心因素，有责任心的经理人将会付出更多的努力，坚持不懈，也将更有驱动力和纪律性，从而将具备更强的领导力。

3.2　继承并发扬中国文化中的精华

中国传统儒家文化讲求宽厚待人，社会崇尚仁爱，彼此之间团结互助，同时，人们总为长远计，不止考虑当下，还注重未来。自古以来的君王制度也造就了人们服从的品格，命运赋予了"君王"所应该承担的责任与担当。根据前文的介绍，职业经理人可以吸收、继承并发扬我国优良传统，用以提升自己的经营管理能力。

第一，顾全大局，将集体利益摆在首要地位。作为企业的领导人，职业经理人应时刻铭记自己的责任，应该始终把企业的利益摆在第一位，对自己所做的任何决定都应保持一种敢做敢当的决心，这也要求职业经理人学会三思而后行。职业经理人作为代理人，要想获得委托人的信任和长期的支持，就不得不暂时牺牲小我，将企业及委托人的利益看得比自己重要，在决策制定时，更需要以大局为主。

第二，"仁"爱天下，多与员工交流，提升组织管理能力。"仁"的主旨在于，认可每个个体都拥有自己独立的人格，人们应该怀着仁爱的心来处理与别人的关系。从这个方面来说，管理者应更加重视与员工的沟通和交流，尊重并信任他们，更加懂得如何用人。企业要充满活力、生机勃勃，就必须有良好的组织文化氛围，全体职工都保持高度的积极性、主动性与创造性。一个优秀的职业经理人，不仅要能有效处理企业的各项经营业务，还要营造并维护良好的企业文化，经理人受儒家文化的影响越大，在委托-代理关系中发生代理成本的可能性越低，儒家所强调的"仁"，就是要让统治者学会倾听，学会关注百姓的利益。作为企业经营权的掌控者，职业经理人也要学会宽厚待人，经常了解员工的困难并努力帮其解决问题，这样才能"得民心"，才能走得更远。

第三，把眼光放长远，服务社会。人若想取得最终的成功，就一定要有长远的规划，决不能只考虑当前的收获。企业也是一样，如果职业经理人只图一时利益，牺牲了企业更好的发展前景，那他无疑是失败的管理者。职业经理人追求的应该是最佳的利益，这需要有长期的目标和远大的抱负，当然，对于一个企业而言，对社会负责也是一种注重长远发展的表现。当今社会不乏为牟取暴利而掺假造假的例子，为获取蝇头小利而危害环境的情况也不胜枚举，这不仅对社会不负责，更是对企业不负责。我国古代文化强调追求长期发展，而在现代经营管理中，职业经理人应当学会把个人的事业成功跟对社会和企业负责视为同等重要，要努力做到服务周全、信誉至上，生产过程也应保持环境友好等。

第四，保持谦卑，提高文化素养，不断给自己充电。如今是"知识爆炸"的年代，知识和技术日新月异，新的事物不断涌现，没有较高的文化和专业知识，绝不可能适应时代的要求。作为管理领域的佼佼者，职业经理人面临着越来越多的挑战，他们需要有过硬的文化素养、专业技能和经营管理知识。中国传统以来认为"三人行，必有我师"，人们懂得谦卑，懂得虚心求教，懂得通过他人来提升自己。所以除了在日常的经营管理活动中发现自己的问题之外，职业经理人应该时刻保持一颗谦卑的心，多学习别人的经验来丰富自己的管理知识。

3.3 抛弃并去除传统文化中的糟粕

不可否认，在我国流传了几千年的儒家文化对我国人民的影响巨大，中国人的思想和行为刻下了深深的儒家传统的烙印。对于经理人成长而言，继承我国传统文化中的精华部分是必需的，但也应当抛弃严重阻碍其发展的文化糟粕。

第一，改变折中思维，强调竞争与发展。中国传统的"中庸"思想，表现为伦理中"过犹不及"的道德取向，强调"既无不过，也无不及"，先秦儒家将其视为行为准则。中国传统道德文化强调要协调好人与人、人与社会的关系，但这也在一定程度上培养了人们的折中思想，过分强调平均主义。中国文化中含有独特的风险厌恶偏好，对于未来不确定的事情，人们缺乏尝试的勇气和决心，讨厌变革，思想禁锢。"取法乎上，仅得其中；取法乎中，仅得其下"，在经济发展日新月异的今天，不思进取迟早会被淘汰，如果职业经理人深受传统文化的影响，搞平均主义、忽视竞争，那么他必将被激烈的竞争社会所抛弃。

第二，拒绝守旧，增强创新意识。中国人的思维方式往往十分简单，总是先入为主，因此很可能对一些不经常出现的事物产生误解，也就是我们常说的顽固迂腐。然而，开拓创新在竞争中必不可少，是竞争获胜的保证。创新，包括技术创新、产品创新和管理制度创新。职业经理人的创新决策能够提升整个企业内员工的积极性，从而带动企业生产技术的创新，更可能促使生产的产品样式多变、性能提升，也会降低生产成本，以更低的价格在市场上销售，这无疑能给竞争对手强烈的打击，同时，管理制度的创新能使企业焕发新的活力，从而吸引源源不断的新鲜血液，帮助企业发展。在中国传统守旧观念的影响下，管理者可能会缺乏一定的创新精神，而这将阻碍职业经理人成长的步伐，因此，我国经理人应主动积极地提高自己的创新意识并提升自己的创新水平。

第三，合理使用"关系"，注重实力和事实。"家"文化是我国传统文化的重要组成部分，中国人十分注重"家"的概念，时刻把"家"视为生活和工作的中心。在中国传统的"家"、"关系"文化的影响下，出于"人情"方面的考虑，现代管理活动中职业经理人避免不了做出一些不恰当的决定。虽然有时依靠"关系"好办事，但对于具有专业管理知识和能力的职业经理人来说，仅凭借"关系"难以取得较高的建树。职业经理人需要理性的决断，如果在做决策时过分考虑其他因素，他们的管理成效势必会受到影响。所以，职业经理人在从事管理活动时，需要适当跳出"关系"圈子，站在一个合理的位置，用公平的眼光去评判人与事，做真正明智的领导者，相信真切感受到的实力和事实。

◎ 参考文献

[1]古志辉.全球化情境中的儒家伦理与代理成本[J].管理世界，2015(3)：113-123.

[2]郭际，李南，白奕欣.基于生命周期理论的企业危机管理动态分析[J].科学学与科学技术管理，2006(7)：116-120.

[3]李锡元.中国职业经理人成长理论及应用研究[M].武汉：湖北人民出版社，2007.

[4]杜旌，尹晶.领导力本土化研究：理论与现实.//珞珈管理评论2014年卷第2辑(总第12辑)[M].武汉：武汉大学出版社，2015.

[5]廖建桥，赵君，张永军.权力距离对中国领导行为的影响研究[J].管理学报，2010(7).

[6]林新奇.中国企业家成长的文化生态研究[J].中国人民大学学报，2007(5).

[7]张远，李丹，井润田.中国大陆地区合资企业股权结构影响因素的实证研究[J].管理学报，2009(4).

[8]Cannon, J. P., Doney, P. M., Mullen, M. R., Petersen, K. J.. Building long-term orientation in buyer-supplier relationships：The moderating role of culture[J]. *Journal of Operations Management*, 2010, 28(6)：506-521.

[9]Crossland, C., Hambrick, D. C.. How national systems differ in their constraints on corporate executives：A study of CEO effects in three countries[J]. *Strategic Management Journal*, 2007, 28(8)：67-78.

[10]Harackiewicz Judith M., Barron Kenneth E., Tauer John M., et al.. Short-term and long-term consequences of achievement goals：Predicting interest and performance over time[J]. *Journal of Educational Psychology*, 2000, 92(2).

[11]Hofstede, G.. The interaction between national and organizational value systems[J]. *Journal of Management Studies*, 1985, 22(4)：348.

[12]Sean M. Handley, Corey M. Angst. The impact of culture on the relationship between governance and opportunism in outsourcing relationships[J]. *Strategic Management Journal*, 2015, 36(9).

[13]Swierczek, Fredric William, Ha Thai Thanh. Entrepreneurial orientation, uncertainty avoidance and firm performance：An analysis of Thai and Vietnamese SMEs[J]. *The International Journal of Entrepreneurship and Innovation*, 2003, 4(1).

A Comparative Study on Cultural Environments of Sino-Foreign Professional Managers Growth

Li Xiyuan[1]   Shu Man[2]

(1, 2 Economics and Management School of Wuhan University, Wuhan, 430072)

Abstract: The international competition is becoming increasingly fierce, the competition pattern and mode change rapidly. In this situation, Chinese enterprises began to pay attention to the use of professional manager institution, and regard it as the key factor of gaining a firm foothold. However, the quantity and the quality of professional managers can't meet the requirements of the enterprises. On this background, focused on the cultural environments of professional managers' growth, the authors comparative analyzed the cultural environments between foreign countries and China, to help answer and solve the problem that excellent professional manager's shortage in China. The authors first defined professional manager; then, from the perspective of cultural dimensions theory, the relationship between Western and Chinese culture on the pros and cons of professional managers growth were analyzed; finally, the authors put forward specific proposals according to the comparison results.

Key words: Professional manager; Growth; Cultural environment; Sino-foreign comparison

专业主编：杜旌

大学生情绪智力与社会适应性关系研究[*]
——职业价值观的中介作用

● 叶晓倩[1]　李岱霖[2]　吴　立[3]

（1，2，3 武汉大学经济与管理学院　武汉　430072）

【摘　要】本文以武汉的大学生为研究对象，调查研究其情绪智力、社会适应性和职业价值观之间的关系。首先运用 SPSS 17.0 软件进行描述性统计分析、相关分析、回归分析，然后采用 Amos 7.0 的结构方程模型检验大学生职业价值观对情绪智力与社会适应性的中介作用。数据分析结果表明：大学生情绪智力与社会适应性显著正相关；情绪智力与职业价值观显著正相关，且职业价值观在大学生情绪智力与社会适应性之间的中介作用显著。

【关键词】情绪智力　社会适应性　职业价值观　中介作用　大学生

1. 引言

情绪智力由美国心理学家 Mayer 和 Salovey 在 1990 年提出的，他们认为情绪智力是指"驾驭自己和他人的情感情绪，区分它们之间的差异，并且能够使用这些信息指导自己思考和行动的能力"。情绪智力作为一种与情绪情感相关的能力和个性特质，众多研究已经证实它能预测个体的态度和行为，如情绪智力对心理健康、人际关系、社会适应、工作绩效、学习成绩、职业决策等的作用。然而，对于情绪智力与社会适应的关系研究，尤其关于大学生社会适应性的研究成果不多，关于大学生情绪智力与社会适应性之间关系的内在黑箱有待进一步打开。此外，以往的研究多采用社会适应的一个方面如人际关系、生活满意度等作为社会适应的测试指标，忽视了社会适应性的多维性。而情绪智力也是一个多维概念，以往研究通常将总体情绪智力作为预测变量，少有研究探讨多维度情绪智力与多维度社会适应性之间的关系。而且，职业价值观会影响到二者之间的关系吗？如有影响，三者之间究竟存在什么样的关系？据此研究思路，本文通过对武汉地区高校大学生的问卷调查，基于第一手数据分析探讨大学生情绪智力、职业价值观与社会适应性的关系，期望通过探明其内在联系机理，为制定有针对性的高校教育策略，有效提高大学生社会适应能力提供借鉴和指导。

---

* 通讯作者：吴立，E-mail：wulity@safecleen.com。

2. 文献回顾与假设提出

2.1 情绪智力与社会适应性

目前对情绪智力的界定主要有两种：一种是狭义的界定，以 Mayer 和 Salovey 为代表。自 1990 年提出情绪智力的概念后，Mayer 和 Salovey 就一直致力于对情绪智力的研究。先后经过 1993 年和 1996 年两次修正，于 1997 年形成最终的概念模型。Mayer 和 Salovey 认为情绪智力是"精确的知觉、评价和表达情绪的能力；产生情绪以促进思维的能力；理解情绪和情绪性知识的能力；调节情绪并促进情绪与智力发展的能力"。他们的理论将情绪智力概括为四个方面，这四个方面类似于马斯洛的层次需求理论，在发展与成熟的过程中遵循一定的先后顺序和等级。第一个方面的能力是情绪的知觉和表达能力，这也是最基本和最先发展的能力，第二个方面是情绪对思维的促进能力，第三个方面是对情绪的理解能力，第四个方面是对情绪的成熟调控能力。与 Mayer 和 Salovey 所定义的情绪智力比较相似的还有 Davies 等（1998）提出的情绪智力四维度模型，即对自己情绪的评价和表达、评价和识别他人的情绪、对自身情绪的监控、运用情绪自我激励。该情绪智力模型从理论和实践的角度证实了情绪智力满足智力的标准，情绪智力逐渐成为一个被学者们接受的科学化概念。另一种是广义的界定，以 BarOn（2006）和 Goleman（1998）为代表。BarOn 认为情绪智力是影响个体应对环境需要和压力的一系列情绪的、人格的和人际的能力总和。他们将情绪智力的内涵延伸到与情绪情感相关的能力和个性特质，比如压力管理、主动性、乐观性、自我激励等。Goleman 认为情绪智力在优秀的人与普通人之间有显著差异，它主要包含 7 种关键成分，分别是自信、好奇心、动力、自我控制能力、交际能力、沟通能力、合作能力。广义的情绪智力定义包含能力和人格特质两个方面，非能力的人格特质使得情绪智力与人格有重叠的部分，这也是后来学者们对他们的模型的预测效度和结构效度持怀疑态度的关键点，研究结果恰恰也证实了学者们的怀疑。相较于以前，越来越多的学者正在逐渐接受和认同 Mayer 和 Salovey 提出的情绪智力的概念和理论模型，本研究对此持相同观点。

国内关于大学生社会适应性的研究逐渐成为热点，发表的学术文章也在不断增加。以知网为例，在其数据库中输入"大学生社会适应"进行精确查找，截至 2015 年 4 月共有相关文献 218 篇，其中 2010—2015 年 133 篇，2005—2009 年 74 篇，2005 年之前 11 篇。研究主题涉及大学生社会适应的现状、概念、结构维度、影响因素、影响结果、能力培养等方面。从已有的文献来看，仍然没有对大学生社会适应的概念做出清晰界定，大部分研究是直接借用社会心理学中的社会适应概念来探讨大学生的社会适应性问题。研究者们对于大学生社会适应的结构维度也没有达成一致的观点，不同的学者根据自己的研究目的提出了不同的维度分类。如卢谢峰从人与环境关系的角度出发，结合有关理论研究和开放式问卷调查结果，得出了大学生社会适应性的七因素模型，即学习适应性、人际适应性、角色适应性、职业选择适应性、生活自理适应性、环境的总体认同/评价、身心症状表现；陶沙认为大学生社会适应由学习适应、人际适应、生活自理适应、环境的总体认同和身心症状五个方面构成；另外还有分为社会学习适应、社会人际适应和社会生活适应三个方面的观点。尽管不同的研究学者提出了不同的大学生社会适应性维度，但是它们基本上都涵盖了大学生成长阶段中涉及的学习、人际、职业、生活等主要人生任务与重要事件，只不过不同的研究者关注的重点不同。

目前对大学生社会适应性影响因素的研究主要涉及两个方面，即环境因素和个体内部因素。在环境因素方面，社会环境、学校环境、家庭环境、工作环境和社交环境等对大学生社会适应能力的培养有着重要的影响。在个体内部因素方面，大学生的自控能力、应对方式、个性特点等诸多因素对大学生的社会适应都有着重要的影响。情绪智力作为个体内在因素的一种，与大学生社会适应性的诸多指标存在显著正相关关系。例如，Ciarrochi 等（2002）认为，情绪智力与个体亲社会行为正相关，在与同伴的交往中产生更小的消极行为。Lin 等对跨国学习的大学生研究后发现，情绪智力能够调节文化智力与文化适应的关系，促进留学生跨文化适应。情绪智力能够正向影响大学生心理适应，情绪运用能够显著正向预测社会适应，情绪理解可以显著正向预测亲社会行为倾向，情绪管理可以显著正向预测行事效率，以及负向预测违规行为。

因此，根据上述分析特提出如下假设：

H1：大学生情绪智力正向影响社会适应性。

2.2 情绪智力与职业价值观

尼尔·赫克斯（Neil Hawkes）认为，价值是决定人们思想、行为的一些基本的原则、基本的信念及生活的立场和标准，遵循价值是行为总的指导原则。生活的富足和社会的繁荣，科学技术的进步和文化教育的普及，民主政治的形成和真诚美好的愿望，都没有给广大人民带来真正的和平、友谊、宁静和幸福，这主要是因为物质财富的追求越来越成为社会主流，而对精神价值的渴望却一直未能获得满足。科学不能排斥价值，要从人性事实的研究中给人们提供生命的意义和理想。价值教育是一个完整教育活动的组成部分，它所关注的不是学生有关事实性知识、程序性知识的获得，而是学生价值观念和价值态度的形成、价值理性的提升、价值信念的建立以及基于正确价值原则的生活方式的建立。它旨在促进生命价值、生存意义和人生境界的提升，帮助大学生将社会普遍认同的一套价值内化于心，生成自身的人格系统。在价值教育过程中，教师能否拥有自觉的价值教育意识，将成为影响价值教育能否真正实现的关键因素。合作、幸福、责任感、率直、谦逊、诚实、自由、和谐是价值教育的主导性原则。要引导学生理解并反思自己的生存和发展的方式，形成自己为人处世的正当性原则和方向。

职业价值观是人们对待职业选择时表现出来一种稳定的价值取向，它也是人们的价值观在职业选择上的表现。职业管理大师 Super 认为职业价值观是个人内在需求和追求目标在所从事的职业中的一种表达，是个人进行职业选择时最重要的影响因素。Elizur 进一步指出工作价值观可以划分成物质回报、人际关系、社会声望、自我发展这四个维度。

个人的职业价值观通常会受到性别、年龄、家庭背景、受教育程度、个人工作经验、社会发展状况等因素的影响。大学生的职业价值观正处于发展的初级阶段，仍处于探索期，大学文化、大学教育模式、社会环境和家庭因素对他们的职业价值观的形成影响很大，尤其是大学对他们的教育和熏陶对其未来职业价值观的真正形成起着重要作用。一些调查发现，虽然不同专业、不同年级、不同兴趣的大学生对职业价值的看法不同，他们所表现出来的变化和稳定性也存在差异，但是大学生在自述他们的职业价值观追求时，普遍的价值取向都是趋向于功利，追求的价值目标多属于短期化的目标，对价值的实现手段趋于多样化。因此，引领大学生职业素质能力开发的价值教育势在必行。不管是创新型人才的培养还是拔尖人才培养，抑或是一般性人才的培养都离不开价值教育。价值教育的根本目的即丰富人性、完善人格，它既有别于知识教育，但又渗透在知识教育之中。

以往对职业价值观的影响因素探讨主要集中在个体因素，诸如性别、年龄、教育背景、所学专业等等。然而情绪智力作为一种个体因素，同样可能会影响大学生的职业价值观。Holland 提出的职业选择理论认为个体的职业选择受个体个性的影响，根据个体个性的不同，个体的职业兴趣和职业选择主要分为六种类型：现实型、常规型、企业型、社会型、艺术型、研究型，而情绪智力作为一种与个性特质相关的能力，必然会对其职业选择产生影响。凌文辁等对大学生的职业价值观进行研究时发现，工作能否发挥自身才能是大学生择业时需要考虑的重要因素，高情绪智力的大学生能够充分理解自己和他人的情绪，良好的精神状态有利于自身能力的发挥和工作业绩的提升，进而影响对其职业的评判。

因此，基于以往的研究和上述分析提出如下假设：

H2：大学生情绪智力对职业价值观有正向影响。

职业价值观的研究成果多集中在职业价值观对职业行为和工作成果的影响方面。个体职业选择会受到个体职业价值观的影响，国内也有学者提出了一个考虑个体背景因素的综合模型，认为职业价值观是个体背景因素与职业选择的中介变量，即个体背景因素通过职业价值观间接影响个体职业行为。另外，职业价值观会直接作用个体的相关工作产出，比如职业动力、工作满意度、任期和决策过程等。个体价值观对其在组织中的投入程度有很大影响，当个体的职业价值观与企业的文化能够很好地融合的时候，个体能够快速适应工作与生活，且个体的绩效明显增强，对工作的满意度就高，即个体职业价值观会影响其在组织中的适应性进而影响工作行为和工作结果。

因此，基于上述分析提出如下假设：

H3：大学生的职业价值观在情绪智力与社会适应性之间起中介作用。

综合以上假设，我们提出如下概念模型（见图1）。

情绪智力 → 职业价值观 → 社会适应性

图 1　概念模型

3. 研究方法

3.1　样本

本文主要通过对武汉地区"211 工程"高校的大学生进行抽样调查，共发放问卷 600

份，回收 579 份，再对无效问卷进行剔除以后最终得到有效问卷 512 份，有效反应率为 88.4%。调查对象的人口统计特征分别为：武汉大学占 8.8%，华中农业大学占 31.2%，武汉理工大学占 33.0%，华中科技大学占 4.1%，华中师范大学占 2.3%，其他占 20.6%；年龄在 18~20 岁 13.1%，21~22 岁 60.7%，23~25 岁 24.8%，25 岁以上 1.4%；科别为文科 50.4%，工科 36.8%，理科 12.9%；性别为女性 72.7%，男性 27.3%；生源地为农村 79.1%，城市 20.9%；非独生子女 79.9%，独生子女 20.1%；非学生干部 70.5%，学生干部 29.5%；年级为大一 3.3%，大二 22.9%，大三 37.9%，大四 31.4%，研究生 4.5%。

3.2 问卷设计

本研究问卷包括情绪智力、社会适应性、职业价值观量表以及调查对象的个人背景资料。对所有变量的测量均采用被试者自我报告的方式进行。为了保证测量量表的信度和效度，研究中尽量采取国内外比较成熟的量表，并且根据研究目的进行适当的修改。

情绪智力采用 Schutte 等根据 Mayer 和 Salivey1990 年的智力模型编制而成的 33 题项情绪智力量表。该量表包括 4 个维度，分别为情绪感知、自我情绪调控、调控他人情绪、运用情绪。

职业价值观量表采用我国学者凌文辁 1999 年编制的大学生职业价值观量表。该量表共有 3 个维度。分别是声望地位因素、保健因素、发展因素。

社会适应性采用我国学者卢谢峰编制的有 66 题项的大学生适应性量表。该量表共有 7 个维度，分别为学习适应性、人际适应性、角色适应性、职业选择适应性、生活自理适应性、环境的总体认同/评价、身心症状表现。

所有量表计分方式均采用李克特 5 点尺度，用 1~5 分表示，1 代表"非常不同意"，5 代表"非常同意"，分数越高，表示情绪智力水平越高，职业价值观越认同及社会适应性水平越高。

个人背景资料包括学校、院系、年级、科别、年龄、性别、生源地、是否独生子女、是否学生干部等 9 个方面。

3.3 数据分析方法

首先对问卷进行信度和效度检验，在确认问卷科学有效的前提下，对各变量进行了相关分析，然后运用回归分析检验情绪智力对大学生社会适应性的直接作用，最后运用结构方程模型检验职业价值观对大学生情绪智力与社会适用性的中介作用。应用软件为 SPSS 17.0 和 Amos 7.0。

4. 数据分析与结果

4.1 初始分析

为了检验研究中主要变量的结构效度和区分效度，运用 Amos 7.0 软件进行验证性因子分析，采用χ^2/df、RMSEA、CFI、GFI 和 NFI 等指标来说明模型的拟合情况①，分析结果如表 1 所示。数据显示情绪智力的四维度、职业价值观的三维度和社会适应性的七维度基本上能够拟合样本数据，验证性因子分析各项拟合度指标基本达到要求，因此情绪智力、职业价值观和社会适应性具有较好的结构效度。结果同时显示，三因子模型比其他嵌套模型的拟合效果都要好，这表明，本研究使用的三个变量间具有良好的区分效度。

表 1　　　　　　　　　　　　各主要变量的结构效度检验

变　　量		χ^2	df	χ^2/df	RMSEA	CFI	GFI	NFI
情绪智力（四维度）		121574	41	2.965	.062	.945	.959	.920
职业价值观（三维度）		229.316	62	3.699	.073	.944	.933	.925
社会适应性（七维度）		186.224	71	2.623	.056	.937	.953	.903
模型 1	EI；CSAI；CW	65.125	32	2.035	.045	.989	.976	.979
模型 2	EI+CSAI；CW	810.630	34	23.842	.211	.744	.750	.737
模型 3	EI；CSAI+CW	1293.759	34	38.052	.269	.585	.631	.580
模型 4	EI+CW；CSAI	991.897	34	29.173	.235	.685	.723	.678
模型 5	EI+CSAI+CW	1962.075	35	56.059	.328	.365	.527	.363

本研究中各主要变量的 α 系数均大于 0.8（见表 2），从效度检验的结果来看，各分量表的数据具有较强的可靠性。其中主要变量的描述性统计结果及相关系数如表 2 所示。从分析结果来看，大学生情绪智力与社会适应性存在相关性（$r=0.395$，$p<0.01$），情绪智力与职业价值观存在相关性（$r=0.558$，$p<0.01$），职业价值观与社会适应性也存在相关性（$r=0.295$，$p<0.01$）。这些结果为假设检验提供了初步支持。

表 2　　　　　　　各变量的均值、标准差、相关系数和主要变量的信度

变量	均值	标准差	1	2	3	4	5	6	7	8	9	10	11	12
学校	4.27	1.958	1											
院系	9.18	7.875	-.125**	1										
年龄	2.22	.865	-.172**	.190**	1									
科别	.56	.492	-.245**	.323**	.113*	1								
性别	.50	.493	-.163**	.169**	.148**	.351**	1							
生源地	.41	.483	.104*	-.007	-.193**	-.143**	-.119**	1						

①　根据 Medsker，Williams 和 Holahan（1996）的建议，各指标的界限值如下：χ^2/df 大于 10 表示模型很不理想，小于 5 表示模型可以接受，小于 3 表示模型拟合较好；RMSEA 介于 0 和 1 之间，越接近 0 越好；CFI、GFI、NFI 应大于或接近 0.90，越接近 1 越好。

变量	均值	标准差	1	2	3	4	5	6	7	8	9	10	11	12
独生子女	.36	.473	.084	-.035	-.201**	-.145**	-.050	.525**	1					
学生干部	.39	.194	-.065	.013	-.009	-.004	.014	.060	.082	1				
年级	3.33	1.206	-.075	.114**	.735**	.031	.031	-.082	-.103*	-.006	1			
情绪智力	3.53	.533	-.001	-.022	-.051	-.017	-.061	.056	.063	.070	-.043	.810		
职业价值观	4.07	.602	.016	.048	.019	-.107*	.003	.029	.024	.087*	.068	.558**	.894	
社会适应性	3.51	.535	-.056	-.036	-.004	-.004	-.033	.031	.038	.121**	.010	.395**	.295**	.862

注：* 表示 $p<0.05$，* * 表示 $p<0.01$。

4.2 假设检验

运用 SPSS 软件进行回归分析以检验假设 1、假设 2 和假设 3。表 3 是三个假设检验时输出的非标准化系数结果。从操作第一步的结果来看，在控制学校、院系、年龄、科别、性别、

表 3				回归分析结果					
变量	第一步（社会适应性）			第二步（职业价值观）			第三步（社会适应性）		
	β	t	Sig.	β	t	Sig.	β	t	Sig.
控制变量									
学校	-.015	-1.289	.198	.002	.195	.846	-.015	-1.313	.190
院系	-.003	-.882	.378	.007	2.429	.015	-.003	-1.118	.264
年龄	-.003	-.073	.942	-.044	-1.111	.267	.001	.036	.971
科别	.009	.181	.856	-.191	-3.782	.000	.028	.546	.586
性别	-.016	-.334	.739	.097	2.030	.043	-.026	-.533	.595
生源地	.006	.111	.912	-.008	-.142	.887	.007	.125	.901
独生子女	.011	.207	.836	-.035	-.632	.528	.015	.270	.787
学生干部	.248	2.190	.029	.150	1.323	.186	.234	2.065	.039
年级	.014	.532	.595	.063	2.358	.019	.008	.300	.764
自变量									
情绪智力	.389**	9.461	.000	.637**	15.507	.000	.327**	6.554	.000
职业价值观							.098*	2.200	.028
R^2	.170		.000	.347		.000	.178		.000
ΔR^2	.148		.000	.313		.000	.156		.000
F	10.266		.000	26.646		.000	9.844		.000

注：* 表示 $p<0.05$，* * 表示 $p<0.01$。

生源地、是非独生子女、是非学生干部、年级等控制变量后，大学生情绪智力与社会适应性显著相关（$\beta=0.389$，$p<0.01$），结果表明大学生情绪智力对社会适应性有显著正向影响，因此，假设1得到验证。

从操作第二步的结果来看，在控制学校、院系、年龄、科别、性别、生源地、是非独生子女、是非学生干部、年级等控制变量后，大学生情绪智力与职业价值观显著相关（$\beta=0.637$，$p<0.01$），结果表明大学生情绪智力对职业价值观有显著正向影响，因此，假设2得到验证。

按照温忠麟等介绍的层次回归方法对中介作用进行检验。第一步，进行情绪智力对社会适应性的回归，结果显示显著（$\beta=0.389$，$p<0.01$），第二步，进行情绪智力对职业价值观的回归，结果显示显著（$\beta=0.637$，$p<0.01$），第三步，进行情绪智力和职业价值观对社会适应性的回归，结果显示情绪智力和职业价值观均显著（$\beta=0.327$，$p<0.01$；$\beta=0.098$，$p<0.01$），说明大学生职业价值观在情绪智力与社会适应性之间起部分中介作用。因此，大学生情绪智力对社会适应性的影响可以部分通过职业价值观的中介作用实现，由此，假设3得到验证。

5. 结论与启示

5.1 结论

本研究通过对大学生采用问卷调查的方法进行实际调研，分析了大学生情绪智力对社会适应性的影响作用，以及职业价值观在它们之间的中介作用，最终结论为大学生情绪智力对社会适应性有正向影响；大学生情绪智力对职业价值观有正向影响；大学生职业价值观在情绪智力与社会适应性之间起中介作用。

5.2 启示

本研究结论不仅对分析大学生情绪智力对其社会适应性的影响过程有重要的理论价值，同时对大学生自己、学校和企业来说，也具有实践意义。

作为大学生，应该努力提高自身社会适应能力。增强情绪智力和培养良好的职业价值观是提高大学生社会适应性的重要手段。社会适应能力是其在大学校园生活环境中为达到与环境和谐相处的状态所必须具备的一种综合能力，它直接影响着大学生的身心健康、生活品质和职业发展等。大学生要对自己有一个合理的定位，有意识地进行自我培养和训练。

以前大学着重强调专业知识的学习而忽视了素质教育，近年来随着大学毕业生数量的大幅度增加，高校培育出的人才和企事业单位的用人所需存在明显差距的现实一再被提出，导致差距的主要原因之一即是大学毕业生的职业素质能力欠缺。责任心不强、创新力不够、过多考虑自己所得、团队意识差、抗压能力弱、不太愿意脚踏实地从基层做起、忠诚度不够等等问题皆反映出大学毕业生职业素质能力的缺失。职业素质是就业主体对社会职业了解与适应的综合能力体现，素质教育着眼于提高人的内在素养和品质，强调知识内化与学生身心发展的结合，知识教育到素质教育的转化体现了一种新的人才观和质量观。对高等学校来说，既要认识到教育模式改革和创新是解决大学生社会适应性问题，提高他们职业素质能力的关键因素，更要将这种理念付诸实践。学校可以通过开展情绪智力训练、职业价值观教育等方式提升大学生社会适应性。

作为企业，可以运用本研究成果，提高管理效能。企业在招募大学生实习（兼职）或者应届毕业生招聘时，应该考虑到情绪智力水平以及职业价值观对其未来工作适应的影响。而且不同类型的工作，情绪智力的影响作用可能也会不一样，对于工作中需要大量与人沟通交流协同合作的工作，情绪智力对工作结果(工作适应)的影响会更大。

5.3 局限性

首先，由于研究样本主要集中在武汉高校大学生，而且数量有限，学校层次均为"211工程"类院校，层次略显单一，这可能影响到本研究结论的代表性和外部推广性。未来研究需要进一步扩大样本规模，选取更多类型、更多地区的院校大学生群体进行测试。

其次，本研究的所有变量均为同一评价源采用自我报告的方式进行评价，因此可能会导致共同方法偏差问题。以后的研究可以考虑综合运用多种测评方式，如自我评价与他人评价相结合，主观评估与客观指标相结合等。

5.4 研究展望

未来的研究更加强调学科之间的不断交流与融合，通过相关学习借鉴，产生新的研究灵感，启发新的研究思路。社会认知理论认为人的行为、人的内部因素和环境三者之间是彼此紧密联系的，相互影响，相互决定。因此，作为人的内部因素的情绪智力对社会适应性的影响必然会受到环境这一情境变量的影响。本文只研究了大学生情绪智力与社会适应性的关系，也证实了职业价值观在其中的中介作用，但是没有考虑情境的因素。因此关于大学生情绪智力与社会适应性的研究还需要考虑其他因素的调节作用来进一步扩展。

另外，目前关于大学生情绪智力、职业价值观和社会适应性的量表虽然琳琅满目，但大部分是西方学者编制，部分我国学者编制的量表也是早期的研究成果。因此，根据中国大学生的特点编制符合中国情境的大学生情绪智力、职业价值观和社会适应性量表将更符合客观实际，研究结果将更具有实践指导意义。

◎ 参考文献

[1] 何华敏. 我国内地四类企业职工职业价值观比较研究[J]. 西南大学学报：社会科学版，1998(1).

[2] 凌文辁，方俐洛，白利刚. 我国大学生的职业价值观研究. 心理学报，1999，31(3).

[3] 刘艳，邹泓. 中学生的情绪智力及其与社会适应的关系[J]. 北京师范大学学报：社会科学版，2010(1).

[4] 卢谢峰. 大学生适应性量表的编制与标准化[D]. 武汉：华中师范大学，2003.

[5] 马斯洛. 动机与人格[M]. 马良诚，等，译. 西安：陕西师范大学出版社，2010.

[6]邱琳. 人的存在与价值教育[J]. 教育研究，2010(5).

[7]石中英. 关于当前我国中小学价值教育几个问题的思考[J]. 人民教育，2010(8).

[8]陶沙. 从生命全程发展观论大学生入学适应[J]. 北京师范大学学报：人文社会科学版，2000(2).

[9]温忠麟，侯杰泰，张雷. 调节效应与中介效应的比较和应用[J]. 心理学报，2005，37(2).

[10]于海波，张大均. 高师生职业价值研究的初步构想[J]. 西南师范大学学报：人文社会科学版，2001，27(2).

[11]张辉华，王辉. 个体情绪智力与工作场所绩效关系的元分析[J]. 心理学报，2011，43(2).

[12]Baron, R. M. The bar-on model of emotional-social intelligence (ESI)[J]. *Psicothema*, 2006, 18(1).

[13]Caricati, L., Sala, R. L., Marletta, G., et al. Work climate, work values and professional commitment as predictors of job satisfaction in nurses[J]. *Journal of Nursing Management*, 2014, 22(8).

[14]Cheng, H., Furnham, A. Childhood cognitive ability, education, and personality traits predict attainment in adult occupational prestige over 17years[J]. *Journal of Vocational Behavior*, 2012, 81(2).

[15]Ciarrochi, J., Deane. F, P., Anderson S. Emotional intelligence moderates the relationship between stress and mental health[J]. *Personality and Individual Differences*, 2002, 32(2).

[16]Davies, M., Stankov. L., Roberts, R. D. Emotional intelligence：in search of an elusive construct[J]. *Journal of Personality and Social Psychology*, 1998, 75(4).

[17]Dobson, L. K., Gardner, M. K., Metz, A. J., et al. The relationship between interests and values in career decision making the need for an alternative method of measuring values[J]. *Journal of Career Assessment*, 2014, 22(1).

[18]Elizur, D. Facets of work values：A structural analysis of work outcomes[J]. *Journal of Applied Psychology*, 1984, 69(3).

[19]Goleman, D. *Working with Emotional Intelligence*[M]. New York：Bantam Books, 1998, Joseph D L, Newman D A. Emotional intelligence：An integrative meta-analysis and cascading model[J]. *Journal of Applied Psychology*, 2010, 95(1).

[20]Hansen, J. I. C., Leuty, M. E. Work values across generations[J]. *Journal of Career Assessment*, 2012, 20(1).

[21]Holland, J. L. A theory of vocational choice[J]. *Journal of Counseling Psychology*, 1959, 6(1).

[22]Jin, J., Rounds, J. Stability and change in work values：A meta-analysis of longitudinal studies[J]. *Journal of Vocational Behavior*, 2012, 80(2).

[23]Krahn, H. J., Galambos, N. L. Work values and beliefs of "Generation X" and

"Generation Y"[J]. *Journal of Youth Studies*, 2014, 17(1).

[24] Lin, Y. , Chen, A. S. , Song, Y. Does your intelligence help to survive in a foreign jungle? The effects of cultural intelligence and emotional intelligence on cross-cultural adjustment [J]. *International Journal of Intercultural Relations*, 2012, 36(4).

[25] Mayer, J. D. , Dipaolo, M. , Salovey, P. Perceiving affective content in ambiguous visual stimuli: A component of emotional intelligence [J]. *Journal of Personality Assessment*, 1990, 54(3-4).

[26] Mayer, J. D. , Geher, G. Emotional intelligence and the identification of emotion [J]. Intelligence, 1996, 22(2).

[27] Mayer, J. D, Salovey, P. The intelligence of emotional intelligence [J]. *Intelligence*, 1993, 17(4).

[28] Mayer, J. D. , Salovey, P. , Caruso, D. R. Emotional intelligence test [M]. Needham. MA: Virtual Knowledge, 1997.

[29] Neil Hawkes. *How to inspire and develop positive values in your classroom* [M]. Abbeygate House, East Road, Cambridge, LDA, 2003.

[30] Steven D. Brown, Robert W. Lent. *Career development and counseling: Putting theory and research to work* [M]. Hoboken, NJ: John Wiley, 2005.

[31] Schutte, N. S. , Malouff, J. M. , Hall, L. E, et al. Development and validation of a measure of emotional intelligence [J]. *Personality and Individual Differences*, 1998, 25 (2).

[32] Super, D. E. A. Life-span, life-space approach to career development [J]. *Journal of occupational psychology*, 1980(52).

[33] Weisgram, E. S. , Dinella, L. M. , Fulcher, M. The role of masculinity/femininity, values, and occupational value affordances in shaping young men's and women's occupational choices[J]. *Sex Roles*, 2011, 65(3-4).

The Relationship between College Students' Emotional Intelligence and Social Adaptability
—Mediating Effect of Professional Values

Ye Xiaoqian[1]　Li Dailin[2]　Wu Li[3]

(1, 2, 3　Economics and Management School of Wuhan University, Wuhan, 430072)

Abstract: This study chose several universities in Wuhan in order to investigate the relations among emotional intelligence, social adaptability and professional values of their students. Above all, the SPSS 17. 0 software was used for descriptive statistical analysis, correlation analysis and regression analysis, then, intermediary role of students' professional values which played on emotional intelligence and social adaptability by the Amos 7. 0 structural equation modeling was examined. The research results show that there are significant positive correlations between social adaptability and emotional intelligence, and between professional values and emotional intelligence. Furthermore, the intermediary role of college students' professional values which played on emotional intelligence and social adaptability is significant.

Key words: emotional intelligence; social adaptability; professional values; mediating effect; college students

专业主编：杜旌

创业风险容忍及其规避：一个文献综述*

● 罗明忠[1]　张雪丽[2]

（1，2　华南农业大学经济管理学院　广州　510642）

【摘　要】创业意味着创新，而创新必然要面对各种不确定性，即蕴含着风险。每个创业者必须承担创业过程中可能存在的风险，对风险的识别、容忍和有效掌控是所有创业者走向成功的必要条件。正是因为风险控制能力的不足影响创业的顺利推进，导致世界各国的新创企业失败率普遍处于高位。加深对创业行为的认知和了解，关注创业者的风险容忍度与创业选择之间的关系及其内在影响机制，将有助于提高创业者的风险决策质量，促进创业的成功。本文在总结已有文献基础上，基于风险倾向、风险感知等角度，分析创业者的风险容忍及其规避倾向，探讨当前农民创业者及大学生创业者的风险容忍及其规避，并指明未来创业风险容忍及其规避研究的思路与方向。

【关键词】创业　风险容忍　风险规避

1. 问题提出

众所周知，创业活动在拉动经济增长、促进就业、激励创新等方面具有重要促进和推动作用，但相对于工资性工作，通过创业实现的就业也被称为"脆弱性就业"，创业活动失败率高、收入内部差异大，决定了创业活动对创业者的企业家能力及其风险容忍度必然有一个限值要求。较高的风险承担能力和容忍度，是对创业有欲望的"潜在企业家"的基本素质要求，否则将被阻挡在创业门槛之外①。创业过程的风险特性、时间窗口的限制性和创业主体的特殊性，加上创业环境的多变性，使得个体创业决策的方式、创业表现及其影响因素的研究始终引人入胜和备受关注。

＊ 基金项目：国家自然科学基金重点项目(71333004)；广东省自然科学基金项目(2016B088)；广东省农业资源与区划研究课题(2015ny06)以及江西现代农业发展决策支持协同创新中心的支持。

通讯作者：罗明忠，E-mail：luomingzhong@ scau. edu. cn.

① 赵征. 不确定性环境下的创业决策与金融体系风险分担的创业鼓励[J]. 广东金融学院学报，2012，27(5)：3-15.

许多企业家对其新创企业的低绩效感到不满①，而且大量数据表明，不到一半的新创企业的存活期能够达到 5 年以上②，新创企业在 5 年之内的失败率更高达 67% 左右③，可见，现实的创业实践活动充分表明了创业的风险特性。而回溯创业研究历程，当前对创业风险的研究多是基于应用层面的研究，分析具体的风险类型及其规避措施，缺乏对理论层面的深度研究，加之当前特质理论的比较研究越来越表现出解释力不足的状况，因而研究态势开始转向创业认知与创业行为方向。

关注创业者在创业过程中所要承受的风险及其风险容忍度，探究创业者的风险容忍度与其创业选择之间的关系及其内在影响机制，将有助于提高创业者的风险决策质量，为创业者最大限度地规避创业中的风险，进而成功创业提供借鉴。以下，本文的重点将基于风险容忍与规避视角，对现有相关文献加以梳理，进一步为未来的研究探明方向。

2. 风险态度、风险偏好与风险容忍度

2.1 风险态度与风险偏好

风险具有不确定性，不确定性评价又主要取决于个人的文化背景、知识能力、经验、感知、偏好等因素，而这些因素又恰好与人们的风险态度和风险承担能力密切相关。在"ISO Guide73：2009 风险管理"中，"风险态度（risk attitude）"被定义为"组织在评估、保留、承担或规避风险方面的方式和态度"，是基于对目标有影响的正向或负向的不确定性所选择的一种心智状态。"风险偏好（risk appetite）"则被界定为"组织愿意追求或保留风险的数量和种类"。一般而言，风险态度可以被分为风险厌恶、风险中性和风险偏好三种类型。在一定程度上，"风险偏好"是"风险态度"的一种量化表示，即风险态度强调的是个体的内在属性，而风险偏好强调风险态度内在属性的外在表现形式。

创业作为一个多元主体互动的社会化过程，受到正式制度与非正式制度的影响。在考察非正式制度因素与创业水平关系的研究中，冒险精神等非正式制度影响重大（田园、王铮，2016）。冒险精神在一定程度上表现为对风险的偏好，风险偏好作为影响创业决策的一个因素，被许多学者纳入创业研究领域。吴一平等（2016）利用转型国家住户调查数据探讨政治网络对创业的影响时，就把风险偏好作为控制变量纳入模型中，而且结果表明，偏好风险的群体更可能创业。陈其进（2015）利用 2009 年的一项农村—城镇调查数据，分析了风险偏好对创业选择的异质性影响，结果表明，总体而言，风险偏好度显著提高创业概率，但只对男性和相对低教育水平的群体有显著影响，而对女性和其他学历的群体影响

---

① Cooper, A. C., and Kendall, A. W.. Determinants of satisfaction for entrepreneurs [J]. *Journal of Business Venturing*, 1995, 10(6)：439-457.

② Cooper, A. C., Woo, C. Y., and Dunkelberg, W. C.. Entrepreneurs' perceived chance of success [J]. *Journal of Business Venturing*. 1988, 3(3)：97-108.

③ Kahneman, D. and Lovallo, D.. Timid choices and bold forecasts：A cognitive perspective on risk taking [J]. *Management Science*. 1994, 39(1)：17-31.

不显著，其影响只有在风险偏好度提升较大时才显著，并且提升越大，影响越大。

2.2 风险容忍度

风险容忍度(risk tolerance)，也有学者称之为风险容忍性、风险忍耐度或者风险承担能力。一般的，把风险承担能力和风险容忍性等统一译作风险容忍度，对风险容忍度的定义可以追溯到1964年，当时普拉特就曾提出了一个关于风险容忍度的简单概念，其核心思想是个人决策者都是风险厌恶型的。根据百度百科的定义，风险容忍度也被称作风险容忍性或风险敞口，是指在风险偏好的基础上设定的对组织目标实现过程中出现差异的容限。对个人而言，风险容忍度是指在一定的风险感知、风险价值观和心理特征的共同作用下形成的对风险的有效容忍和反应能力，容限越高，表明经济活动主体的风险抵御能力越强，对风险的规避倾向或者厌恶情绪越低，对其容限内的小风险都可以采取相应处理措施。

一般而言，风险容忍度和风险承受态度是个体风险属性的体现，但与风险承受能力相比，风险承受态度强调的是经济主体对风险的主观意愿，并不表示其客观上抵御风险的能力，而风险容忍度则包含意愿和能力两个维度。有较高风险承受能力的人未必可能真正地面对风险，如果不愿意面对风险，就会显得较为保守；而拥有较高风险承受态度的人，如果没有相应的风险承受能力与之匹配，就会显得较为激进；但是如果个体拥有较高的风险容忍度，即意愿和能力兼而有之的话，那么其表现将可能异于以上两种类型，在保守与激进之间达到一种均衡。

但是，总体而言，风险容忍度在国内还是一个崭新的问题，尤其是创业者的风险容忍度问题对于国内学术界来说，更是一个全新的课题，因而，对于风险容忍度的界定还未能明晰统一，对其与个体的创业决策或表现之间关系的实证研究更是少之又少。

2.3 风险态度(偏好)与风险容忍度

尽管风险容忍度和风险态度有着密切的联系，都是个体风险属性的体现，但两者却是完全不同的概念。借助效用理论来理解风险态度的三种类型，即在承担风险获得效用的情况下，风险偏好者获得的是正效用，风险中性者获得的效用不变，风险厌恶者获得的是负效用；风险容忍度指的是风险承担者对于风险的忍受程度，即对于风险承担的意愿和能力，而其自身并不表示对风险的偏爱或者厌恶程度，风险容忍度高并不意味着该个体就是风险追逐者，同样的，喜好冒险的风险追逐者其风险容忍度也不见得就一定高。

可见，风险态度是一种基于主观方面的考虑，而风险容忍度更偏向于一种客观存在的事物。或者可以从另一个角度来理解这个概念之间的关系，即风险偏好是战略性的，通常以定性描述为主，风险容忍度是风险偏好的具体体现，是对风险偏好的进一步量化和细化(于蓉，2011)。换言之，风险容忍度是一个可以定量的概念，有高低大小之分，而风险态度是定性的，无法对其赋值比较。

3. 创业：风险容忍及其规避

传统理论将承担风险视为企业家的核心职能，正如 Knight(1921)所言，企业管理者通过承担风险获得剩余，工人通过转嫁风险获得工资。相反，Schumpeter(1934)则认为创新是企业家的本质，其基本职能是实现新组合，即把新的生产要素和生产条件的新排列组合引入生产体系并将之付诸实践，而资本市场可以帮助企业家引入合适的外部投资者，资本的外生性使得企业家自身并不需要承担风险。Schumpeter 的创新理论引发了对企业家风险倾向的新一轮探讨，若基于传统风险理论视角，企业家应该是对风险具有充分承担能力和容忍度的资本家；而基于创新视角，外部的风险分担机制可以帮助具备创新才能的潜在企业家规避相应风险，其风险容忍度对创业选择的影响作用将减弱，个人成为企业家的风险容忍度门槛将降低，然而个人风险容忍度与其创业决策及其选择之间的关系仍需进一步验证。

风险自身是客观的，但是由于个体自身的差别和创业类型的不同，个体的风险容忍度或者规避倾向存在明显的偏差。Knight(1921)基于对企业家的定义，提出有更高风险容忍度的个体更容易成为企业家，但其企业经营状况更差的假说。以此为基础，Kihlstrom 和 Laffont(1979)建立了包含不确定性的职业选择模型，从理论上验证风险偏好与创业选择存在正相关关系，即风险厌恶度低的人更有可能成为创业者，风险厌恶度高的人则会选择工资性工作。究其原因，风险厌恶度低的人更有可能在给定风险的情况下，接受较低的预期回报(Fossen, 2011; Skriabikova, 2014)。基于挪威的个体调查数据，Hvide 和 Panos(2014)以是否参与股票市场投资作为风险容忍度的代理指标，对上述理论进行检验。研究发现，普通股票投资者成立公司的可能性比非股票投资者高 50%，但公司销售额以及资产回报率比后者分别低 25% 和 15%，验证了 Knight 提出的企业家假说。

刘鹏程等(2013)的实证研究表明，企业家的风险规避倾向在创业类型和性别之间存在差异。生存型创业者的风险规避程度比机会型创业者高，女性的风险规避程度比男性高。对生存型创业者而言，创业是其寻求工作未果而被迫选择的维持生计的手段，失败意味着失去了收入来源，而机会型创业者对创业的生存依赖程度较低，更多地是为了追求一种商业机会或者实现人生追求，如果创业失败还会有其他选择。女性作为天然的风险规避者更倾向于一种稳定的生活状态，而且，女性较高的风险规避程度降低了其机会型创业率，但对其生存型创业率影响不显著，可能的解释是：一旦环境改变，迫于生存压力，即使是高风险规避者，在工资率低或者无工作时，也会走上创业之路。

可见，创业者的风险容忍度或规避倾向的差异在一定程度上能够影响创业者的创业选择，但这种影响往往也会受到外部环境的调节。而究竟创业者的风险容忍度或风险规避倾向与创业决策和选择之间存在什么样的关系呢？当前创业领域关于企业家行为决策的热点依旧是风险倾向和风险感知及其相互关系，以及在此基础上的拓展研究。基于此，下文将从这两个角度来理解创业者的风险容忍度，继而探讨风险容忍度与创业选择之间的关系。

3.1 从风险倾向的角度理解创业者的风险容忍

风险倾向是影响创业决策行为的诸多因素中的一个重要因素，是基于过去经验的累积，对已感知到的风险的行为偏好，可以将个体对机会和风险的态度概念化，是决策行为的前导因素。然而当前关于创业者与非创业者在风险倾向是否存在差异的研究却一直备受争议，实证研究的结果时而证明差异的存在，时而又表明差异不显著。

早在 1755 年，Cantillon 就指出企业家应是冒险者，因为"创业功能包括基本的风险测量和风险承担"①，因而假设创业者是风险追逐者或者说高风险容忍个体似乎是合理的。例如，Knight(1921)就指出企业家的核心职能是承担风险和不确定性；Frolani 和 Mullins(2000)的调查也表明，具有更高风险倾向的创业者会偏向更具有风险的行业，并认为有远见的投资者应该考虑一下他们所选择的创业者与自己的风险倾向的匹配程度。

其他学者的观点则与之形成鲜明对比，如 McClelland(1961)认为创业者实际上只具有中等水平的风险倾向，中等程度的冒险倾向是高成就创业者的特征(50—50 的可能性)。Brockhaus(1980)则指出，创业者是中等程度的冒险者，他们的风险倾向与管理者以及普通人之间并没有明显区别，他们并没有更高的风险倾向(Kahneman & Lovallo，1994)，他们只是比其他人更乐观地感知风险状态，因而他们更愿意做出那些别人认为太过冒险的创业行为(Palich & Bagby，1995)。张震红(2004)基于中国创业者样本的调查结果验证了Brockhaus 等人的观点，并认为创业者的风险倾向与创业决策之间不存在明显的相关关系，即一个人更喜欢冒险并不能说明他就更有可能做出创业的决策。

可见，学者们关于风险倾向与创业决策两者间关系的研究结论大致分为两类，一是认为两者之间存在直接关系，即在认知理性的基础上，创业者与非创业者一样知晓创业的风险，但是创业者的高风险倾向能够促使其做出创业选择，此时风险倾向直接作用于创业决策(Lopes，1987)；二是认为两者之间存在间接关系或无关系，即创业者与非创业者在风险倾向上没有显著差异，他们并没有更高的风险倾向，只是可能具有更多的认知偏见使其低估创业中的风险，所以他们才从事创业活动②。

相互矛盾的结果或许更能碰撞出科学的火花。基于理论的分析，风险容忍度说明的是创业者对于风险承担的意愿或者倾向和能力，而其自身并不表示对风险的偏好或者厌恶程度。风险容忍度高并不意味着该个体就是风险偏好者，同样的，喜好冒险的风险偏好者，其风险容忍度也不见得就一定高。究竟创业者的风险倾向或者风险容忍度与非创业者之间是否存在明晰的差距呢？或者说较高的风险容忍度是否会正向影响创业者的创业选择呢？这仍然需要通过进一步的科学研究加以证明。

3.2 从风险感知的角度理解创业者的风险容忍

风险感知是个体创业决策的一个重要影响因素，是指在创业机会识别过程中，创业风

---

① Reynolds. *The Entrepreneurial Process* [M]. Greenwich CT：Greenwood Press，1997：79-92.

② 赵英，赵都敏. 创业者的风险研究：从风险承担到风险管理[J]. 科学管理研究，2008，26(4)：94-96.

险在创业者的思维意识里形成的主观反映、总体烙印及其烙印深度(陈刚,2009),即个体在决策时对所遇不确定性情况及其风险程度所具有的评估和自己对处理此不确定性的控制力评估。对于同样的风险或者相似的决策环境,创业者风险容忍度的差异导致其对风险的认知不同,决定其采取控制的策略不相同(Sexton & Bowman,1985)。创业者的风险容忍度越低,则风险超出其承受程度的可能性越大,为了将风险损失控制在自身容限内,通常采取避免和减轻损失的保守策略;反之,创业者的风险容忍度越高,即风险超出其承受程度的可能性越小,通常采取风险自留策略(杨隽萍等,2014)。

Simon(2000)等以 MBA 为研究对象,采用案例情景的研究方法间接验证了风险感知与创业决策之间的关系,他们发现,创业者的"膨胀了的控制错觉(inflated illusion of control)"通过知觉系统把风险弱化,以达到对风险的可控程度,但是,其自身并不一定具有超强的风险承担能力。即创业者之所以采取风险行动,是因为他们感知到的风险比其他人感知到的风险小(Kahneman & Lovallo,1994),继而会不知不觉地采取风险行动(Simon, Houghton & Aquino,2000;陈震红、董俊武,2007;刘万利,2010)。

可见,学者们普遍认为感知更能解释创业决策,个体在风险感知上的差异会使其做出不同的创业选择,理论分析表明,个体的风险容忍度会影响其对风险的感知,继而影响其创业选择,不过这还需要更多的实证分析加以验证。

3.3 从展望理论理解创业者的风险容忍及其规避

由于风险和不确定性的存在,人们对自身经济行为的理性程度存在很多争论,传统的基于效用理论的方法忽视了人的主体性,假定人人都是理性"经济人",而现实中人们的行为表现则更符合有限理性的假设,尤其是在创业选择过程中。创业过程的风险特性、时间窗口的限制性以及创业环境的多变性,使得创业者要做到完全理性决策是不可能的(赵文红、孙卫,2012)。故其在进行创业决策时,往往会受到各种认知偏差的影响,此时个体的表现可能会更加符合"确定性效应",而背离长期沿用的理性"经济人"假设,即在面对可能亏损的情况下,不再是"风险规避",而变成了"风险追求"。

上述"确定性效应"就属于展望理论的内容。展望理论(prospect theory,也译作前景理论)是以主观价值概念为中心的,并依据参考点来定义收益或损失,其中,损失的主观价值函数比收益的主观价值函数曲线要陡一些,这种不对称性表明,相对于同一个参考点,一个损失结果对应价值的绝对值大于获利结果对应价值的绝对值,即人们关注收益时通常表现为风险厌恶或规避,而对于损失则表现为风险偏爱与追求。

为获益而回避风险,为规避损失而冒险。可见,创业者如果从收益和损失两种不同的角度来衡量创业效益,可能会导致很不同的结果。黄仁辉等(2014)在其研究中指出,不确定性容忍度对风险偏好的影响作用会受到损益背景和选项框架的调节,具有情景依赖性。按此分析,若将展望理论运用到个体的创业决策模型中,无疑会使创业者决策行为方式的解释更符合现实。考虑创业者个体的有限理性,其风险容忍度在对通过风险感知或者风险偏好对创业决策产生影响的过程中,也会表现出类似的属性,即受到损益背景的影响,表现出一定的情景依赖性。

4. 特殊群体创业者的风险容忍及其规避

农民和高校毕业生作为当前就业创业促进工作最重要的群体，围绕这两个群体的创业研究也是近年我国学界关注的热点之一，并将在未来一段时期继续成为业界和学界关注的重点。由此，本文专门对这两个群体的创业者风险容忍及其规避研究加以综述，以为后续研究提供借鉴。

4.1 农民创业者的风险容忍及其规避

随着社会经济的发展，农民创业得以迅速发展，但农民创业者、农村社区环境的特殊性及二者在互动中形成的动态能力的异质性使得农民创业有别于一般的创业活动（吴小立、于伟，2016）。受创业主体及其所处环境的特殊性影响，中国农民创业类型多以生存型创业为主，其创业动机主要源于生存需求、自我实现和发展及解决就业等经济性目标。当前，中国农民创业面临的主要障碍是市场拓展与管理能力不足、风险承受能力差及创业能力不足等（罗明忠等，2012）。虽然市场有效性在逐渐提高，然而新兴经济体中的不确定性因素却增加了，创业的风险也在进一步加大（林强等，2001）。转型时期，中国农民的创业风险主要包括贯穿整个创业过程的市场风险、资源风险、运营风险以及环境风险。

对于农民创业者，尤其是小规模分散经营的农民而言，风险是影响其决策的一个重要因素。与其他创业主体相比，农民往往具有"小富即安"的传统保守观念，加之经营管理知识与能力的欠缺、信息与要素市场的不完善以及对公共政策与制度安排缺乏信心等，农民的创业积极性不高，其创业也多为一些模仿性创业，创业规模小。

虽然各级政府都在积极鼓励和引导农民创业，但当前农村基本风险保障体系的缺乏以及信息、信贷市场的不完善、信贷资源的可获得性低以及劳动力市场的不完善、农民创业者缺乏创业知识和技能等仍使得农民创业者的风险偏好较低、对风险的承担倾向和对不确定性的容忍度也较低，农民创业者为了规避风险往往做出次优的生产决策（杨卫军、郭晨阳，2009）。川北返乡农民工的创业选择就是一个退而求其次的过程，返乡农民工的生计风险很大，其家庭行为往往遵循风险规避的理性逻辑，即不求收益最大，但求风险最小，以此来维持和延续家庭生计（郑永君，2016）。

陈怡安等（2015）基于中国综合社会调查的微观数据的实证研究表明，社会保险由于平滑了个体创业失败后的风险，提高了其创业失败后的风险承担能力，对创业活动具有重要影响，但这种影响会因社会保险的不同类型而对创业产生不同的影响，而且同一保险对不同的创业类型和人群的作用也存在异质性，但总体而言，个体提高参保率会提高其创业概率，社保制度的改善将有效促进风险规避者进行创业活动。

当然，研究表明，农民的风险规避态度并不是稳定的，而是发展变化的。随着年龄的增加，农民创业者的风险偏好不断减弱，甚至趋向保守和稳定，不愿意从事具有一定风险的创业活动（朱红根、康兰媛，2013）；当收入增加时，其对风险的规避意愿或者保持不变（Binswange & Sillers，1983）或者出现降低趋势（Hama & Anderson，1982）。根据国务院发展研究中心 2007 年一项针对农民工回乡创业的专项调查数据，越是保守的人，回乡创业的可能性越大，究其原因，是因为这类人的期望投资量偏小，创业难度较低；越是偏好冒险的人，回乡创业的可能性越小，因为其期望投资较大，创业难度增加，（陈波，2009）。

可见，农民创业者的生活环境及其自身的特殊性，使得其创业决策更多地受制于外部环境，其个人特质或者说本文所要研究的风险容忍度的影响作用次之。加之社会阅历和人力资本、社会资本的缺乏，农民家庭，尤其是贫困农户，更倾向于一种稳定的生活状态，"小富即安"的心理也使得农民创业者往往表现出较低的风险容忍度，比其他经济主体拥有更强烈的风险规避倾向，生产经营决策也会偏离利润最大化决策，使得农民创业活动的发展要缓于城市或者发达地区。

4.2 大学生创业者的风险容忍及其规避

创业是时代的主题，也是大学生实现其个人人生价值、缓解当前就业压力的重要途径。在创业浪潮中，受过高等教育的大学生是知识型人才的重要储备和创业的重要潜在群体。大学生创业是一个机会，但也存在风险（施险峰、陆伟家，2009）。大学生创业风险通常是指由于创业者经历及其创业团队能力的有限性、创业准备的不充分性、创业外部环境的不确定性和复杂性等问题而导致创业活动偏离预期目标的可能性（何春雷，2012）。

与一般创业者相比，大学生创业者有其特殊性。掌握前沿知识、拥有无限想象力和创造力的大学生创业者，在生产要素使用和生产效益上，都与传统的创业者有着本质区别（徐小洲等，2015）；此外刚刚踏入社会的大学生接受新事物的能力强，但其社会阅历少、心高气傲，往往显得刚劲有余而韧性不足，风险意识淡薄（张平等，2015）。对创业风险缺乏认知，导致很多大学生创业者刚"扬帆"就"触礁"了。大学生创业成功率极低，社会效益不高除了社会经济环境与政策等客观原因以外，在很大程度则是由于创业者个人对于风险的感知能力和决策能力有限（梅胜军，2014）。

Sexton 和 Bowman（1986）的研究表明，从事创业活动的学生比从事管理的学生有更高的风险承担倾向。杨卫春（2012）发现，大学生的风险得分越高，其自主创业的概率越高，选择党政机关、国企、外企的概率均下降，但女大学生对外企有特殊偏好。党政机关、国企依旧成为风险承受能力较低，较为保守的人的首要选择，而风险承受能力较高的人则偏向于选择外企、自主创业等极具挑战性的工作。可见，风险容忍度高的大学生更倾向于创业，但却往往因为缺乏对创业风险的认知而致其创业失败。

对于刚踏入社会的大学生而言，其所要承受的资金损失和心理挫败感都会很高，而根据风险感知理论，创业失败后进行二次创业的大学生由于具有创业的亲身经历，对创业过程的熟知程度加深，其对风险的感知度将会降低，从而更有利于促进其创业的成功。基于此，贾天明等（2016）认为应当构建一个创业失败风险补偿机制，即允许创业失败的发生并采取补偿性措施，有效减少创业损失，降低创业风险感知度，继而增加创业行为的发生。此外，亏损补偿机制与传统的收益补偿机制同时存在不仅可以吸引风险偏好创业者进行创业，而且还可以吸引风险规避创业者进行创业。

5. 研究展望

纵观以往对创业风险的研究，多是基于应用层面的研究，分析具体的风险类型及其规避措施，缺乏对创业风险的理论层面的深度研究。对创业风险容忍度的研究仍然处在起步阶段，而且主要基于个体视角，包括个体风险容忍度的影响因素、变化情况及其与风险感知的关系等等；缺乏群体或者组合视角的研究。从研究内容来看，既往研究多涉及金融学和心理学领域。但是，随着风险容忍度问题重要性的日渐凸显，未来研究将涉及风险的各个领域，尤其是针对特殊的创业群体的风险容忍度研究。未来有关创业风险的容忍度及其规避问题至少在以下方面值得进一步深化。

第一，明确界定创业者风险容忍度的内涵及其外延。"风险容忍度"这一个概念是由英文"risk tolerance"翻译而来，国内大多数研究人员是以"风险容忍度"相称，但仍然有不少学者将其称为"风险承受能力"或者"风险耐受度"，表明学界对其基本的内涵还没有达成一致，尤其是围绕创业者风险容忍度的结构维度，学术界更是莫衷一是，需要在未来的研究中进一步予以深化，并力求达成基本一致，以利于学界在同一语境下讨论创业风险容忍及其规避问题，促进创业的发展。

第二，对于风险容忍度的量化研究仍需深入。对于风险容忍度的定量化测量，目前为止，学界始终没有建立统一的评价模型及其指标体系，基本上还只是停留在自定义的形而上学的较低评价阶段；同时，利用风险感知、风险偏好等相近概念的题项来测量风险容忍度是否适当仍需要进一步探讨，而且这种方法的测量效度和信度如何，是否具有普适性，以及针对国内特殊的行业情形是否需要改善以及拓展等，都是需要进行深入细致的研究的。

第三，对风险容忍度的影响因素需要进行系统研究。现有的关于风险容忍度的研究多是从风险感知或风险偏好的角度出发，将风险感知与风险容忍度部分等同，或是直接忽略风险容忍度的影响因素研究，直接探讨风险容忍度的差异造成的行为表现方面的偏差。鉴于风险容忍度和风险感知、风险偏好等存在较大区别，因此，有必要系统地对风险容忍度的影响因素进行研究，探讨风险容忍度的差异是否会显著影响创业者的风险决策，以便为广大创业者及潜在的创业者提供决策参考或者提供相应的政策启示等。

第四，结合特殊群体的创业者风险容忍度的分类研究不足。尤其对农民创业者以及对受过高等教育却未经历过社会实践的大学生创业者的研究更是缺乏（梅胜军，2014）。对于农民创业者而言，风险是影响其决策的一个重要因素，由于农民的受教育程度、认知水平与一般企业家相比，仍然存在相当大的差距，故对农民创业者的能力及其风险容忍度的深入研究，对促进农民创业以及农村经济的发展具有重要的现实意义。推进农民创业，尤其是推进农民在农业产业领域内的创业，培育新型农业经营主体，是用发展新理念破解"三农"新难题的根本选择，也是厚植农业农村发展优势，加大创新驱动力度，推进农业供给侧结构性改革，加快转变农业发展方式，增加农产品有效供给，畅通农产品产、供、销渠道，保持农业稳定发展和农民持续增收的关键所在，是增强农村发展内生动力的重要载体。

同样，大学生创业也是当前及未来相当长一段时期推进中国创业层次、创业水平再上新台阶，促进大学生就业，活跃中国经济发展的重大举措，探究大学生创业者的风险容忍及其规避，无疑对于促进大学生就业创业，更好地实现大学生从学生到创业者角色的变换，有针对性地提供决策参考具有重要意义。

◎ 参考文献

[1] 陈波. 风险态度对回乡创业行为影响的实证研究[J]. 管理世界，2009，25(3).

[2] 陈刚，谢科范，郭伟. 创业者机会感知、风险感知、风险偏好的机理及其量度[J]. 武汉理工大学学报：社会科学版，2009，22(6).

[3] 陈其进. 风险偏好对创业选择的异质性影响——基于 RUMIC2009 数据的实证研究[J]. 人口与经济，2015，36(2).

[4] 陈怡安，陈刚. 社会保险与创业——基于中国微观调查的实证研究[J]. 人口与经济，2015，36(6).

[5] 陈震红，董俊武. 中国创业者的风险感知与创业决策——以武汉"中国光谷"的创业者为例[J]. 当代财经，2007，28(9).

[6] 何春雷. 大学生创业风险规避的探索[J]. 高教论坛，2012(9).

[7] 黄仁辉，李洁，李文虎. 不确定性容忍度对风险偏好的影响及其情景依赖性[J]. 心理学探析，2014，34(3).

[8] 贾天明，雷良海. 构建创业失败补偿机制的探讨——以上海市大学生创业现状为例[J]. 上海经济研究，2016，35(2).

[9] 林强，姜彦福，张健. 创业理论及其架构分析[J]. 经济研究，2001，47(9).

[10] 刘鹏程，李磊，王小洁. 企业家精神的性别差异——基于创业动机视角的研究[J]. 管理世界，2013，29(8).

[11] 刘万利，胡培. 创业风险对创业决策行为影响的研究——风险感知与风险倾向的媒介效应[J]. 企业管理，2010，31(9).

[12] 罗明忠，邹佳瑜，卢颖霞. 农民的创业动机、需求及其扶持[J]. 农业经济问题，2012，33(2).

[13] 梅胜军，徐雅仙. 大学生创业风险决策的心理机制[J]. 经营与管理，2014，32(4).

[14] 施险峰，陆伟家. 浅析大学生创业的风险规避[J]. 太原城市职业技术学院学报，2009，11(12).

[15] 田园，王铮. 非正式制度因素对创业的影响作用探讨[J]. 中国软科学，2016，31(3).

[16] 吴小立，于伟. 环境特性、个体特质与农民创业行为研究[J]. 外国经济与管理，2016，38(3).

[17] 吴一平，王健. 制度环境、政治网络与创业：来自转型国家的证据[J]. 经济研究，2015，61(8).

[18] 徐小洲，梅伟惠，倪好. 大学生创业困境与制度创新[J]. 中国高教研究，2015，31(1).

[19] 杨隽萍，王俏伊，陈婷婷. 基于动态视角的创业者风险控制能力构架研究[J]. 财会通讯，2014，35(4).

[20] 杨卫春. 基于风险承受能力的大学生就业选择的实证[J]. 统计与决策，2012，28(13).

[21] 杨卫军，郭晨阳. 我国农民的生产性规避行为分析[J]. 农村经济，2009，27(6).

[22] 于蓉. 论商业银行风险偏好与风险容忍度管理[J]. 海南金融，2011，24(5).

[23] 张平，李秀芬，廖江福. 大学生创业风险分析[J]. 绵阳师范学院学报，2015，34(1).

[24] 张震红. 创业者创业决策的风险行为研究[D]. 武汉：武汉理工大学，2004.

[25] 赵文红，孙卫. 创业者认知偏差与连续创业的关系研究[J]. 科学学研究，2012，30(7).

[26] 郑永君. 生计风险约束下的返乡农民工创业实践——基于北川返乡农民工创业案例的比较[J]. 南京农业大学学报：社会科学版，2016，16(3).

[27] 朱红根，康兰媛. 金融环境、政策支持与农民创业意愿[J]. 中国农村观察，2013，34(5).

[28] Brockhaus, R. H.. Risk-taking propensity of entrepreneurs[J]. *Academy of Management Journal*, 1980, 23(3).

[29] David, F., and John, W. M.. Perceived risks and choices in entrepreneurs' new venture decisions[J]. *Journal of Business Venturing*, 2000, 15(98).

[30] Hans, K., and Hvide, G. A. P.. Risk tolerance and entrepreneurial[J]. *Journal of Financial Economics*, 2014, 111(1).

[31] Kihlstrom, R., and Laffont, J.. A general equilibrium entrepreneurial theory of firm formation based on risk aversion[J]. *The Journal of Political Economy*, 1979, 87(4).

[32] Knight, F. H.. Risk, uncertainty and profit[R]. NY：A. M. Kelly, 1921.

[33] Lopes, L. L.. Between hope and fear：The psychology of risk[J]. *Advance in Experimental Social Psychology*, 1987, 20(3).

[34] Mark, S., Susan, M. H., and Karl, A.. Cognitive biases, risk perception, and venture formation：How individuals decide to start companies[J]. *Journal of Business Venturing*, 2000, 15(2).

[35] McClelland, D. C.. *The achieving society*[M]. Princeton：Van Nostrand, 1961.

[36] Palich, L. E., and Bagby, D. R.. Using cognitive theory to explain entrepreneurial risk-taking：Challenging conventional wisdom[J]. *Journal of Business Venturing*, 1995, 10(6).

[37] Sexton, D. L. and Bowman, N.. The entrepreneur：A capable executive and more[J]. *Journal of Business Venturing*, 1985, 1(1).

[38] Schumpeter, J. A.. *The theory of economic development*[M]. Cambridge：Harvard University Press, 1934.

Entrepreneurial Risk Tolerance and Aversion: A Literature Review

Luo Mingzhong[1]   Zhang Xueli[2]

(1, 2 Economics and Management College of South China Agricultural
University, Guangzhou, 510642)

Abstract: Entrepreneurship means innovation, and innovation is bound to face a variety of uncertainties that contains risk. Each entrepreneur must undertake the risk that may exist in the process of starting a business, and the identification, tolerance and effective control of risk are the necessary conditions for all entrepreneurs to succeed. It is because of the inadequate risk control ability, which affected the smooth progress of business, and resulting in the failure rate of start-ups around the world generally high. By deepening the knowledge and understanding of entrepreneurial behavior, paying attention to the relationship between risk tolerance and entrepreneurial choice and the internal impact mechanism, will help improve the quality of entrepreneurs' risk decision-making. On the basis of the published summary of existing literature, and based on risk propensity, risk perception and other points of view, this article intends to analyze entrepreneurs' risk tolerance and aversion, then try to discuss the risk tolerance and aversion of current farmer entrepreneurs and college student entrepreneurs, and finally indicate the future direction of entrepreneurial risk tolerance and aversion research.

Key words: Entrepreneurship; Risk tolerance; Risk aversion

专业主编：陈立敏

国家创业体系结构层次与测度研究[*]

● 温兴琦^{1,2}

(1　武汉大学中国产学研合作问题研究中心　武汉　430072；

2　武汉大学经济与管理学院　武汉　430072)

【摘　要】 国家创业体系是一个国家制度和结构情境下创业个体的创业意向、能力与愿望之间的动态、制度化互动作用系统，它通过创业者个体创办新企业驱动资源流动与配置。国家创业体系与国家创新体系具有密切的内在关联，是国家创新体系的延伸。本文提出了国家创业体系的基本定义，分析了其主要构成要素及结构层次，在介绍产出测度法、意愿测度法和框架指标法的基础上，提出了国家创业体系测度的基本原则与方法，最后提出了相关政策建议。

【关键词】 国家创新体系　国家创业体系　结构层次　测度

1. 引言

创新系统早已成为创新理论研究与创新实践领域的热点议题。自熊彼特提出创新理论以来，经济学家们对于企业家在经济发展中的重要作用逐步形成了共识。熊彼特将企业家定义为"创造性破坏的主体"，认为他们通过不断颠覆和挑战既有的产业规则，改变经济发展前景。在此基础上，学者们总结了企业家对经济发展所起的一系列作用，包括创新[1]，创造就业岗位（Blanchflower，2000；Parker，2009），提高生产率（Van Praag，2007），促进研发机构向产业的技术转移和知识溢出（Acs 等，2009；Grimaldi 等，2011；Plummer 和 Acs，2012；Terjesen 和 Wang，2013）等。尽管不同学者的提法各异，但都认可企业家的创业活动具有重要作用。然而，企业家的创业贡献到底应该如何评价与测量，仍是一个悬而未决的问题。

* 基金项目："中央高校基本科研业务费专项资金"武汉大学自主科研项目（人文社会科学）"国家创新体系到国家创业体系：关联、测度及政策研究"（413000014）；湖北省软科学研究专项"湖北区域创新评价与对策研究"（2012GDA01503）；湖北省教育科学"十二五"规划 2014 年度重点课题"湖北省专业学位研究生教育模式与质量提升研究——产学研合作的视角"（2014A001）。

通讯作者：温兴琦，E-mail：bosswenxq@ 163. com.

① Acs，Z. J.，and Audretsch，D. B.. Innovation in large and small firms：An empirical analysis［J］. *American Economic Review*，1988，78：678-690.

创业的定义到底是什么？它是一种活动（Reynolds 等，2005），还是企业层面的意向（Lumpkin 和 Dess，1996）？抑或是个体层面的认知属性（Shane 和 Venkataraman，2000）？到目前为止，国内外学者对创业进行了较为广泛深入的研究，但对于其准确的定义依然众说纷纭，这也导致对创业进行测度变得非常困难。尤其是在创业概念所涉及的个体或企业层面尚未明晰的情况下，对国家层面的创业现象进行阐释就更为困难。不过，有些学者有意回避了对创业的定义，在没有构建充分的理论和概念框架的基础上，提出了一些对国家层面的创业现象进行测度的方法。这就导致不同学者各执一词，难以达成有关国家创业测度的共识。

其实，造成国家创业活动难以测度的一个潜在的原因是它一直没有被视为一种国家层面的活动现象。形成鲜明对比的是，国家创新体系一直都被学者和政策制定者视为国家层面的现象。同时，传统经济增长理论对创业活动也提及甚少（Acs 和 Sanders，2012；Romer，1986）。这也使得绝大多数学者构建的国家层面创业活动指标基本为个体层面创业活动的加总，同时，关于创业活动对国家和地区经济发展的作用也仍未得到全面系统的揭示（Gustafsson 和 Autio，2011；Radosevic，2007）。

与国家创新体系概念类似，国家层面的创业活动也是一种全面而系统的现象。在国家创新体系研究中，学者们将决定一个国家生产和运用创新知识和技术的能力的因素概括为国家层面的创新基础设施、政策、制度、中介组织等方面。因而，借鉴这一分析思路对创业进行系统研究，不仅能为创业现象提供更加现实和形象的解析，而且有利于研究者和政策制定者运用系统观念，从更为宽广的视角构建创业活动的识别和度量指标。从现有研究成果来看，较少有学者真正从系统视角对创业现象进行研究，因而难以全面深入地识别和评价国家宏观层面的创业活动。本文将国家创新体系的研究思想引入国家创业活动的分析之中，并对国家创业现象的测度问题进行初步探讨。

2. 国家创业体系释义

自 Freeman（1987）提出国家创新体系（NIS）概念以来，学术界和实践界对其展开了视角各异的深入研究和思考，形成了丰富的研究成果和实践成果。纵观现有文献，对国家创新体系的研究主要围绕一个国家内部各创新要素之间的互动关系，构建创新过程模型。国家创新体系理论关注国家创新活动中的制度和结构问题，为创新政策制定者提供了一个识别和促进创新绩效的框架体系（Nelson，1993）。然而，由于聚焦于制度和结构因素，它也在一定程度上忽视了作为创新主体的个体机构的功能与活动过程，在过去十多年中，关注创业和个体机构在国家创新中的作用的研究逐渐增加，为国家创业体系概念的构建奠定了基础。

2.1 国家创新体系

国家创新体系理论于 20 世纪 90 年代提出，主要代表学者有 Lundvall（1992）、Nelson（1993）、Edquist 和 Johnson（1997）等。其理论逻辑基础为，知识是一种基本的创新资源，它在一定的国家制度情境下通过创新的互动和积累过程被生产出来，创新的国家情境对创新结果具有重要影响①。学者们在研究中，最初将创新互动和知识积累的活动过程重点视为个体的研发活动，后来逐渐转向国家的制度和产业结构。正是制度和产业结构，决定了国家创新的效率。国家创新体系理论思想后来也被延伸至有关技术、制度、组织以及产业的研究领域。

何谓国家创新体系？根据 Rosenberg 和 Nelson(1944)的界定，"体系"是指一套制度组合，这些制度组合的互动过程决定了国家创新的绩效。在弗里曼提出的"国家创新体系"概念基础上，OECD 组织在 1996 年的报告中提出了类似的定义，即"政府、企业、大学、研究院所、中介机构等为了一系列共同的社会和经济目标，形成的互动作用网络，其主要活动是启发、引进、改造与扩散新技术，创新是这个体系变化和发展的根本动力"。

从本质上讲，国家创新体系的概念与公共政策紧密相关②。国家创新体系概念认为，政府和集体创新活动在国家的创新知识生产和扩散中发挥着核心的组织协调功能。

2.2 国家创业体系

尽管国家创新体系概念和理论的发展在很大程度上受到熊彼特创新理论的启发和影响，但后来的研究似乎忽略了熊彼特所提出的"创造性破坏"主体——企业家的作用。绝大多数研究将制度和结构视为国家创新体系的核心，认为企业家个人的创业活动是自然发生的，是这种制度和结构下的必然产物。

对比国家创新体系研究文献，创业研究文献更关注个体决策和行动。创业过程研究的核心问题，不仅是创业机会是否存在，也包括由谁以及怎样利用这些机会③。Zoltan 等(2014)将企业家利用创业机会的方式总结为引导资源流动和配置。从系统层面看，企业家的创业活动通过创业尝试和试错促进了创新资源流向生产效率更高的用途和领域。Zoltan 等提出这一过程需要具备三个条件：一是创业者个体认为创业活动是他所期望并且可行的；二是创业者必须创办新企业以促进创新资源向产出效率更高的领域流动；三是创业者努力开发新创企业的发展潜力。在此基础上，他们提出了国家创业体系(NES)的概念，即"一个国家制度和结构情境下创业个体的创业意向、能力与愿望之间的动态、制度化互动作用系统，它通过创业者个体创办新企业驱动资源流动与配置"。

与以往学者提出的市场机会发掘过程不同，上述定义，突出了资源获取与流动以及通过试错进行知识积累的过程。当创业者按照感知的市场机会进行创业时，他们就驱动着人力、财务和其他资源在市场中流动。一旦其对市场机会的感知发生偏差，或者他们自己犯错，新创企业就会遭受失败，而资源则会流向其他使用者。这就表明创业者创业活动的质量对市场资源配置及国家创新的效率都具有重要影响。因而，如何认识和测度国家层面的

①　Lundvall，B.-Å.. National business systems and national systems of innovation [J]. *International Studies of Management and Organization*，1999，29：60-77.

②　Sharif，N.：Emergence and development of the national innovation systems concept [J]. *Research Policy*. 2006，35(5)：745-766.

③　Companys，Y. E.，and McMullen，J. S.. Strategic entrepreneurs at work：The nature，discovery，and exploitation of entrepreneurial opportunities[J]. *Small Business Economics* . 2007，28：301-322.

创业活动，成为创新和创业研究领域一个必须解决的问题。

2.3　国家创业体系与国家创新体系的关联

由于研究视角、层面和方法等方面的差异，关于创业和创新的研究一直难以将二者有机整合起来。国家创新体系理论提出以后，创业开始被视为国家创新体系的一个维度。这也为国家创业体系与国家创新体系之间关联的建立提供了理论支撑。

从国家创新体系的角度来看，创业是一个由互补的技术、市场和制度机会之间相互作用推动的系统化过程，国家创业体系正是这一过程的制度化和结构化。因此，国家创业体系是嵌入在国家创新体系内部的一个系统，它与国家创新体系之间并非子集与全集的隶属关系，而是交叉并相对独立的。一方面，国家创新体系为国家创业体系提供最基本的物质基础和制度、结构条件，另一方面，国家创业体系通过创业者个体及组织的创业行为，促进创新资源的配置与利用，提升创新绩效，推动国家创新体系发展（如图1所示）。

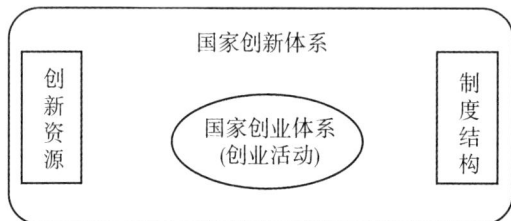

图1　国家创新体系与国家创业体系的关系

3. 国家创业体系的结构层次

关于国家创业体系的概念，学术界也有多种提法，如 H. J. Chang 等最早在国家创新体系的基础上提出这一概念，后来 Neck(2004)、Kantis 等(2012)提出了生态系统观下的"创业生态系统(entrepreneurial ecosystems)"概念，尽管表述各异，但内涵基本相同。

进一步的，国家创业体系到底由哪些要素构成？其结构层次如何划分？这是研究国家创业体系必须深入探讨和回答的问题。纵观现有研究文献，尽管学者们对这些问题的回答不尽相同，但大多认为创业系统是由相互作用的众多参与者构成的复杂集合体，它由相互作用的众多参与者及其所扮演的角色以及各种制度和环境要素构成，主要通过促进创业事件持续发生并推动创新资源流动来提升创新绩效。

3.1　构成要素

根据上述分析，国家创业体系的构成要素主要包括高校和研究机构、创业者、社会市场网络、政府部门、风险投资机构、各种中介机构及制度文化等。这些要素具有内在的互补和协同性，围绕创业活动、知识创造与扩散、创新资源流动与配置等核心目标，展开合作与竞争，促进创新绩效的改进。其中，社会市场网络、政府、风险投资、中介机构及制度文化等是基本的环境要素,为国家创业体系的建立和运行提供必需的物质和制度基础。创业者、高校和研究机构是核心主体要素,其研究和创业活动构成国家创业体系的核心环节和动力源泉。只有这些要素形成优势互补和良好协同,国家创业体系才能运转顺畅。

3.2 结构层次

如前所述,国家创业体系是一个复杂的系统,它的各构成要素之间相互作用的方式及强度具有多样性,根据这些要素的功能性质、关联方式及规模范围等,可以将国家创业体系分为不同的层次(见表1)。

表1   **国家创业体系的结构层次**

国家创业体系层次	包含要素	主要功能与特征
核心层	创业者、高校和研究机构、市场制度及社会文化	能动地从事知识生产与转化
中间层	社会网络、中介机构、政府、风险投资机构	支撑创业活动,辅助国家创业体系运转
表面层	新创企业、创新知识	作为创业活动的成果与载体,反作用于创业体系核心层

3.2.1 核心层

创业者、高校和研究机构、市场制度及社会文化构成国家创业体系的核心层,它是整个国家创业体系的动力和能量源泉。正如熊彼特所说,企业家是创造性破坏的主体,创业者才是创业体系的真正主体,他们通过自身的知识创造与扩散、冒险精神和试错努力等,将新创知识进行传播和转化,实现创新成果的商品化和市场化,提升市场创新绩效,促进经济社会发展。当然,高校和研究机构也是创新知识的主要生产者和转化者,对于国家层面的创业体系具有直接影响,它们为国家创业体系提供源源不断的创新知识和试验平台。此外,国家的社会制度和结构是构成国家创新体系的基本要素,国家创业体系正是嵌入在特定的制度和结构情境之中。

3.2.2 中间层

国家创业体系的中间层由社会网络、中介机构、政府、风险投资机构等构成,他们共同发挥着支撑创业体系运作的功能。社会网络包含正式和非正式的网络,它是促进创业者个体发掘市场机会、建立创业合作关系、创建创业企业的纽带;中介机构在促进创业过程发展中发挥着较为关键的联结和催化作用,其专业的服务能力、高效的服务方式等优势,能加快创业者的创业进程,提高创业成功的几率;风险投资机构则为创业者提供急需的创业资金,并能进行必要的创业辅导和监督,促进创业者新创企业的积极性和发展稳健性;政府在国家创业体系中,更多地发挥着宏观指导和调控功能,通过制定和调整相关政策法规,提供创新基础和社会公共服务,引导创业者个体的创业活动方向,并对国家创业体系中出现的问题进行干预。

3.2.3 表面层

表面层是国家创业体系的外部表现，包括创业者的创业活动、新创企业以及产生的创新知识等。国家创业体系的运行结果，主要表现为数量众多的新创企业、大量的创新知识以及各行业创业者的创业活动。这些表面层要素，既是国家创业体系的成果体现，也是其重要的载体，同时也能反作用于国家创新体系的核心层，促进核心层要素的变革与调整，改进创新创业的方向和模式，提升创业绩效。

综上，国家创业体系从里到外的三个层次具有不同的性质和特征，各自发挥着不同的作用，它们之间的分工和协作共同维系和促进国家创业体系的正常运转与功能提升。

4. 国家创业体系测度方法

既然国家创业体系可以进行比较清晰的要素界定和明确的层次划分，那么，对它的运行过程与结果进行测度也应该具有可行性。实际上，已有部分学者提出了国家创新体系测度的方法及指标体系。总体来看，这些方法可以归纳为三种类型，即产出测度法、意愿测度法及框架指标法。本文将在介绍这三种方法的基础上，对国家创业体系测度进行进一步的探讨，以期提出较为全面客观的测度方法。

4.1 产出测度法

所谓产出，是指国家层面创业现象形成的创业产出或结果，主要指标为新登记注册的新创企业数量。这种测度方法从国家层面进行总量计算，并考虑到人口规模，是一种相对强度指标计算方法。采用产出测度法最有影响的是全球创业观察报告（GEM），它记录了50至70个样本国家每年自主创业的比例数据。此外，OECD-欧洲统计局开发的创业指数项目（Lunati 等，2010；OECD-Eurostat，2007）、世界银行的创业调查报告（World Bank，2011）以及欧元区晴雨表调查（Gallup，2009）等，也都是采用产出测度方法对国家层面的创业现象进行测度和分析（见表2）。

表2
主要产出测度法比较

产出测度法实例	测度指标	样本来源	缺点
GEM	自主创业比率	全国随机抽取至少2000个成年人	通过提问了解创业产出不够精确
OECD-Eurostat	高成长企业比率	国家企业注册机构	忽略了低成长企业
World Bank	注册登记的新企业数量	国家企业注册机构	漏掉了未登记注册的新创企业

产出测度法采用一个国家新进入市场的企业数量，并通过调查或注册登记数据，对国家层面的创业活动进行测度和评价，能够较为真实地反映国家创业状况，采取的指标和数据也能进行国别比较。

4.2 意愿测度法

意愿测度法主要是对有关国家层面创业的看法和观念进行调查。最为著名的意愿测度法是始于 2000 年的欧元区晴雨表调查，此外全球创业观察报告（GEM）和国际社会调查（ISSP）等也采用了意愿测度法。其中，欧元区晴雨表调查运用的范围和指标更为广泛。意愿测度法通过调查，对于创业相关的一系列态度和意愿进行监测，具体包括自主创业倾向、选择自主创业的原因、对创业成败的态度、自我效能知觉等。意愿测度法能有效地获取创业者有关自主创业的可行性、愿望及合理性方面的想法和态度，但却无法反映实际的创业行动。值得注意的是，全球创业观察报告、欧元区晴雨表调查等对创业的测度同时采用了产出测度法和意愿测度法，只是侧重点不同。

4.3 框架指标法

根据现有学者的研究，框架指标法主要有三类：第一类是通过邮件发送问卷给专家，让他们构建反映创业框架条件的多题项量表，主要代表是全球创业监测调查项目组织的专家调查；第二类是对国家层面关于新企业准入的规制性框架进行比较，主要代表是世界银行编制的宜商指数；第三类是考察创业框架条件—创业绩效—经济效应之间的关联机理，主要代表是 OECD 的创业指数项目。

总体来说，框架指标法是一个国家的制度和规制条件方面的参照标准，但由于缺乏与创业实践活动之间的联系，也不能完全准确地体现国家创业活动的状况。

4.4 三种测度方法小结

国家层面的创业是复杂的，上述三种测度方法的提出，均具有各自不同的目的，也体现了不同的价值取向。国家层面的创新过程具有系统的属性，而国家层面的创业动态也同样具有系统性。因而，受制于这种系统性，对于国家创新体系的测度是一个充满挑战的课题。上述三种测度方法尽管都有其合理性和适用性，但其缺陷也是同样明显的。

首先，产出测度法的指标设计忽略了具体情境。各国在历史传统、经济体制、政治制度、社会文化、产业结构等各方面都存在一定的差异，这些差异必然会影响到国家层面的创业活动，因而，如果忽略这种国别情境的差异，而一律用诸如登记注册的新创企业数量（比率）来衡量国家创业状况的话，难免得出错误的结论，进而会导致错误的政策设计与制度安排。

其次，使用个体层面创业行为和意愿的加总指标测度国家层面的创业活动，容易掩盖个体层面创业活动对经济发展的促进作用过程和机理。因为，新创企业数量多，并不必然代表经济一定会增长，而更积极的创业意愿也并不意味着创业个体一定采取更为积极的创业行为。

再次，框架指标法提供了有关创业过程发生所依赖环境的有价值的信息，但却忽视了创业过程本身。这就导致了考察制度条件与创业绩效之间关系的纵向数据缺乏，因而难以真正达到框架指标法所期望的测度效果。

最后，上述测度方法注重对创业结果的测度，但却忽视了对实现这些产出的创业过程的关注，例如，过于注重对创业者意愿和态度的分析，而完全没有探究其对创业行为的驱动机制和时机选择的影响。

4.5 国家创业体系测度方法设计

综上所述，对国家创业体系进行测度，必须将其视为一个由创业态度、创业能力及创业意愿互动作用形成的动态过程和系统，同时将其嵌入特定的制度情境中，从多侧面、多层次进行全方位的考量。因此，测度方法和指标体系必须包含更加丰富全面的要素，应兼顾个体层面与系统层面的创业情境条件因素，此外还要考虑国家创业体系内部各构成要素之间的互动关系。基于此，本文认为，国家创业体系测度方法应综合考虑以下几个方面的问题。

4.5.1 情境权重

部分学者提出的国家创业体系测度方法和指数计算方法过于简单，忽略了不同指标对不同情境下国家创业体系测度具有的不同影响。因此，综合考虑并赋予测度指标体系中不同指标的相应权重，有利于更加客观、准确地描述和评价不同国家创业体系的发展状态和水平，特别是有利于创业体系测度的国别比较。那么，到底如何对各种测度指标进行合理赋值呢？一般而言，国家创业体系测度的指标体系应该既包含个体层面的测度指标，也应有情境指标变量。综合现有研究文献，可以选择国家层面的有关创业个体态度、能力和意愿数据的加总值，并运用恰当的环境描述变量对它们进行权重赋值。这种选择将制度变量当做互动作用的指标要素，而不是相互独立的变量，这就充分考虑到了国别的差异性，降低了指标赋值的随意性。具体而言，制度情境变量的选择标准包括三个方面：一是变量与个体层面创业加总数据之间的逻辑联系；二是所选变量要准确释义；三是避免重复。

4.5.2 短板效应

国家创业体系由众多相互作用的要素构成，要素间的互动作用决定了系统的整体功能。因此，借鉴结构主义理论的基本思想，综合考虑国家创业体系各构成要素之间的互动作用，可以发现，国家创业体系构成要素中的短板要素对国家创业体系发展水平具有约束作用，且各构成要素之间的替代性是极其有限的。因此，只有增强"短板"的功能，才能从整体上改进国家创业体系的发展水平。传统的测度方法和指标体系并未考虑到这种有限替代性及短板效应，而更多地从总量计算上进行测度和解释，显然是有失偏颇的。对国家创业体系的测度，必须高度重视并准确识别其构成要素中的短板，以短板的高度来测度国家创业体系的水平。

4.5.3 多维指标

如前所述，国家创业体系具有多面性，对其进行识别评价需要充分考虑这种多面性，因此，设计指标体系时应全面反映国家创业体系中的创业者个体与国家宏观制度环境，并同时引入国家制度情境进行权重调节。具体而言，指标体系应包含创业机会知觉、创业技能、风险承受、网络强度、文化支持、人力资源、风险投资等各方面，综合测量国家创业体系的实际水平与发展状态。而制度情境的调节权重，也应注重几个方面的问题，如政府廉洁指数、高等教育入学率、国内市场规模、互联网普及率、经济自由度、城镇化率、资本市场发展水平等。当然，除了国际通用的指标之外，对特定国家或地区的创业体系发展水平进行测度时，还应具体情况具体分析，设计和考虑更加契合实际的指标体系和权重调节因素。

5. 研究结论与政策启示

5.1 研究结论

国家创业体系是国家创新体系的重要组成部分和动力来源，是学者们从系统和演化视角提出的分析国家宏观层面创业现象的新框架，它为解释"创业的创造性破坏过程"与"经济发展成功的制度差异性"之间的关联提供了新的思路。随着创业创新实践的蓬勃发展，国内外学者对国家创业体系的构成要素及其相互作用机理的研究不断拓展和深化，同时对于国家创业体系的测度也已经开始重点关注，但到目前为止，还尚未形成权威的研究成果。学者们在这方面的研究更多的是对世界各国及国际组织所采用的各种创业测度模型和指标体系进行评价与对比，并在实证检测有关国家创业体系发展效率和水平的基础上，提出一些修正或完善的建议。当然，对内部结构要素非常复杂且受外部环境影响极其强烈的国家创业体系进行测度，是一个难度极大的课题，需要在深刻把握国家创业体系本质和运行规律的基础上，设计出全面的关键要素指标体系，并使用恰当的国家制度情境变量进行权重赋值，采用科学严谨的计算方法和工具，进行定量测度，同时结合相应的定性描述评价，得出客观真实的测度结论。

5.2 政策启示

通过上述分析，本文认为，国家创业体系建设及评价测度，是国家创新创业理论研究和实践发展的重要内容。当前，我国正在大力实施创新驱动发展战略，大众创业、万众创新的氛围已经形成，通过营造积极宽松的创新创业环境，提供支持创业实践的基础设施和扶持政策，推动大众创业深入开展。但是，如何正确认识和评价我国当前国家层面的创业发展状况？如何对我国国家创业体系进行比较客观准确的测度？采取何种政策和措施提升国家创业体系发展水平呢？这是我国在建设国家创新体系和国家创业体系中亟待思考的问题。

结合前文对国家创业体系测度方法及指标体系的分析，本文认为，要提升我国国家创业体系的综合效率和发展水平，以下几个方面的工作必须加强：首先要积极引导和改善社会对创业的态度，以强化全社会创业者的创业意向；其次要加强正式和非正式网络建设，搭建有利于创业者创业的网络结构，优化市场环境；再次要进一步完善市场机制，扩大市场规模，提升市场化、城镇化、全球化水平；最后要通过加快高等教育发展，全面提升人力资源质量，创造更多的创业主体。尤为重要的一点是，要在全面识别国家创业体系各构成要素并对其进行指标测量的基础上，发掘国家创业体系建设和发展的"短板"，并采取有针对性的措施，补长"短板"，这样才能真正提升国家创业体系的发展水平。

◎ 参考文献

［1］Acs， Z. J.， Autio， E.， Szerb， László. . National systems of entrepreneurship：Measurement issues and policy implications［J］. *Research Policy*，2014，43（3）.

［2］Acs， Z. J.， Braunerhjelm， P.， Audretsch， D. B.， Carlsson， B. . A knowledge spillover theory of entrepreneurship［J］. *Small Business Economics*，2009，32(1).

［3］Blanchflower， D. G. . Self-employment in OECD countries［J］. *Labour Economics*，2000，7（5）.

［4］Chang， H. J.， Richard， K . W . . Organizing development：Comparing the national systems of entrepreneurship in Sweden and South Korea［J］. *Journal of Development Studies*，1994，30(4).

［5］Edquist， C.， Johnson， B. . Institutions and organizations in systems of innovation. // Edquist， C. . Systems of Innovation—Technologies， Institutions and Organizations［M］. Ln：Pinter Publishers， 1997.

［6］Enrico， G. . Eurostat OECD manual on business demography statistics［R］. Paris ：OECD， 2007.

［7］Gallup. . Entrepreneurship in the EU and beyond［R］. Flash Eurobarometer Series， 2009.

［8］Grimaldi， R.， Kenney， M.， Siegel， D. S.， Wright， M. . 30 years after Bayh-Dole：Reassessing academic entrepreneurship［J］. *Research Policy*，2011，40(8).

［9］Gustafsson， R.， Autio， E. . A failure trichotomy in knowledge exploration and exploitation［J］. *Research Policy*，2011，40(40).

［10］Kantis， H. D.， Federico， J . S. . Entrepreneurial ecosystems in Latin America：The role of policies［R］. Liverpool：International Research&Policy Roundtable， 2012.

［11］Lumpkin， G. T.， Dess， G. G. . Clarifying the entrepreneurial orientation construct and linking it to performance［J］. *Academy of Management Review*，1996，21(1).

［12］Lundvall， B. Å. . *National Systems of Innovations*［M］. Ln：Pinter Publishers， 1992.

［13］Lunati， M.， Meyer， S. J.， and Sargsayan， G. . Measuring entrepreneurship［R］. Paris ：OECD， 2010.

［14］Neck， H. M.， Meyer， G. D.， Cohen， B. . An entrepreneurial system view of new venture creation［J］. *Journal of Small Business Management*，2004，42(2) .

［15］Nelson， R. R. . *National innovation systems：A comparative analysis*［M］. NY ：Oxford University Press， 1993.

［16］Parker， S. C. . *The economics of entrepreneurship* ［M］. London ：Cambridge University Press， 2009.

［17］Plummer， L. A.， Acs， Z. J. . Localized competition in the knowledge spillover theory of entreprenenurship[J]. *Journal of Business Venturing*, 2012, 29(1).

[18]Radosevic, S.. National systems of innovation and entrepreneurship: In search of a missing link[R]. Economics Working Papers, 2007.

[19]Reynolds, P.D., Bosma, N., Autio, E.. Global entrepreneurship monitor: Datacollection design and implementation 1998—2003 [J]. *Small Business Economics*, 2005, 24(3).

[20]Romer, P.M.. Increasing returns and economic growth[J]. *American Economic Review*, 1986, 94(5).

[21]Rosenberg, N., Nelson, R.R.. American universities and technical advance in industry [J]. *Research Policy*, 1994, 23(3).

[22]Shane, S., Venkataraman, S.. The promise of entrepreneurship as a field of research[J]. *Academy of Management Review*, 2000, 25(1).

[23]Terjesen, S., Wang, N.. Coase on entrepreneurship [J]. *Small Business Economics*, 2013, 40(2).

[24]Van, P.M.C.. What is the value of entrepreneurship? A review of recent research[J]. *Small Business Economics*, 2007, 29(4).

[25]World, B.. New business registration database[R]. Washington : World Bank, 2011.

Research on Structural Hierarchy and Measurement of National Entrepreneurship System

Wen Xingqi[1,2]

(1. Research Center for China Industry-University-Research Institute
Collaboration of Wuhan University, Wuhan, 430072; 2. Economics and Management
School of Wuhan University, Wuhan, 430072)

Abstract: National Entrepreneurship System is an interactive system of individual-level entrepreneurial attitude, ability and desire under a certain country institutional context. NES enhances the mobility and reallocation of resources through initiatives of new startup enterprises. It is an important component and extension of National Innovation System, and thus closely relates to NIS. The author proposes the definition of NES and analyses its components and structural hierarchies, and introduces three measuring methods. At last the authors put forward some implications for policy making.

Key words: National innovation system; National entrepreneurship system; Structural hierarchy; Measurement

专业主编：陈立敏

家族超额控制：价值抑制还是促进[*]

——来自中国家族上市公司的实证证据

● 叶云龙

（武汉大学经济与管理学院　武汉　430072）

【摘　要】 基于公司治理视角，家族控制权结构可以完整地解构为股东大会剩余控制权、董事会决策权以及经理层经营权，最终形成家族对企业的超额控制。本文以2004—2013年沪深两市4190个家族上市公司样本为研究对象，实证检验家族超额控制的价值抑制假说和价值促进假说。研究表明，家族超额控制对企业价值表现为抑制效应，实证支持价值抑制假说，而市场化改革则有效减弱了该抑制效应。

【关键词】 家族超额控制　价值抑制　价值促进　家族企业

1. 引言

以家族企业为主体的民营经济对中国经济发展意义重大，但相较于家族企业发展趋势与经济地位，家族企业研究仍显不足，尤其是，家族控制对企业价值的研究仍是一个存在普遍争议的话题。既往文献主要基于家族企业与非家族企业的绩效表现孰优孰劣的主题展开，大致沿三条路径进行研究，试图寻找其背后原因：一是基于家族企业样本定义敏感性（Villalonga 和 Amit，2006；Miller 等，2007；Block 等，2011），不同定义标准导致企业绩效表现差异产生变化；二是以家族企业异质性特征为逻辑前提，引入家族治理结构等结构变量（Andres，2008；Hamadi，2010；严若森和叶云龙，2014）；三是基于家族企业与非家族企业并无显著差异性视角（Jiang 和 Peng，2011）。尽管如此，其研究结论仍是众说纷纭，各执己见。

企业是异质的，甚至是家族企业异质性特征较非家族企业更大（Nordqvist 和 Melin，2010），家族控制权结构更是如此（Chua 等，2012）。事实上，家族对控制权有着天生偏好。家族不仅可以通过控制企业获取来自于企业成长的声誉与成就感，而且也有助于家族建立人脉关系网络，获取政治资本，这既利于企业发展，又为其寻租提供了便利条件。家族掌握企业经营决策权是通过控制权配置得以实现的。具体而言，家族控制权结构体现于

---

* 通讯作者：叶云龙，E-mail：nbyyl@163.com。

控股家族在股东会、董事会以及经理层三个不同层级的权力配置。就此而言，家族控制权需要股东会层次的控制权、董事会层次的决策权以及经理层次的经营权，从而使控股家族在不同层级控制企业经营决策权，最终形成家族对企业的超额控制。家族超额控制是研究家族治理结构问题的核心，影响家族企业行为选择，例如，资本结构（韩亮亮和李凯，2008）、投资决策和信贷契约（陈德球等，2012；陈德球等，2013a），等等。然而，遗憾的是，既有研究对家族控制权结构的解构大多过于单一①，往往仅从股东会层级的金字塔结构维度展开。鉴于此，本文基于股东会、董事会以及经理层三个层级完整地解构家族控制权结构，并深入探讨家族超额控制究竟是促进还是抑制了企业价值这一研究主题。

本文可能有以下两点贡献：第一，相较于以往家族控制权理论研究，本文将家族控制权结构解析为股东会剩余控制权、董事会决策权以及经理层经营权三个层级，不仅将家族控制权理论从股东会推进至董事会层面，而且还分解到经理层面，从而完整地解构了家族控制权结构，突破现有家族控制权理论研究视角大多较为单一的局限性，扩展了家族控制权理论，并提供家族治理结构研究新的视角。第二，家族企业绩效表现优于或劣于非家族企业，均受到广泛的经验证据支持（例如，Chu，2011；Swamy，2012；Pukthuanthong 等，2013；Gallucci 等，2015；邵帅和吕长江，2015），尤其是，凸显家族企业异质性特征的控制权结构对企业价值的研究仍是一个重要争议（Peng 和 Jiang，2010）。本文以中国情境中的家族企业为研究对象，实证检验家族超额控制对企业价值的抑制或促进作用，这不仅为中国制度背景下的家族企业绩效表现孰优孰劣争论提供理论分析框架与经验证据，而且为从公司治理视角诠释家族企业行为提供新的经验证据。

本文其余部分结构安排如下：第二部分是理论分析与研究假设；第三部分是研究设计；第四部分是实证结果与分析；最后是简短的结语。

2. 理论分析与研究假设

2.1 家族超额控制：价值抑制假说

伴随世界范围内企业股权集中而非股权分散的组织结构特征，经济学家将公司治理关注焦点，从所有者与管理者的第 I 重代理问题转至大股东对中小股东利益剥夺的第 II 重代理问题上（López de Silanes 等，1999；Faccio 和 Lang，2002）。就家族企业而言，控股家族利用金字塔结构、家族董事席位乃至家族经理人员等控制手段掌控企业经营决策权，形成家族超额控制，并攫取可按家族意图随意配置企业资源的在位优势。此时控股家族有能力、有条件通过控制权放大效应谋求家族私人收益，从而可能扭曲企业内部资源配置效率，损害企业公共利益，例如，进行关联交易和建立企业帝国（López de Silanes 等，1999），发放特殊性股利（DeAngelo 和 DeAngelo，2000），冻结中小股东股权（Gilson 和

---

① 目前文献大多从股东会层级的现金流量权和控制权分离度解构家族控制权结构，而陈德球等学者则从股东会及董事会两个层级分解家族控制权结构（陈德球等，2013a），推进了国内家族控制权理论研究，遗憾的是，其分解层级尚未推进至经理层。

Gordon，2003），投资于满足家族社会情感财富需求的"宠物"项目而不是盈利性更高的项目（Laux 和 Mittendorf，2011），等等。具体而言：

首先，控股家族无法获取企业的全部收益，也不必承担其私利行为所带来的全部损失。因此，家族有较强的动机和便利条件从事掏空与其他机会主义行为。研究表明，中国上市公司中，大股东常常利用其控股股东地位侵害中小股东利益（李增泉等，2005），在家族上市公司中，控股家族与非家族股东的代理冲突随终极控制权与现金流量权的两权分离度扩大而呈恶化趋势，控制性家族侵占外部股东利益现象在国内甚至已经比较严重（王明琳和周生春，2006）。

其次，控股家族超额控制程度越高，越有动机实施控制权私人收益行为。一方面，家族可能通过企业内部自由现金流和银行授信额度内现金流①建立资源配置私人收益导向，更有可能非效率地配置资源，造成非效率投资行为。另一方面家族可能利用信息不对称优势，通过降低信息透明度为攫取控制权私利提供便利条件，进一步扭曲内部资本配置效率。基于这些理论分析，我们提出家族超额控制价值抑制假说。

研究假设 1：在其他条件相同时，家族超额控制越高，家族企业价值越低。

2.2 家族超额控制：价值促进假说

就家族企业而言，家族嵌入企业，企业通常成为家族主要资产（Arregle 等，2007），而且家族往往持续关注自身声誉及对企业的管理控制程度，因而家族财富、就业机会以及家族声誉与企业命运联结成一体（Le Breton-Miller 等，2011），而且家族企业所有者与管理者的利益趋同效应弱化代理问题，更重要的是，家族企业在路径依赖、组织流程、社会资本、领导能力和战略规划能力等诸方面具有相对优势（Habbershon 和 Williams，1999）。也正因如此，家族控制可以带来企业竞争优势。Lee（2006）认为，家族企业成长更快、盈利能力更强，相较于其他大股东可能基于短期利益的短视投资决策行为，控股家族更具长期投资视野且投资效率更高。基于此，家族企业更加容忍可能促进企业长期利益的投资项目，而且集中的股权结构形式及其管理控制更加便利控股家族监督企业经营（Demsetz 和 Lehn，1985），降低代理成本，从而提高企业长期经营效率。

代际传承是家族企业具有长期目标视野的主要源泉之一，此时家族将企业视为资产而非消费品，希冀顺利传承予下一代。实际上，传承意图影响家族愿景，代际传承通常是家族维持控制权的重中之重（Zellweger 等，2012）。为将企业传承予下一代，一方面，家族为寻求、维持合法控制地位（Arregle 等，2007），至少保证企业"战略一致性"（Miller 等，2013），即"企业行为，如创新投入、促销、资本强度、股利分配政策、财务结构以及承担风险的行为等，符合行业内大多数企业的标准"。另一方面也更有动机维护其与客户、雇员以及供应商之间的良好关系，持续关注家族声誉并借此提升企业绩效。基于家族长期战略决策行为考量，越高的家族控制程度意味着家族越有动机、机会以及能力做出符合企业长期利益的投资决策。基于这些理论分析，我们提出家族超额控制价值促进假设。

---

① 银行授信额度内的贷款也属于企业重要的可支配现金流，但其自由度受到银行监管的诸多限制，会增加私人收益导向现金流配置的交易成本。

研究假设 2：在其他条件相同时，家族超额控制程度越高，家族企业价值越高。

上述两个研究假设是竞争性假设，倘若实证结果发现家族超额控制程度与企业价值显著正相关，表明家族超额控制体现价值促进假说，而如果家族超额控制程度与企业价值显著负相关，则说明家族超额控制体现价值抑制假说。以此对立假说为基础，基于企业异质性前提，考虑转轨经济背景因素，我们进一步考察宏观制度环境是否增强或缓解家族超额控制的"促进"或"抑制"作用。

3. 研究设计

3.1 样本与数据

参考既往家族企业文献（贺小刚等，2010），将符合下述条件的上市公司视为家族企业，即：①企业终极控制权可以追溯至自然人或家族；②最终控制人直接或间接持有上市公司股权，且为上市公司第一大股东；③至少一名家族成员担任董事会成员或公司高管。据此，本文选取 2004—2013 年中国家族上市公司为研究样本，其相关数据来源于 CSMAR 数据库、上交所信息披露网（www.sse.com.cn）以及巨潮咨询网（www.cninfo.com.cn）等披露的年度报告、招股说明书等相关信息。除特别说明外，下述数据均源于 CSMAR 数据库。

在剔除 2013 年退市、PT、ST 以及数据缺失值样本后，最终获取有效样本观察值4190 个，各年度样本分布情况如表 1 所示。表 1 显示，随家族上市公司增多及信息披露的逐渐完善，样本观察值逐年递增。

表 1 样本年度分布频率

年度	2004	2005	2006	2007	2008	2009	2010	2011	2012	2013	合计
样本数	56	129	146	194	272	321	449	718	918	987	4190
比例(%)	1.34	3.08	3.48	4.63	6.49	7.66	10.72	17.14	21.91	23.56	100

3.2 模型设计与变量定义

为验证上文的研究假设，我们设定如下的检验模型：

$$\mathrm{EV}_i = \alpha_0 + \alpha_1 \mathrm{FECrate}_{i-1} + \alpha_2 \mathrm{Lev}_{i-1} + \alpha_3 \mathrm{ITR}_{i-1} + \alpha_4 \mathrm{Size}_{i-1} + \alpha_5 \mathrm{ROE}_{i-1} + \alpha_6 \mathrm{Fage}_{i-1} + \alpha_7 \mathrm{Industry\_ dum}_i + \alpha_8 \mathrm{Year\_ dum}_i + \xi_i$$

①EV 为被解释变量企业价值的代理变量，借鉴逯东等（2014）的研究，由托宾 Q 值（TQ）及市净率（PBR）分别表示，其中：TQ ＝（股权市值+净债务市值）/期末总资产，非流通股权市值用净资产代替计算；PBR ＝ 每股股价/每股净资产。

②解释变量家族超额控制的代理变量表示为 FECrate，由 Fimorate、Fimdrate、Fimmrate 以及 Fimtrate 分别表示。终极控制权与现金流量权的两权分离度体现股东会家族

超额控制，以 Fimorate 表示，定义为终极控制权（Control Rights）与现金流量权（Cash Flow Rights）之差；我们参考 López de Silanes 等（1999）的方法计算控制权和现金流量权，即：Control Rights $= \sum (x_1, x_2, x_3, \cdots)$，$x_i$ 表示各个链条上最低持股比例；Cash Flow Rights 为各个链条持股比例相乘之和；上述数据是在 CSMAR 中国民营上市公司数据库基础上结合上市公司年报经手工整理而成。董事会家族超额控制是指家族成员担任董事会成员以实现其或家族对公司战略层等方面施加的影响或控制，以 Fimdrate 表示，定义为家族董事占董事会人数比例与控制权之差；经理层家族超额控制是指家族成员担任经理层高管以实现其或家族对公司经营层等方面施加的影响或控制，以 Fimmrate 表示，定义为家族管理者占高层管理者人数比例与控制权之差。上述数据根据公司年报，结合 IPO 招股说明书、百度搜索引擎等，经手工整理而成。控股家族对公司的总额控制程度为：Fimtrate = Fimorate+Fimdrate+Fimmrate。

③引入了 Lev，ITR，Size，ROE 以及 Fage 等控制变量。为减少回归分析中可能存在的内生性问题，我们对所有解释变量及控制变量做滞后一期处理。同时，我们还控制了行业及年度因素，Industry_dum 为行业虚拟变量，其代码根据证监会行业分类标准确定，制造业"C"字代码取 2 位，其他行业取 1 位代码，别除金融行业，共 20 个行业，Year_dum 为年度虚拟变量。变量定义详见表 2。

表 2 主要研究变量定义

类型	变量名称	变量代码	定义及测量
被解释变量	托宾 Q 值	TQ	(股权市值+净债务市值)/期末总资产，非流通股权市值用净资产代替计算
	市净率	PBR	每股股价/每股净资产
解释变量	股东会家族超额控制	Fimorate	终极控制权与现金流量权之差
	董事会家族超额控制	Fimdrate	家族董事占董事会人数比例与控制权之差
	经理层家族超额控制	Fimmrate	家族管理者占高层管理者比例与控制权之差
	家族超额总控制	Fimtrate	股东会、董事会以及经理层家族超额控制之和
控制变量	资产负债率	Lev	负债总额与期末总资产之比
	独立董事占比	ITR	独立董事人数与董事人数之比
	企业规模	Size	营业收入取自然对数
	净资产收益率	ROE	净利润与平均股东权益之比
	企业年龄	Fage	考察年度减去企业成立年度之差加 1 后取自然对数
	行业虚拟变量	Industry_dum	虚拟变量，根据证监会行业分类标准确定，制造业"C"字代码取 2 位，其他行业取 1 位代码

4. 实证结果与分析

4.1 描述性统计

表3报告了主要研究变量的描述性统计特征。容易发现，企业代理变量托宾 Q 值（TQ）及市净率（PBR）的均值分别为0.022、0.034，标准差为0.016、0.022，其数值均与中位数基本一致表明其基本呈正态分布。家族超额控制代理变量中，股东会家族超额控制代理变量（Fimorate）均值、标准差分别为为0.071、0.087，其均值大于中位数表明其分布略呈右偏；董事会家族超额控制代理变量（Fimdrate）均值为－0.219，标准差为0.163，经理层家族超额控制代理变量（Fimmrate）均值为－0.263，标准差为0.193，家族超额总控制代理变量（Fimtrate）均值为－0.411，标准差为0.323，其数值均略小于中位数则表明分布略呈左偏。

表3　　　　　　　　　　　主要研究变量描述性统计结果

变量	观测值	均值	标准差	最小值	最大值	百分位数		
						25%	50%	75%
TQ	4190	0.022	0.016	0.003	0.090	0.011	0.017	0.027
PBR	4190	0.034	0.022	0.009	0.124	0.019	0.027	0.043
Fimorate	4190	0.071	0.087	0	0.323	0	0.027	0.133
Fimdrate	4190	−0.219	0.163	−0.643	0.158	−0.324	−0.206	−0.104
Fimmrate	4190	−0.263	0.193	−0.702	0.244	−0.398	−0.255	−0.140
Fimtrate	4190	−0.411	0.323	−1.230	0.418	−0.627	−0.386	−0.195
Lev	4190	0.360	0.202	0.026	0.807	0.182	0.350	0.515
ITR	4190	20.540	1.112	18.090	23.410	19.710	20.470	21.270
Size	4190	0.367	0.049	0.300	0.556	0.333	0.333	0.400
ROE	4190	0.001	0.001	−0.002	0.003	0.001	0.001	0.001
Fage	4190	1.519	0.732	0.000	2.944	1.099	1.386	2.079

注：对所有连续性变量作1%winsor双尾处理。

4.2 相关性分析

主要研究变量Pearson相关系数如表4所示。表4显示，企业价值代理变量托宾 Q 值（TQ）及市净率（PBR）与家族超额控制变量Fimorate，Fimdrate，Fimmrate以及Fimtrate的相关系数分别为−0.143、−0.048、−0.009、−0.068以及−0.061、−0.071、−0.045、−0.078，除TQ与Fimmrate未呈显著性水平外，其余变量间关系均呈1%显著性水平，这初步表明家族超额控制与企业价值显著负相关。Fimmrate 与 Fimdrate 及 Fimtrate 的相关系数较高（均大于 0.80），表明可能存在共线性问题而将其分别纳入模型，其原因主要在于中国家族上市公司中部分董事兼任管理层。其他所有变量之间的相关关系数处于 -0.395~0.432，由此推断本文后述的多元回归模型不存在严重的多重共线性问题。

表 4　　　　　　　　　　　　主要研究变量 Pearson 相关系数表

	TQ	PBR	Fimorate	Fimdrate	Fimmrate	Fimtrate	Lev	ITR	Size	ROE	Fage
TQ	1										
PBR	0.858***	1									
Fimorate	-0.143***	-0.061***	1								
Fimdrate	-0.048***	-0.071***	-0.297***	1							
Fimmrate	-0.009	-0.045***	-0.284***	0.803***	1						
Fimtrate	-0.068***	-0.078***	-0.051***	0.905***	0.927***	1					
Lev	-0.413***	-0.034**	0.262***	-0.052***	-0.092***	-0.0100	1				
ITR	-0.366***	-0.179***	0.237***	-0.106***	-0.148***	-0.078***	0.525***	1			
Size	0.044***	0.0210	-0.139***	-0.008	-0.037**	-0.065***	-0.069***	-0.055***	1		
ROE	0.176***	0.157***	0.047***	-0.167***	-0.145***	-0.158***	0.071	0.232***	-0.004	1	
Fage	-0.179***	0.006	0.292***	0.146***	0.085***	0.204***	0.452***	0.328***	-0.054***	-0.136***	1

注：＊＊＊、＊＊、＊分别表示在 1%、5% 与 10% 的程度上显著，双尾检验。

4.3　回归分析

4.3.1　家族超额控制与企业价值

表 5 报告了家族超额控制与企业价值的回归结果。表 5 中的模型（1）~（4）显示，家族超额控制代理变量 Fimorate，Fimdrate，Fimmrate 以及 Fimtrate 与企业价值代理变量 TQ 的回归系数及显著性水平分别为 -0.009（$p<0.05$）、-0.008（$p<0.01$）、-0.005（$p<0.01$）、-0.004（$p<0.01$），表明家族超额控制显著抑制企业价值；类似的，表 5 中的模型（5）~（8）中，Fimorate，Fimdrate，Fimmrate 以及 Fimtrate 与企业价值另一代理变量（PBR）的回归结果（$\beta_1 = -0.018$，$p_1 < 0.01$；$\beta_2 = -0.012$，$p_2 < 0.01$；$\beta_3 = -0.008$，$p_3 < 0.01$；$\beta_4 = -0.007$，$p_4 < 0.01$）也均显示家族超额控制与企业价值显著负相关，因而实证结果支持家族超额控制的价值抑制假说。这说明，家族通过对股东大会剩余控制权、董事会决策权以及经理层经营权的超额控制，更可能实施满足其自身需求的非效率投资行为，寻求控制权私人收益，损害企业价值。

表 5 家族超额控制与企业价值回归结果

	TQ				PBR			
	（1）	（2）	（3）	（4）	（5）	（6）	（7）	（8）
Fimorate	-0.009**				-0.018***			
	（-2.435）				（-3.069）			
Fimdrate		-0.008***				-0.012***		
		（-3.814）				（-3.988）		
Fimmrate			-0.005***				-0.008***	
			（-2.941）				（-3.041）	
Fimtrate				-0.004***				-0.007***
				（-4.305）				（-4.563）
Lev	-0.026***	-0.026***	-0.026***	-0.027***	0.004	0.003	0.003	0.003
	（-10.737）	（-10.720）	（-10.693）	（-10.737）	（0.930）	（0.866）	（0.850）	（0.828）
ITR	-0.004***	-0.004***	-0.004***	-0.004***	-0.005***	-0.006***	-0.006***	-0.006***
	（-9.594）	（-10.459）	（-10.278）	（-10.515）	（-7.797）	（-8.633）	（-8.540）	（-8.708）
Size	0.002	0.004	0.003	0.002	0.00410	0.007	0.006	0.005
	（0.394）	（0.689）	（0.553）	（0.405）	（0.475）	（0.838）	（0.708）	（0.558）
ROA	5.795***	5.622***	5.683***	5.617***	6.882***	6.601***	6.697***	6.583***
	（10.133）	（9.703）	（9.966）	（9.880）	（8.413）	（8.007）	（8.224）	（8.128）
Fage	0.003***	0.003***	0.003***	0.003***	0.004***	0.004***	0.004***	0.004***
	（4.061）	（4.536）	（4.226）	（4.707）	（4.187）	（4.501）	（4.183）	（4.718）
Constant	0.093***	0.095***	0.096***	0.096***	0.121***	0.125***	0.126***	0.126***
	（11.786）	（12.429）	（12.270）	（12.472）	（8.706）	（9.274）	（9.213）	（9.347）
行业和年度	Control	Control	Control	Control	Control	Control	Control	Control
N	4,190	4,190	4,190	4,190	4,190	4,190	4,190	4,190
R^2	0.479***	0.482***	0.480***	0.484***	0.366***	0.369***	0.366***	0.376***

注：＊＊＊、＊＊、＊分别表示在1%、5%与10%的程度上显著，双尾检验；括弧内数字为 t 值，t 值运用公司维群进行修正。

4.3.2 宏观制度环境——市场化进程的作用

在转轨经济中，市场化改革是必须加以关注的一项制度性变量（姜付秀和黄继承，2011），中国本身就提供了研究控制权理论极佳的制度环境（Fan 等，2013），因此引入市场化进程以研究其对家族超额控制与企业价值的作用机制。已有研究也表明，家族控制降低控股家族与管理者代理成本，但投资者制度保护较差且家族控制程度较高时，则增加其与中小投资者的利益冲突（Maury，2006）。基于此，考虑到家族企业异质性特征，以及当前国内家族企业面临区域发展水平差异大，市场化进展程度很不平衡（樊纲等，2012）的宏观制度环境，进一步研究市场化进程是否缓解家族超额控制的抑制效应？理论上，市场化程度高的区域供应了交易成本更低的市场经营环境，减少了企业内部交易费用，提供其长期经营视野的制度激励，同时，面临相对完善的经理人市场、债权人等外部治理机制，这在客观上也提升了家族经理人员的管理能力以及企业运营的规范性，降低了包括因家族利他主义机制负面影响所造成的代理问题。也正因如此，我们预期市场化进程可以有效减弱家族超额控制对企业价值的抑制效应。

基于此，我们以樊纲市场化指数作为市场化进程的代理变量，定义为上市公司注册地所在各省区的市场化程度水平，以 Mktindex 表示，数据来源于樊纲等（樊纲等，2012）《中国市场化指数——各地区市场化相对进程 2011 年度报告》的各省区市场化总指数。借鉴柳建华等（柳建华等，2008）的实证方法，建立样本分组回归。具体而言，按市场化指数数值是否高于全体样本数值 1/3 分位数①而将全体样本分成两组，即市场化进程高组及市场化进程低组，并分别作 OLS 回归分析，回归结果如表 6 所示。

据表 6 可以看出，市场化进程高组的模型（Ⅰ）、（Ⅲ）、（Ⅴ）、（Ⅶ），家族超额控制代理变量与企业价值代理变量 TQ 虽然均为负相关，但均不存在显著性水平，相反，市场化进程低组的模型（Ⅱ）、（Ⅳ）、（Ⅵ）、（Ⅷ）中，两者不仅均负相关，且均呈 1% 显著性水平，即市场化进程高组模型的回归结果显示家族超额控制与企业价值负相关，但不显著，而市场化进程低组模型则表明家族超额控制与企业价值显著负相关。这意味着，市场化进程显著降低家族超额控制的抑制效应。同时，我们以企业价值的另一代理变量 PBR 作回归分析，回归结果与此完全一致。因篇幅限制未予列示，读者如有需要，可向作者索取。

表6 市场化进程、家族超额控制与企业价值

	TQ							
	高	低	高	低	高	低	高	低
	（Ⅰ）	（Ⅱ）	（Ⅲ）	（Ⅳ）	（Ⅴ）	（Ⅵ）	（Ⅶ）	（Ⅷ）
Fimorate	−0.484	−1.108**						
	（−0.865）	（−2.493）						
Fimdrate			−0.003	−0.010***				
			（−1.139）	（−3.876）				
Fimmrate					−0.002	−0.006***		
					（−1.032）	（−2.854）		
Fimtrate							−0.002	−0.005***
							（−1.544）	（−4.110）

① 由于市场化指数分布极不均衡，我们借鉴潘红波和余明桂（2014）的处理方法，按 1/3 分位数确立分组标准。

	TQ							
	高	低	高	低	高	低	高	低
	（Ⅰ）	（Ⅱ）	（Ⅲ）	（Ⅳ）	（Ⅴ）	（Ⅵ）	（Ⅶ）	（Ⅷ）
Lev	−0.026***	−0.026***	−0.027***	−0.026***	−0.027***	−0.026***	−0.027***	−0.026***
	(−6.529)	(−10.407)	(−6.450)	(−10.395)	(−6.446)	(−10.304)	(−6.430)	(−10.413)
ITR	−0.004***	−0.004***	−0.004***	−0.004***	−0.005***	−0.004***	−0.005***	−0.004***
	(−7.655)	(−7.652)	(−8.019)	(−8.590)	(−7.845)	(−8.421)	(−8.026)	(−8.597)
Size	0.001	0.002	0.002	0.002	0.002	0.002	0.002	0.001
	(0.063)	(0.317)	(0.272)	(0.359)	(0.207)	(0.309)	(0.207)	(0.120)
ROA	6.569***	5.417***	6.522***	5.138***	6.517***	5.256***	6.508***	5.161***
	(6.547)	(8.987)	(6.432)	(8.682)	(6.486)	(8.962)	(6.490)	(8.865)
Fage	0.003***	0.002***	0.003***	0.002***	0.003***	0.002***	0.003***	0.003***
	(3.044)	(3.295)	(3.294)	(3.546)	(3.191)	(3.250)	(3.272)	(3.794)
Constant	0.112***	0.089***	0.112***	0.093***	0.113***	0.093***	0.112***	0.093***
	(8.479)	(9.407)	(8.695)	(10.190)	(8.642)	(10.018)	(8.680)	(10.169)
行业和年度	Control	Control	Control	Control	Control	Control	Control	Control
N	1,397	2,793	1,397	2,793	1,397	2,793	1,397	2,793
R^2	0.509***	0.469***	0.509***	0.476***	0.509***	0.471***	0.510***	0.477***

注：***、**、*分别表示在1%、5%与10%的程度上显著，双尾检验；括弧内数字为 t 值，t 值运用公司维群进行修正。

4.4 稳健性检验

4.4.1 内生性检验

家族超额控制与企业价值之间可能存在内生性问题。可能是由于企业价值而导致家族超额控制选择，且可能存在无法直接观察或无法控制的一些潜在变量影响本文的研究结论。完全解决内生性问题异常困难，然而我们仍然试图解决这个问题。我们采用工具变量方法以尽可能地解决这个问题。借鉴 Lin 等（2011）、陈德球等（2013b）的 2SLS 工具变量方法，以行业平均的家族控制权结构特征变量作为家族超额控制的工具变量。

在第一阶段，用内生性变量（Fimorate，Fimdrate，Fimmrate 以及 Fimtrate）对工具变量和基本方程中的控制变量进行回归，得到内生性变量的预测变量。在第二阶段，我们用企业价值对家族超额控制代理变量的预测变量进行回归，如表 7 所示。回归结果表明，企业价值与 Fimorate，Fimdrate，Fimmrate 以及 Fimtrate 显著负相关，这与前文实证结果相一致，进一步验证了研究结论的稳健性。

表7　　　　　　　　　　　家族超额控制与企业价值内生性检验结果

	TQ				PBR			
	（1）	（2）	（3）	（4）	（5）	（6）	（7）	（8）
Fimorate	−0.171**				−0.187*			
	（−2.280）				（−1.924）			
Fimdrate		−0.020**				−0.032**		
		（−2.341）				（−2.370）		
Fimmrate			−0.018**				−0.028**	
			（−2.302）				（−2.312）	
Fimtrate				−0.010**				−0.016**
				（−2.350）				（−2.392）
Lev	−0.029***	−0.031***	−0.031***	−0.031***	0.001	−0.002	−0.002	−0.002
	（−8.212）	（−11.316）	（−11.181）	（−11.347）	（0.191）	（−0.453）	（−0.489）	（−0.498）
ITR	−0.002	−0.004***	−0.004***	−0.004***	−0.003*	−0.006***	−0.006***	−0.006***
	（−1.272）	（−9.382）	（−9.093）	（−9.459）	（−1.798）	（−8.403）	（−8.221）	（−8.407）
Size	−0.025	0.004	0.001	0.0003	−0.024	0.007	0.003	0.002
	（−1.570）	（0.665）	（0.211）	（0.066）	（−1.192）	（0.750）	（0.305）	（0.167）
ROA	6.242***	5.303***	5.376***	5.339***	7.260***	5.984***	6.101***	6.041***
	（8.750）	（8.853）	（9.220）	（9.154）	（7.686）	（6.863）	（7.232）	（7.161）
Fage	0.006**	0.003***	0.002***	0.003***	0.007***	0.004***	0.004***	0.004***
	（2.869）	（3.392）	（3.312）	（3.398）	（2.694）	（3.491）	（3.421）	（3.519）
Constant	0.071***	0.095***	0.098***	0.095***	0.094***	0.120***	0.125***	0.121***
	（4.132）	（12.429）	（11.982）	（12.351）	（4.069）	（9.499）	（9.402）	（9.484）
行业和年度	Control	Control	Control	Control	Control	Control	Control	Control
N	4，190	4，190	4，190	4，190	4，190	4，190	4，190	4，190
R^2	0.465***	0.435***	0.426***	0.439***	0.364***	0.318***	0.306***	0.324***

　　注：＊＊＊、＊＊、＊分别表示在1%、5%与10%的程度上显著，双尾检验；括弧内数字为 t 值，t 值运用公司维群进行修正。

4.4.2　稳健性测试

　　异方差 white 检验。尽管我们采用时间序列数据及按公司作聚类分析，但考虑到 OLS 回归中可能存在的异方差问题，我们进一步采用 white 检验方法，对研究模型进行检验分析，其回归结果仍然符合上文验证假设①。

　　样本分组检验。考虑到 2008 年金融危机因素，我们以 2008 年为界将样本分成两组，

---

　　① 受篇幅限制，具体回归结果未予报告。读者如有兴趣，可向作者索取。下同。

并分别作回归分析，其回归结果与上文验证假设一致。

4.4.3 敏感性测试

我们还对家族企业不同定义之下的样本进行了敏感性测试。对此，我们根据西方学者对家族企业不同的操作化定义标准，分别以所有权10%（Maury，2006）、20%（López de Silanes等，1999；Villalonga和Amit，2006）作为定义家族企业的临界值，并借此分别对企业价值回归模型作敏感性测试，其回归结果与上文验证假设一致。

5. 结语

基于公司治理结构视角，家族控制权结构可以完整地解构为股东会剩余控制权、董事会决策权以及经理层经营权，从而形成家族对企业的超额控制。本文以2004—2013年沪深两市4190个家族上市公司样本为研究对象，实证检验家族超额控制对企业价值的影响作用。研究结果表明，家族超额控制抑制而非促进企业价值，价值抑制假说得到验证。同时，基于家族企业异质性特征，进一步研究发现，市场化进程可以有效减弱家族超额控制的价值抑制效应。

本文的研究结论表明，家族控制权结构是决定家族企业价值的一个重要因素，且其价值抑制效应占据主导地位。本文的研究结论不仅有助于为上市公司监管机构进一步完善监管法律法规提供借鉴，而且为家族上市公司改善治理结构提供经验证据，还给中小投资者价值投资以一定启示。

◎ 参考文献

[1] 陈德球，李思飞，雷光勇. 政府治理、控制权结构与投资决策——基于家族上市公司的经验证据. 金融研究，2012(3).

[2] 陈德球，肖泽忠，董志勇. 家族控制权结构与银行信贷合约：寻租还是效率? 管理世界，2013(9).

[3] 陈德球，魏刚，肖泽忠. 法律制度效率、金融深化与家族控制权偏好. 经济研究，2013(10).

[4] 樊纲，王小鲁，朱恒鹏. 中国市场化指数——各地区市场化相对进程2011年度报告[M]. 北京：经济科学出版社，2012.

[5] 韩亮亮，李凯. 控制权、现金流权与资本结构——一项基于我国民营上市公司面板数据的实证分析. 会计研究，2008(3).

[6] 贺小刚，李新春，连燕玲，张远飞. 家族内部的权力偏离及其对治理效率的影响——对家族上市公司的研究. 中国工业经济，2010(10).

[7] 姜付秀，黄继承. 市场化进程与资本结构动态调整. 管理世界，2011(3).

[8] 李增泉，余谦，王晓坤. 掏空、支持与并购重组. 经济研究，2005(1).

[9] 柳建华，魏明海，郑国坚. 大股东控制下的关联投资："效率促进"抑或"转移资源". 管理世界，2008(3).

[10]逯东，孙岩，周玮，杨丹. 地方政府政绩诉求、政府控制权与公司价值研究. 经济研究，2014(1).

[11]潘红波，余明桂. 大股东两权分离：代理效应抑或风险分散化效应？经济管理，2014(11).

[12]邵帅，吕长江. 实际控制人直接持股可以提升公司价值吗？——来自中国民营上市公司的证据. 管理世界，2015(5).

[13]王明琳，周生春. 控制性家族类型、双重三层委托代理问题与企业价值. 管理世界，2006(8).

[14]严若森，叶云龙. 家族所有权、家族管理涉入与企业 R&D 投入水平——基于社会情感财富的分析视角. 经济管理，2014(12).

[15]Andres，Christian. Large shareholders and firm performance—An empirical examination of founding-family ownership［J］. *Journal of Corporate Finance*，2008，14（4）.

[16]Arregle，Jean-Luc，Michael A Hitt，David G Sirmon，Philippe Very. The development of organizational social capital：Attributes of family firms［J］. *Journal of Management Studies*，2007，44（1）.

[17]Block，Joern H，Peter Jaskiewicz，Danny Miller. Ownership versus management effects on performance in family and founder companies：a bayesian reconciliation［J］. *Journal of Family Business Strategy*，2011，2（4）.

[18]Chu，Wenyi. Family ownership and firm performance：Influence of family management，family control，and firm size［J］. *Asia Pacific Journal of Management*，2011，28（4）.

[19]Chua，Jess H，James J Chrisman，Lloyd P Steier，Sabine B Rau. Sources of heterogeneity in family firms：An introduction［J］. *Entrepreneurship Theory and Practice*，2012，36（6）.

[20]DeAngelo，Harry，Linda DeAngelo. Controlling stockholders and the disciplinary role of corporate payout policy：A study of the Times Mirror Company［J］. *Journal of Financial Economics*，2000，56（2）.

[21]Demsetz，Harold，Kenneth Lehn. The structure of corporate ownership：Causes and consequences［J］. *The Journal of Political Economy*，1985，93（6）.

[22]Faccio，Mara，Larry HP Lang. The ultimate ownership of western European corporations［J］. *Journal of Financial Economics*，2002，65（3）.

[23]Fan，Joseph PH，TJ Wong，Tianyu Zhang. Institutions and organizational structure：The case of state-owned corporate pyramids［J］. *Journal of Law，Economics，and Organization*，2013，29（6）.

[24]Gallucci，Carmen，Rosalia Santulli，Andrea Calabrò. Does family involvement foster or hinder firm performance? The missing role of family-based branding strategies［J］. *Journal of Family Business Strategy*，2015，6（3）.

[25]Gilson，Ronald J.，Jeffrey N. Gordon. Controlling controlling shareholders［J］. *University of Pennsylvania Law Review*，2003，152（2）.

［26］Habbershon, Timothy G., Mary L. Williams. A resource-based framework for assessing the strategic advantages of family firms ［J］. *Family business review*, 1999, 12 (1).

［27］Hamadi, Malika. Ownership concentration, family control and performance of firms ［J］. *European Management Review*, 2010, 7 (2).

［28］Jiang, Yi, Mike W Peng. Are family ownership and control in large firms good, bad, or irrelevant? ［J］. *Asia Pacific Journal of Management*, 2011, 28 (1).

［29］Laux, Volker, Brian Mittendorf. Board independence, executive pay, and the adoption of pet projects ［J］. *Contemporary Accounting Research*, 2011, 28 (5).

［30］Le Breton-Miller, I., D. Miller, R. H. Lester. Stewardship or agency? A social embeddedness reconciliation of conduct and performance in public family businesses ［J］. *Organization Science*, 2011, 22 (3).

［31］Lee, Jim. Family firm performance: Further evidence ［J］. *Family business review*, 2006, 19 (2).

［32］Lin, Chen, Yue Ma, Yuhai Xuan. Ownership structure and financial constraints: evidence from a structural estimation ［J］. *Journal of Financial Economics*, 2011, 102 (2).

［33］López de Silanes, Florencio, Rafael La Porta, Andrei Shleifer. Corporate ownership around the world ［J］. *Journal of finance*, 1999, 54 (2).

［34］Maury, Benjamin. Family ownership and firm performance: Empirical evidence from western european corporations ［J］. *Journal of Corporate Finance*, 2006, 12 (2).

［35］Miller, D., I. Le Breton-Miller, R. H. Lester. Family firm governance, strategic conformity, and performance: institutional vs. strategic perspectives ［J］. *Organization Science*, 2013, 24 (1).

［36］Miller, D., I. Le Breton-Miller, R. H. Lester, A. A. Cannella. Are family firms really superior performers? ［J］. *Journal of Corporate Finance*, 2007, 13 (5).

［37］Nordqvist, M., L. Melin. Entrepreneurial families and family firms ［J］. *Entrepreneurship and Regional Development*, 2010, 22 (3-4).

［38］Peng, Mike W., Yi Jiang. Institutions behind family ownership and control in large firms ［J］. *Journal of Management Studies*, 2010, 47 (2).

［39］Pukthuanthong, Kuntara, Thomas J Walker, Dolruedee Nuttanontra Thiengtham. Does family ownership create or destroy value? Evidence from Canada ［J］. *International Journal of Managerial Finance*, 2013, 9 (1).

［40］Swamy, Vighneswara. Corporate governance in family owned small firms ［J］. *Available at SSRN 2126756*, 2012.

［41］Villalonga, B., R. Amit. How do family ownership, control and management affect firm value? ［J］. *Journal of Financial Economics*, 2006, 80 (2).

［42］Zellweger, T. M., F. W. Kellermanns, J. J. Chrisman, J. H. Chua. Family control and family firm valuation by family CEOs: The importance of intentions for transgenerational control ［J］. *Organization Science*, 2012, 23 (3).

Family Excess Control: Value Inhibition or Value Promotion

—Empirical Evidence from the Chinese Family Listed Business

Ye Yunlong

(Economics and Management School of Wuhan University, Wuhan , 430072)

Abstract: Family excess control can be divided completely into the residual control in stockholders meeting, the management decisions in board of directors, and the management rights in managers from the perspective of cooperate governance structure, which eventually develops the family's excess control to the family business. Used the data of 4190 samples of family listed business during the period of 2004—2013, the study checks the presumption of value inhibition and promotion. According to the empirical research, family excess control shows the inhibiting effect which supports the presumption of value inhibition, while marketization process eliminates the inhibition effect significantly.

Key words: Family excess control; Value inhibition; Value promotion; Family business

专业主编：潘红波

城商行收入结构多元化能够提高其绩效吗*

● 陈一洪[1]　洪文培[2]

(1，2　福建泉州银行　泉州　362000)

【摘　要】多元化经营正在成为城商行应对利率市场化的重要手段，在相关文献综述及研究假设的基础上，本文以 45 家城商行 2009—2015 年的数据为样本，运用动态面板 GMM 估计考察了城商行实现收入结构多元化对其风险及收益的影响。研究发现，收入结构多元化一定程度上降低了城商行盈利增长的波动性，具有显著的利润平滑效应，但受多元化经营广度与深度的限制，传统的以支付结算等为主的低附加值中间业务收入与城商行存贷利差收入高度正相关，导致多元化经营的效益弱化，城商行经风险调整后的收益率与收入结构多元化显著负相关。该研究结论有利于更好地认识多元化经营与城商行绩效关系，城商行应避免盲目扩张非息业务，应结合自身特点，立足资源禀赋选择适合自身的多元化经营模式。

【关键词】收入多元化　城商行　绩效　动态面板估计

1. 引言

长期以来，国内城商行较为单一的盈利模式、偏弱的利率定价及风险管理水平使其利率市场化背景下的可持续发展前景备受质疑。传统观点认为，国内商业银行收入来源仍然依赖于传统净利息收入，利率市场化造成的利差收窄直接影响其盈利增长可持续性，尤其是净利息收入占比仍然高达 80% 以上的城商行所受到的负面影响将更大。尽管目前中国金融业依然实行分业经营、分业监管，但是国内各银行或是通过与信托、证券、保险等非银金融机构合作来拓展传统存贷利差之外的盈利渠道，或是在风险可控的前提下，稳步有序开展综合化经营，通过收购、自立等方式设立非银行金融机构，与商业银行牌照联动，实现多元化经营。城商行也不例外，多元化经营成为许多城商行实现稳收入、调结构和控风险三大战略目标的重要路径。近年来依托不断拓宽的同业合作渠道及在金融市场领域的积极作为，城商行盈利来源得到有效拓展、收入结构逐步优化；同时，积极争取非银金融牌照，增强多元化经营能力。包括北京银行、宁波银行等在内的多家城商行获准设立了基

---

* 通讯作者：陈一洪，E-mail：177951039@qq.com.

金管理公司、金融租赁公司、消费金融公司等非银子公司。

相比于传统存贷业务对利率变动及宏观经济周期的高度依赖，多元化收入结构是否真的能够有效平滑存贷利差收窄对城商行盈利增长波动的影响？与此同时，这种盈利增长波动的平滑效应能否帮助城商行提升其盈利水平？这两个问题是我们深刻认识收入结构多元化对城商行影响的基础性问题。遗憾的是，受信息披露规范性以及城商行群体相对弱势地位的影响，目前国内对收入结构多元化带来的影响研究一定程度上忽略了城商行，本文拟以45家2015年末资产规模超过1000亿元的城商行2009—2015年的面板数据为分析样本，试图对上述问题作出解答。

2. 文献综述与研究假设

由于金融市场发展环境不同，国内外商业银行多元化经营的情况也有所差别。欧美等西方先行国家商业银行多元化经营相对成熟，尤其是美国商业银行在废除格拉斯斯蒂格尔法案后较大程度涉及非银行金融服务；国内受利率市场化改革相对滞后影响，商业银行在受保护的利差环境下长期依靠净利息收入实现盈利的较快增长，直到近几年，伴随利率市场化改革、金融脱媒以及监管政策法规的逐步放松，多元化经营开始受到各大银行的明显重视。因此，关于多元化经营对商业银行绩效影响研究最初的理论基础更多来源于欧美等国，国内学者则基于中国商业银行的实际情况丰富了该领域研究。

2.1 收入多元化与盈利稳定性关系研究

关于收入结构多元化能否有效降低商业银行盈利增长的波动性，学界存在一定的争议。传统观点认为，多元化经营带来的收入多元化使商业银行降低对市场利率波动及宏观经济周期的依赖性，因而有助于降低银行盈利增长的波动性[1][2][3][4]。然而，后期随着研究样本的拓展以及研究手段的不断丰富及改进，支持收入结构加大商业银行盈利增长波动的观点逐渐占据上风，这也在一定程度上改变了学界及业界对于商业银行多元化经营的态度。典型的理论及实证研究同样来自国外，De Young 等（2001）基于服务转换成本的客户忠诚角度研究商业银行多元化业务拓展效应，发现相比传统存贷业务，客户转换非息业务服务机构的成本更低，这在一定程度上降低了客户服务黏度，导致非息业务收入的稳定性低于利息收入，因此，收入结构多元化反而会增大盈利增长的波动性。Baele 等（2007）基于欧洲银行业的研究发现，多元化收入结构与商业银行的 β 值正相关，多元化程度更高的

① Eisemann, P. C.. Diversification and the congeneric bank holding company [J]. *Journal of Bank Research*, 1976, 7(1): 68-77.

② Rose, Peter S. Diversification of the banking firm [J]. *The Financial Review*, 1989, 24(2): 251-280.

③ Templeton W. K. and J. T. Severiens. The effect of non-bank diversification on bank holding company risk [J]. *Quarterly Journal of Business and Economics*, 1992, 31(4): 3-17.

④ Vincenzo, Chiorazzo, Carlo Milani, and Francesca Salvini. Income diversification and bank performance: Evidence from italian banks [J]. *Journal of Financial Service and Research*, 2008(33): 181-203.

银行，其经营风险也越大。Lepetit等（2008）的研究同样发现非息业务占比更高的欧洲商业银行经营的波动性及其破产风险更高。2008年金融危机暴露出的银行业问题使学者们开始反思银行多元化经营。例如，Markus等（2012）的研究就发现，那些非息业务收入占比越高的商业银行所显示出的系统性风险越大，收入结构的多元化并未起到分散银行经营风险的作用。De Young和Torna（2013）的研究同样发现，传统存贷业务以外的非息业务在金融危机期间对商业银行的破产风险产生了重要影响。

国内的相关研究开展较晚，一方面，国内银行真正市场化经营始于20世纪90年代后期，另一方面，受信息披露制度发展滞后影响，商业银行相关数据披露的完整性及准确性不足，这使实证研究存在较大障碍。随着商业银行市场化改革的推进，多元化经营逐渐成为国内商业银行业务拓展的重点方向。张羽、李黎（2010）基于国内商业银行1986—2008年的面板数据进行实证分析，指出非利息收入相比净利息收入的波动性更高，因此，收入结构多元化降低了国内商业银行经营稳定性。而郭娜、祁怀锦（2012）集中研究国内上市银行，以11家上市银行2004—2010年的数据为样本，考察多元化收入结构对其经济增加值的影响，研究认为，国内商业银行非息收入在总体收入中的比重仍然比较低，且与利息净收入高度正相关，因而收入结构多元化效应有限。

当前，传统存贷利差的收窄使国内银行业更加重视多元化经营，通过拓展中间业务来降低对存贷差收入的依赖性。2015年，股份制银行非息业务收入占营业收入的比重超过30%，较2014年增加4.09个百分点。虽然，城商行非息收入占比平均不足20%，但是，其作为重要收入来源渠道广受关注，宁波银行、天津银行、重庆银行等多家城商行2015年的非息业务收入增速均超过50%，增势迅猛。那么，收入结构多元化如何影响城商行的风险水平呢？相比国有及股份制银行，城商行对净息收入的依赖程度仍然高达80%以上，存贷利差收窄导致城商行净息收入增速大幅下滑，包括宁波银行、天津银行、重庆银行在内的多家主要城商行的净利息收入增幅降至20%以下。而多元化经营带来的非息收入的快速增长则在一定程度上弥补了净息收入增速下滑带来的盈利缺口，有助于稳定总体收入及盈利水平。与此同时，非息收入占比越高，其对营业收入增长的贡献越大，对收入增长波动的分散效应就越大。以宁波银行为例，虽然净息收入增幅仅为17%，但非息收入占营业收入的比重达到19.98%，并且2015年增速高达94.76%，因此，宁波银行2015年的营业收入增幅仍然达到27%，高出净利息收入增幅10个百分点。据此，本文提出第一个研究假设，即，城商行收入结构多元化有助于增强其总体收入及盈利水平的稳定性，从而降低经营风险。

2.2 收入多元化与盈利能力关系研究

从资产组合角度看，具有负相关关系或较小正相关的不同来源收入通过组合能在一定程度上降低单一收入所带来的波动风险，提高盈利的持续和稳定性，这是商业银行收入结构多元化的重要理论基础，尤其在利率市场化后由于净利息收益率下滑并维持在一个较低水平，拓展非息收入无疑成为银行保持利润可持续增长的重要手段。Canals（1993）的研究就表明从事中间业务对于改善商业银行的经营绩效具有显著促进作用。Vincenzo Chiorazzo（2008）对意大利银行业的研究发现，多元化经营在增加中间业务种类数的同时，明显提升了经风险调整的收益，尤其对中小银行的影响更为显著。国内方面，于研等人（2010）通过随机前沿分析法对 12 家大型国有银行及全国性股份制银行的技术效率进行实证分析，结果表明多元化的收入结构能够显著提升银行的技术效率。叶文琴（2010）认为国内银行业拓展不依赖于传统授信业务的中间业务能够获取多元化收益，从而提升资产收益率水平。

那么，对城商行而言，收入结构的多元化是否能够有效提高其收益率水平？这是本文研究的第二个重点。相比国外成熟商业银行以及国内大型银行大力发展的高附加值中间业务，城商行对传统信贷业务的高度依赖使其多元化经营一定程度上仍然围绕传统业务展开，尤其是由此衍生的财务顾问费在其非息收入中占较大比重。除此之外，传统支付结算、银行卡手续费收入占绝对比重，而高附加值的投行业务、交易佣金、托管业务收入等占比较低，许多城商行甚至尚未涉足以上领域，这也是城商行多元化经营区别于大型银行的最重要特征。同时也导致城商行非息业务收入虽然取得较快增长、占比提升，但非息业务对盈利能力的提升却存在较大不确定性。近年来城商行盈利能力呈现出比大型国有银行及股份制银行更为明显的下降趋势。事实上，有大量研究表明收入多元化反而会降低商业银行的盈利能力[1][2][3]。据此，本文提出第二个研究假设，即，收入结构多元化与城商行盈利能力之间的关系存在较大不确定性。

根据已有理论及实证研究我们发现，诸多文献研究关注大型银行，对城商行的研究更多的仅限于上市城商行，针对城商行群体的集中性研究较少，而已有对城商行的研究从中小银行出发，研究对象模糊，难以明确界定其是股份制银行、城商行还是农商行，且受城商行信息披露尚未完全规范影响，以理论研究为主，缺乏系统性的实证研究。此外，对收入结构多元化影响的实证研究片面地关注破产风险、资产收益率，研究视角相对狭窄，不能客观、全面地反映城商行收入结构多元化带来的影响。这些研究不足也为本文的研究提供了空间，本文将城商行作为对象进行有针对性的研究，以手工搜集到的国内 45 家城商行 2009—2015 年的平衡面板数据作为研究样本，样本数量较大，时间区间覆盖利率市场化加快推进的 2012—2015 年，为研究提供了较佳的时间窗口。

3. 数据与变量说明

3.1 研究样本及变量定义

考虑到数据的可得性及完整性，本文最终选取 45 家信息披露质量较高的城商行为研究样本，包括北京银行、江苏银行、上海银行、南京银行、宁波银行、盛京银行、徽商银

① 王菁. 中国银行业收入结构转型效果的实证剖析[J]. 金融理论与实践，2009(7)：33-38.
② 吴立广，阮超. 非息收入对银行业绩影响的实证研究——基于中国银行业 2000—2010 年面板数据分析[J]. 产经评论，2013(6)：118-127.
③ 王曼舒，刘晓芳. 商业银行收入结构对盈利能力的影响研究——基于中国 14 家上市银行面板数据的分析[J]. 南开管理评论，2013(2)：143-149.

行、重庆银行、哈尔滨银行和杭州银行等；样本期为 2009—2015 年。研究中涉及银行微观层面的数据来源于各家城商行披露的年度报告。研究选取的变量说明见表 1。

表 1
变量及其说明

变量类型	变量名称	变量标志	变量说明
被解释变量	拨备前利润增长率标准差	$\sigma(PRF)$	三年拨备前利润增长率标准差
	营业收入增长率标准差	$\sigma(INCOM)$	三年营业收入增长率的标准差
	经风险调整的资产收益率	RA_ROA	三年平均资产收益率/资产收益率的标准差
	经风险调整的资本收准率	RA_ROE	三年平均资本收益率/资本收益率的标准差
解释变量	收入多元化指标	PNII	非息收入/营业收入
控制变量	成本收入比	COS	业务及管理费/营业收入
	不良贷款率	NPLR	不良贷款余额/贷款总额
	资产规模	LNASSET	总资产自然对数
	贷款资产比	LA	贷款余额/资产总额
	权益比率	EA	所有者权益/总资产

3.2 基础统计分析

表 2 显示了 45 家大型城商行 2009—2015 年营业收入规模及构成情况。从表 2 可以看到，净利息收入在样本城商行营业收入中的占比一直处于绝对优势，而非息收入占比则经历曲折上升的过程，2009—2012 年处于盘整阶段，2013 年开始加速上升，由 2013 年的11.99%上升至 2015 年的 17.76%，增加了 5.77 个百分点。

表 2
45 家样本城商行营业收入结构变化趋势表　　　　　（单位：亿元）

项目 ＼ 年份	2009	2010	2011	2012	2013	2014	2015
营业收入	978.24	1372.42	1905.63	2413.92	2832.79	3492.69	4120.00
净利息收入	874.91	1222.95	1687.82	2112.98	2493.05	2969.84	3388.23
①占营收比重	89.44%	89.11%	88.57%	87.53%	88.01%	85.03%	82.24%
非利息收入	103.33	149.47	217.81	300.94	339.74	522.85	731.77
②占营收比重	10.56%	10.89%	11.43%	12.47%	11.99%	14.97%	17.76%

4. 收入多元化对城商行风险的影响

4.1　统计分析

本部分立足城商行营业收入不同组成部分的波动性来考察收入结构多元化对城商行风险的影响。如表3所示，单从收入增长率的波动性来看，无论是非息收入还是手续费及佣金净收入六年增长率标准差均高于净息收入增长率标准差。但是，考虑到不同收入增长率均值差异较大，因此，从变异系数来考量收入的波动性更加准确。结果显示，非息收入以及占主要部分的手续费及佣金净收入的变异系数均低于同期净息收入的变异系数，表明净息收入相对非息收入来说波动性更大、风险也更高，通过多元化收入结构、提高非息收入占比能够有效降低营业收入增长的波动性。如表3所示，样本城商行营业收入增长率的标准差及变异系数分别为10.05%及39.10%，均低于净息收入。

表3　　**45家样本城商行营业收入各组成部分增长率及波动情况（2010—2015年）**

年份　　　项目	净利息收入增长率	手续费及佣金净收入增长率	非利息收入增长率	营业收入增长率
2010	39.78%	54.21%	44.65%	40.29%
2011	38.01%	70.24%	45.72%	38.85%
2012	25.19%	31.01%	38.17%	26.67%
2013	17.99%	45.17%	12.89%	17.35%
2014	19.12%	33.37%	53.90%	23.30%
2015	14.09%	36.09%	39.96%	17.96%
平均值	25.70%	45.02%	39.21%	27.40%
标准差	10.84%	13.33%	14.01%	10.05%
变异系数	42.18%	29.60%	35.73%	39.10%

4.2　实证研究

以上我们通过统计分析的形式直观地观察样本城商行营业收入各组成部分的波动情况，下面本文将通过建立模型及实证检验进一步进行严格论证。具体模型如下：

$$\sigma(\mathrm{PRF})_{it} = \alpha_{it} + \beta_1 \mathrm{PNII}_{it} + \beta_2 \mathrm{LNASSET} + \beta_3 \mathrm{EA}_{it}$$
$$+ \beta_4 \mathrm{LA}_{it} + \beta_4 \mathrm{COS}_{it} + \beta_4 \mathrm{NPLR}_{it} + \varepsilon_{it} \tag{1}$$

$$\sigma(\mathrm{INCOM})_{it} = \alpha_{it} + \beta_1 \mathrm{PNII}_{it} + \beta_2 \mathrm{LNASSET} + \beta_3 \mathrm{EA}_{it}$$
$$+ \beta_4 \mathrm{LA}_{it} + \beta_4 \mathrm{COS}_{it} + \beta_4 \mathrm{NPLR}_{it} + \varepsilon_{it} \tag{2}$$

其中，$\sigma(\mathrm{PRF})$、$\sigma(\mathrm{INCOM})$是拨备前利润增长率及营业收入增长率的标准差。参照

Markowitz 的资产组合理论，本文将收益增长率的标准差作为衡量城商行盈利波动性的指标，标准差越大，表明城商行的盈利波动程度越高、稳定性越差，从而经营风险也越大。在计算标准差时，本文借鉴 Rousseau 和 Wachtel(2002)的研究方法，采用滚动平均法，通过三年一移动平均，计算该区间内城商行盈利增长率的标准差，度量其盈利的波动性，相应的多元化经营衡量指标及其他变量指标取三年平均值来度量。PNII 是多元化经营衡量指标，这里采用非息收入占营业收入比重。此外，影响城商行经营风险的要素还包括规模、杠杆比率、资产负债结构、成本控制情况及资产质量等，据此，本文引入资产余额的对数(LNASSET)、权益比率(EA)、贷款资产比(LA)、成本收入比(COS)及不良贷款率(NPLR)五个指标作为控制变量加入模型。

由于收入结构多元化与城商行风险的关系可能是双向的，同时潜在遗漏变量也会使面板数据模型估计结果出现偏差。加之，商业银行风险的延续性，本期风险会显著受到上期风险的影响，为克服内生性问题及风险滞后效应的影响，本文借鉴 Arellano 和 Bond(1991)、Blundell 和 Bond(1998)的研究方法，采用系统 GMM 估计方法进行分析研究。为保证 GMM 估计的有效性，需要进行过度识别检验，同时，为保证扰动项不存在自相关，需对扰动项的差分序列进行自相关检验。表 4 给出了模型(1)和(2)的估计结果。

表 4　　　　　　　　　　样本城商行非息收入占比与盈利波动性关系

模型	(1)	(2)
	$\sigma(\text{PRF})$	$\sigma(\text{INCOM})$
$\sigma(\text{PRF})_{(t-1)}$	0.0189 (0.0265)	
$\sigma(\text{INCOM})_{(t-1)}$		-0.0589 (0.0477)
PNII	-4.9597** (2.1365)	-0.7932* (0.4635)
LNASSET	-0.0315*** (0.0013)	-0.0179*** (0.0042)
LA	3.4537* (1.7984)	0.9668*** (0.2433)
EA	0.5345 (3.9014)	2.1205** (0.8124)
COS	1.1731* (0.6935)	-0.3686 (0.4410)
NPLR	6.0301*** (0.7473)	0.7120** (0.3531)

模型	（1）	（2）
_cons	1. 2164 ***	0. 5380 **
	（0. 3045）	（0. 2217）
Sargan	26. 1444	28. 3263
P 值	0. 2407	0. 3097
AR（2）	1. 3178	0. 7933
P 值	0. 1879	0. 4376

注：①＊＊＊、＊＊和＊分别表示在1%、5%及10%水平上显著；②Sargan 检验均在 5%的显著性水平不能拒绝工具变量是有效的原假设，扰动项的序列相关检验表明扰动项的一阶差分不存在二阶自相关，因此，系统 GMM 的估计结果是可靠的。

表4 的结果显示，城商行非息收入占比增加，从而收入结构多元化的提升能够在一定程度上降低其盈利增长的波动性。具体来说，城商行非息收入占比每增长 1 个百分点分别会降低利润增长率标准差4.96 个百分点、营业收入增长率标准差 0.79 个百分点。除此之外，样本城商行规模(LNASSET)、贷款资产比率(LA)、不良贷款率(NPLR)与盈利增长波动性之间也存在显著的相关关系。贷款资产比率反映了城商行资产中信贷资产的占比，这个比率越高说明城商行信贷资产占比越大，则通过信贷投放所获取的净息收入相应也越多，净息收入在营业收入中的占比也会越大，这样会反过来降低非息收入的占比。因此，模型中贷款资产比与盈利增长率标益差之间呈现显著的正相关关系。不良贷款比率同样与盈利增长波动性正相关，城商行信贷资产质量越好、收息率越高，对盈利的侵蚀越小，盈利越稳定。而规模则与盈利增长波动呈负相关关系，不同规模的城商行在可支配的社会资源、声誉等方面存在差异，一般说来，城商行规模越大，越容易凭借规模及实力获取各方面资源支持，这对于其保持盈利水平，降低盈利增长的波动性具有重要意义。权益比率与盈利增长波动性的关系并不明确，具体来说，权益比率与拨备前利润增长波动负相关，但并不显著，相反，与营业收入增长波动呈显著正相关。权益比率越高，说明城商行的资本越充实，充实的资本降低了城商行的经营杠杆，反过来鼓励其涉足风险更大、收益更高的经营领域，也在一定程度上加大了其营收增长的波动性。

5. 收入多元化对盈利能力的影响

5.1 统计分析

如表5 所示，随着多元化经营的不断推进，样本城商行非息收入对营业收入增长的贡献度在逐年提升。除 2013 年出现非息收入增量的暂时性下降，非息收入对营业收入增长贡献度总体呈上升趋势，由 2010 年的 11.71%提升至 2015 年的 33.30%，增加了 21 个百分点。部分城商行年度非息收入对营业收入增长的贡献度已超过50%。持续增长的非息收入正在成为城商行盈利增长的重要"引擎"。

表5 样本城商行净息收入及非息收入对营收贡献度分解表(2010—2015年)

项目 年份	营业收入增长 绝对量	净息收入增长 绝对量	非息收入增长 绝对量	净息收入 贡献度	非息收入 贡献度
2010	394.18	348.04	46.14	88.29%	11.71%
2011	533.21	464.87	68.34	87.18%	12.82%
2012	508.29	425.16	83.13	83.65%	16.35%
2013	418.87	380.07	38.80	90.74%	9.26%
2014	659.90	476.79	183.11	72.25%	27.75%
2015	627.31	418.39	208.92	66.70%	33.30%

5.2 实证研究

关于商业银行收入结构多元化与盈利能力的关系研究目前多以ROA/ROE为被解释变量,对风险因素的考量较少,得出的结论也不一致。本文认为单纯的收益率指标没有考虑商业银行多元化经营过程中的风险承担,难以全面反映经营回报,得到的估计结果是有偏的。据此,本文借鉴Stiroh(2004)的研究方法,以经风险调整的资产收益率和股东权益收益率作为收益率度量指标,两个指标的具体计算方法如下:

$$\text{RA\_ROA}_{it} = \frac{\overline{\text{ROA}}}{\sigma(\text{ROA})}, \text{RA\_ROE}_{it} = \frac{\overline{\text{ROE}}}{\sigma(\text{ROE})}$$

RA_ROA与RA_ROE分别代表经风险调整的资产收益率及股东权益收益率;$\sigma(\text{ROA})$,$\sigma(\text{ROE})$为资产收益率及股东权益收益率的标准差,与前文相同,这里也采用三年一移动平均的方法来计算。通过构建经风险调整的收益率与非息收入占比(PNII)之间的动态面板数据模型来检验收入结构多元化经营对城商行盈利能力的影响。模型设定如下:

$$\begin{aligned}
\text{RA\_ROA}_{it} = {} & \alpha_{it} + \beta_1 \text{PNII}_{it} + \beta_2 \text{LNASSET} + \beta_3 \text{EA}_{it} \\
& + \beta_4 \text{LA}_{it} + \beta_4 \text{COS}_{it} + \beta_4 \text{NPLR}_{it} + \varepsilon_{it}
\end{aligned} \tag{3}$$

$$\begin{aligned}
\text{RA\_ROE}_{it} = {} & \alpha_{it} + \beta_1 \text{PNII}_{it} + \beta_2 \text{LNASSET} + \beta_3 \text{EA}_{it} \\
& + \beta_4 \text{LA}_{it} + \beta_4 \text{COS}_{it} + \beta_4 \text{NPLR}_{it} + \varepsilon_{it}
\end{aligned} \tag{4}$$

如表6所示,无论是以RA_ROA还是以RA_ROE作为因变量,城商行盈利能力与非息收入占比PNII之间均在10%的显著性水平上负相关。也就是说,城商行收入结构多元化对其经风险调整后的收益率产生显著的消极影响,非息收入占比越高,其经风险调整后的资产收益率及资本收益率则越低。控制变量中,只有成本收入比(COS)在两个方程回归估计中都显著，且与风险调整后的收益率负相关，即，成本收入比越低，成本费用控制水平越高，经风险调整后的收益率越高。

表6   样本城商行非息收入占比与经风险调整的收益率的关系

模　　型	（3）	（4）
	RA_ROA	RA_ROE
RA_ROA$_{(t-1)}$	−0.0439	
	（0.0665）	
RA_ROE$_{(t-1)}$		−0.1785*
		（0.0762）
PNII	−34.8669*	−20.5101*
	（19.5483）	（11.1655）
LNASSET	7.0233***	1.6178
	（1.2059）	（0.9633）
EA	69.4837	−62.1484**
	（61.1265）	（31.2408）
LA	−1.0430	−15.1212*
	（7.6211）	（8.6522）
COS	−24.6160*	−17.3693**
	（12.9562）	（7.1205）
NPLR	−54.8981	−60.8179*
	（69.6294）	（32.1082）
_cons	−25.9757**	8.3884
	（10.4560）	（6.5276）
Sargan	32.8212	30.5647
P值	0.3229	0.2667
AR(2)	−1.8425	−1.094
P值	0.2978	0.3307

注：*、**、***分别表示在10%，5%及1%水平上显著。

相比目前占比仍然高达80%以上的净息收入，城商行非利息收入规模偏小，因此，非息收入的快速增长虽然在一定程度上弥补了净息收入增速大幅下滑导致的利润缺口，但是，非息收入的整体规模仍然难以撼动营业收入的走势。此外，对上述样本城商行非息收入与净息收入的相关性分析结果显示，样本城商行非息收入与净息收入之间呈显著正相关，二者之间相关系数高达0.8159。城商行非息业务发展高度依赖传统融资业务，这使非息收入的增长在一定程度上受传统融资业务的制约，多元化收益效应大大减弱。

6. 结论及政策建议

本文基于当前国内利率市场化加速推进、城商行多元化经营加快发展的现实，在已有理论文献的基础上，利用45家城商行2009—2015年的平衡面板数据，通过实证检验，考察城商行收入结构多元化对其经营绩效的影响。结果表明，城商行收入结构多元化的提升显著降低了盈利增长的波动性，从而在一定程度上分散了其经营风险；但是，由于城商行非息收入占比仍然偏低，并以传统的支付结算及渠道类低附加值中间业务为主，加之与净利息收入之间的高度正相关关系，导致非息收入原有的多元化收益被弱化，收入结构多元化反而降低了城商行风险调整后的收益率。

据此，本文提出如下政策建议：第一，鼓励、支持具备条件的城商行通过综合化经营拓展非息收入。监管层要切实推进分类监管改革，支持更多符合条件的城商行审慎稳健地推进综合化经营，为城商行涉足收益率更高的基金、保险、金融租赁等领域，提升非息业务收益率水平提供坚实的保障。第二，城商行应结合自身经营实际情况开展非息业务。多数中小型城商行应继续巩固自身专业化经营水平，不断提升产品创新、风险管理等软实力，充分利用传统业务开展过程中所积累的客户基础，拓展财富管理、现金管理等中间业务；"领头羊"之外的大中型城商行应积极主动申请金融市场业务资格准入以及非银金融牌照，为综合化经营打下坚实基础。第三，加强系统建设及高级人才培养，不断提升非息业务经营效率。高度重视中间业务信息系统及平台的建设、完善，为客户提供更加快速、便捷、优质的中间业务服务。除此之外，必须在人才培养及引进方面下工夫，通过培养、引进一批专业化、复合型人才队伍，实现业务发展由粗放式向内涵式、高效率方向转变，进一步支撑盈利水平提升。

◎ 参考文献

[1]郭娜，祁怀锦.上市银行盈利模式与银行价值创造的实证研究[J].中央财经大学学报，2012(7).

[2]叶文琴.中国银行业收入结构转型的影响因素研究[J].浙江工商大学学报，2010(3).

[3]于研，孙磊.我国商业银行收益结构转型对经营效率的影响[J].财经研究，2010(2).

[4]张羽，李黎.非利息收入有利于降低银行风险吗？——基于中国银行业的数据[J].南开经济研究，2010(4).

[5]Baele, J., Lievan, O., Vennet, R. V.. Does the stock market value bank diversification？[J]. *Journal of Banking and Finance*，2007(31).

[6]Canals, J. *Competitive strategies in European banking* [M]. Oxford：Oxford University Press，1993.

[7]De Young, R., Roland, K.. Product mix and earning volatility at commercial banks：

Evidence from a degree of leverage model[R]. Federal Reserve Bank of Chicago Research Department, Working Paper, 2001.

[8]Laetitia, Lepetit, Emmanuelle Nys, Philippe Rous, Amine Tarazi. Bank income structure and risk: An empirical analysis of european banks[J]. *Journal of Banking & Finance*, 2008 (32).

[9]Markus, K., Brunnermeier, Gang Dong, Darius Palia. Banks' non-interest income and systemic risk [C]. Paper present at 2012 American Finance Association Meetings, New Jersey: Princeton University, 2012.

[10] Robert DeYoung, GKOkhan Torna. Nontraditional banking activities and bank failures during the financial crisis[J]. *Journal of Financial Intermediation*, 2013(22).

[11]Vincenzo Chiorazzo, Carlo Milani, Francesca Salvini. Income diversification and bank performance: Evidence from Italian banks [J]. *Journal Financial Service Research*, 2008, 33(3).

Can Diversification Income Structure of Commercial Banks Increase Performance

Chen Yihong[1]   Hong Wenpei[2]

(1, 2   Bank of Quanzhou, Quanzhou, 362000)

Abstract: By using balanced panel data of 45 Chinese city commercial banks from 2009 to 2015, this paper investigates effects of the diversification income on bank risk and risk-adjusted performance by using statistic analysis and dynamic panel data model with GMM estimation. The results show that the proportion of non-interest income is benefit to reduce city commercial banks' profit and income fluctuation. But there is significantly reverse relationship between proportion of non-interest income and city commercial banks risk-adjusted return, due to the low proportion of non-interest income and high correlation of non-interest income and net-interest income. Therefore, it is suggested that city commercial banks should combine with actual situation to choose suitable pattern of diversified operation, at the same time, focus on strengthening newly developing and high value-added intermediary business to broaden source of intermediary business income and optimize income structure.

Key words: Diversification income; City Commercial Banks; Performance; GMM estimation

专业主编：潘红波

关联贷款与贷款质量*

——来自我国商业银行的经验证据

● 张　雯[1]　张　敏[2]

（1　北京信息科技大学经济管理学院　北京　100192；

2　中国人民大学商学院　北京　100872）

【摘　要】本文以我国 115 个商业银行为样本，研究了关联贷款对商业银行贷款质量的影响问题。研究结果显示，总体来看，商业银行贷款质量与关联贷款之间存在着显著负相关关系，说明大股东通过关联贷款方式所实施的掏空行为严重损害了商业银行的贷款质量。此外，本文还将样本按产权性质分组进行回归，研究发现国有商业银行中贷款质量与关联贷款之间的上述负相关关系显著存在，而非国有银行中，上述负相关关系并不存在。本文的研究结果可以帮助市场及利益相关者更有效地识别商业银行的贷款质量，便于进行正确的决策；同时从关联贷款角度拓宽了监管机构对商业银行贷款质量的监管渠道，可以为保持银行的安全性和流动性，预防金融危机，促进经济稳定发展提供支持。

【关键词】关联贷款　贷款质量　商业银行　掏空

1. 引言

　　股东从商业银行获得贷款（关联贷款）是全球范围内一个极为普遍的现象。我国正处于金融体制改革期，大部分企业面临着"融资难"的问题，而通过投资成为商业银行的股东，进而更便利地获得关联贷款已经成为众多企业解决"融资难"的新途径。但在我国法制不健全的环境下，关联贷款可能会给商业银行带来重大风险和损失。商业银行的大股东为了更便捷地获得关联贷款，会有意识地弱化商业银行的治理结构①②。大股东在弱化银行的治理机制后，能够更便捷地获得关联贷款，这些关联贷款无法收回或无法按时收回的

---

　　* 基金项目：教育部人文社会科学研究青年基金项目（15YJC790147）、北京市哲学社会科学规划项目（14JDJGB031）的阶段性成果。

　　通讯作者：张雯，E-mail：zhangwenzip@163.com.

　　① 张敏，刘颖，张雯. 关联贷款与商业银行的薪酬契约［J］. 金融研究，2012，5：108-122.

　　② 张雯，谢露，张敏. 关联贷款与商业银行的审计师选择［J］. 审计研究，2013，1：87-94.

可能性比较大，这将对银行整体的贷款质量产生非常严重和直接的影响。现有文献主要从银行绩效及经营风险的角度研究关联贷款的经济后果（La Porta et al.，2003；Peek and Rosengren，2005；Maurer and Haber，2007；余保福，2008；朱红军等，2010），而对关联贷款和商业银行的贷款质量之间的关系却较少有文献涉及。相对于银行绩效和经营风险来说，贷款质量视角能更直接地反映关联贷款对商业银行的影响。因此，本文的研究将弥补现有文献的不足。

本文以我国商业银行的数据为样本，从关联贷款角度研究了大股东掏空行为对商业银行贷款质量的影响问题。研究结果显示，总体来看，商业银行贷款质量与关联贷款之间存在着显著负相关关系，说明大股东通过关联贷款方式所实施的掏空行为严重损害了商业银行的贷款质量。为了进一步研究产权性质对上述问题的影响，本文还将样本分组进行回归分析，研究结果表明，国有商业银行中贷款质量与关联贷款之间的上述负相关关系显著存在，而非国有银行中，上述负相关关系则不显著。

本文的理论意义主要体现在如下两个方面：一方面，虽然关联贷款是商业银行的主要资产，但银行业的特殊性使得学术界对商业银行贷款质量这一备受关注的问题的研究仍不够深入，因此，本文的研究丰富了商业银行贷款质量的影响因素领域的文献；另一方面，本文的研究结果表明，关联贷款对商业银行的贷款质量存在负向影响，从关联贷款角度拓展了大股东掏空对商业银行贷款质量的影响问题，丰富了关联贷款的经济后果方面的文献。本文的现实意义主要体现为如下几个方面：本文的研究结果可以帮助市场及利益相关者更有效地识别商业银行的贷款质量，便于其进行正确的决策；同时本文从关联贷款角度拓宽了监管机构对商业银行贷款质量的监管渠道，可以为保持银行的安全性和流动性，预防金融危机，促进经济稳定发展提供支持。

本文后面的内容安排如下：第二部分是理论分析与研究假设；第三部分是研究设计，包括研究模型、样本的选取和描述统计；第四部分是实证结果；第五部分是进一步分析；最后是研究结论。

2. 理论分析与研究假设

2.1 理论分析

虽然关联贷款能够通过降低信息不对称的程度来提升银行的信贷效率，从而控制贷款风险，但是现有文献普遍认为关联贷款的大量发放是股权结构的过度集中造成的，而关联贷款则成为银行的控股股东和管理者掠夺或掏空银行（Johnson et al.，2000），损害储户和中小股东利益的工具。银行具有"高债权、低股权"的结构特征以及资产不透明的特性，这就使得大股东偏好于进行风险投资，为此就会通过掠夺和隧道效应（Johnson et al.，2000）从中小股东和储户的手中转移金融资源。另外，在存款保险制度下，银行大股东考虑到政府将承担损失，会让银行承担过度的风险而获取贷款。通常情况下，银行会向关联方提供更优厚的贷款条件，但关联贷款的坏账率却高于正常贷款，特别是当经济衰退下滑时，银行的关联贷款几乎翻倍，使得大量的关联贷款成为不良资产，严重损害银行的稳健性，甚至引发金融危机。Lemieux（1999）也认为过度关联贷款等内部滥用导致的不良资产是造成东南亚金融危机的原因之一。

但是，目前尚无学者直接研究关联贷款对商业银行贷款质量的影响。而在商业银行的贷款质量方面，现有文献主要从两个视角进行研究，第一方面的侧重于研究贷款质量的影响因素，认为商业银行产生不良贷款的原因在于企业的过度负债（吴晓灵，1995）、政府对国企财务责任的转嫁（樊纲，1999）、银行本身由于经营规模导致的不经济（黄铁军，1996）、政府干预过多、经营自主权的缺乏（罗鸿，1998）等诸多方面。第二方面的文献主要研究贷款质量的经济后果，普遍发现不良贷款会增加金融风险。陈学彬（1999）认为银行不良贷款的增加会导致银行面临更多的金融风险进而导致通货膨胀的发生；林瑞恩（1997）研究发现，当商业银行存在更多的不良贷款时，金融市场的运作成本和风险程度都会相应增加。

由于贷款质量会直接影响银行的盈余质量，所以我们进一步分析了商业银行盈余质量方面的文献。由于行业特殊性，学术界在研究盈余质量时通常将银行业排除在外，相对于上市公司的盈余质量，关于商业银行盈余质量的文献较为缺乏。现有文献大部分参照上市公司盈余质量的研究方法，从盈余管理角度对商业银行的盈余质量进行检验，研究视角包括商业银行是否存在盈余管理、进行盈余管理的动机和途径等。其中，胡欢欢和吕国柄（2010）采用盈余分布法对我国的商业银行进行了实证检验，发现我国商业银行确实存在盈余管理，而且相比于非上市银行，上市商业银行的盈余管理行为更加严重。关于商业银行进行盈余管理的动机，现有文献形成了比较一致的结论。商业银行主要是按照信号理论，以向外部人传递安全和稳定发展的信号（避免业绩下降或报告亏损）、达到行业监管规定（如不良贷款率、资本充足率等）、降低税收成本、保证股票价格和竞争力等为目的，进行盈余管理（Kanagaretnam et al.，2011）。仅有少量文献研究了影响商业银行盈余质量的因素，分别从银行监管、国际制度及审计师声誉的角度研究了商业银行盈余质量的影响因素。Fonseca 和 González（2010）以 40 个国家 3221 个银行为研究样本，以贷款损失准备为切入点，发现银行外部监管环境以及投资者保护能够抑制商业银行盈余管理的动机。Kanagaretnam 等（2009）以 29 个国家的银行为样本数据，研究发现独立审计中审计师的声誉和行业专长都能限制银行的盈余管理行为。

从上述文献可以看出，现有关于关联贷款的研究主要集中在关联贷款对银行绩效的影响方面，而鲜有文献直接研究关联贷款对贷款质量的影响。因此本文的研究将弥补现有文献的不足。

2.2 研究假设

我国金融市场尚处于发展阶段，企业主要还是通过银行进行融资，普遍存在着"融资难"的问题。在此背景下，通过投资而成为商业银行的股东，从而更便利地获得关联贷款则成为许多企业的选择。在这种情况下，大股东很可能滥用其控制权，获得非市场条件的关联贷款，掏空银行资金，使银行承担过度的风险，甚至沦为大股东的"提款机"。无论是从全球还是我国范围的实践发展来看，这一现象都普遍存在。例如，2011 年兰州银行前十大股东和其他股东关联交易总额为 13.09 亿元，占贷款余额的 3.36%，其中还包括

900万元的次级贷款。显而易见，关联贷款已成为银行的大股东掏空银行，掠夺中小股东及广大储户的重要手段。

已有大量研究结果表明，关联贷款是商业银行关联交易的主要形式，且极容易被异化为大股东掏空银行的工具。我们认为，大股东有动机也有能力不偿还关联贷款，从而导致银行贷款质量下降。

一方面，当大股东从商业银行获得关联贷款后，大股东有动机不偿还或缓期偿还关联贷款。我国企业普遍面临的"融资难"问题促使企业投资银行，建立关联关系，并借此获得关联贷款。换言之，获得关联贷款是大股东投资银行的最主要动机之一。既然如此，大股东在获得关联贷款后，有强烈的动机长期使用这些贷款。例如，海南发展银行于1995年5月开业，在刚开业的数月内，只有16.77亿元人民币股本的海南发展银行就已经发放贷款10.6亿元，而向股东发放的关联贷款就有9.2亿元，占86.71%，而这些贷款绝大多数未收回，这是导致该银行倒闭的直接原因。

另一方面，大股东也有能力不偿还或缓期偿还关联贷款。从银行内部来看，商业银行"一股独大"现象非常普遍，大股东对银行拥有绝对的控制权，股东大会、董事会及管理层往往被大股东所控制。当大股东存在不偿还的动机时，可以凭借其对管理层的有效控制，实现不偿还的目的，进而降低贷款质量。从银行外部来看，我国的制度环境还很薄弱，法制不健全问题极为突出，股东与广大储户的利益难以得到很好的保护。在此背景下，大股东侵占中小股东及储户利益的行为更容易发生。

由上述分析可知，大股东既有动机，也有能力不偿还或缓期偿还关联贷款。很显然，这会导致商业银行的贷款损失增加，贷款质量大幅度下降。据此，我们提出如下假设：

假设1：商业银行发放关联贷款的规模越大，商业银行的贷款质量越低。

此外，现有文献发现，在我国目前环境下，特殊的产权结构与产权特征决定了国有商业银行中存在着复杂的委托代理关系，加剧了国有银行的代理问题（Shaprio and Willig，1990）。因此，相对于非国有银行，国有商业银行的代理成本更高，这会导致国有商业银行中更缺乏监管大股东通过关联贷款掏空中小股东和储户的有效治理机制。因此，相比于非国有银行，国有银行更不容易制约大股东出于私利而产生的关联贷款。

据此，我们提出如下假设：

假设2：相对于非国有商业银行，国有商业银行的关联贷款对银行贷款质量的负面影响更大。

3. 研究设计

3.1 模型与变量

下面我们设计回归模型来验证上述研究假设。

根据假设1，我们运行如下回归模型：

$$LLP = \alpha_0 + \alpha_1 Rloan + \alpha_2 Size + \alpha_3 Growth + \alpha_4 EBTP + \alpha_5 Grdtfund$$
$$+ \alpha_6 Sharecontrol + < Year\ Controls > + \omega \tag{1}$$

在上述回归模型中，被解释变量 LLP 为商业银行贷款的质量，为了使得我们的回归结果更加稳健，我们分别用如下几个变量来衡量贷款质量：其中 LLP1 等于银行当年计提的坏账损失占总贷款的比例；LLP2 等于计提的坏账损失占总资产的比例；LLP3 等于银行当年计提的贷款损失准备占贷款净值的比例；LLP4 等于银行当年计提的贷款损失准备占总贷款的比例；LLP5 等于银行当年计提的贷款损失准备占总资产的比例。LLP 越大，贷款质量越差。解释变量 Rloan 表示商业银行发放的关联贷款规模等于商业银行期末关联贷款余额占贷款净额的比例。根据假设，关联贷款对商业银行的贷款质量存在着负向影响。即商业银行发放的关联贷款规模越大（关联贷款比例越高），商业银行的贷款质量越差（LLP 值越高），预计 Rloan 的回归系数会显著为正。

借鉴现有文献的做法，我们在模型中还控制了其他一些影响因素。Size 表示银行规模，它等于期末总资产的自然对数；Growth 表示企业成长性，等于期末总资产与期初总资产的差额除以期初总资产的比例；EBTP 表示盈利能力，它等于息税及贷款损失准备前利润占期初总资产的比例；Crdtfund 表示信贷资源配置市场化程度，它等于银行所在地区金融机构贷款中非国有企业贷款所占比重（樊纲等，2010）；Sharecontrol 表示第一大股东的持股比例，它等于第一大股东的持股数与其他股东的持股数之比。

为了验证假设 2，我们将样本根据产权性质进行分组回归，仍然采用上述的模型（1）。

3.2 样本与描述统计

本文的研究样本选择的是在我国境内经营的所有商业银行，包括上市和非上市的银行。受限于数据的可获得性，我们选择 2005 年至 2009 年作为样本期间。样本的来源为两个渠道，其一为全球银行与金融机构分析库（Bankscope）；其二为各商业银行网站披露的年报。其中，商业银行公司治理方面的数据以及关联贷款的信息都来自各年度的会计报表，而商业银行的财务数据等信息则取自全球银行与金融机构分析库，市场化程度数据取自由樊纲等编著的（2010）《中国市场化指数：各地区市场化相对进程报告》。经过手工收集，总共有 288 份银行年报的数据，再结合全球银行与金融机构分析库和市场化指数的数据，剔除变量缺失的样本 179 个，最后得到 115 个银行的数据。

表1 报告了样本在年度、地区和类型上的分布情况。从年度分布来看，相对而言2005 年和 2006 年的样本量较小，这可能是数据收集过程中剔除了较多含缺失值的样本导致的。样本的地区分布较为集中，样本量最多的四个省份分别是北京、山东、浙江和广东。从类型分布来看，全国性银行与地方性银行的比重相对而言较为平均，分别为 50 和65 个，说明本文的样本对我国银行业总体具有较强的代表性，涵盖面较广。

表 1 样 本 分 布

Panel A 样本按年度分布

年份	2005	2006	2007	2008	2009	合计
样本量	4	13	27	32	39	115

Panel B 样本按地区分布

地区	样本量	地区	样本量
安徽	4	内蒙古	2
北京	31	宁夏	3
福建	1	山东	18
广东	11	上海	10
贵州	1	四川	1
黑龙江	1	天津	4
湖北	2	云南	2
江苏	3	浙江	14
辽宁	4	重庆	3
合计	115		

Panel C 样本按银行类型分布

类型	全国性银行	地方性银行	合计
样本量	50	65	115

表2报告了上述主要变量的描述统计结果。其中，衡量银行贷款质量（LLP）的第一个变量LLP1的均值为3.15%，最大值和最小值分别为23.57%和0.00%；第二个变量LLP2的均值为1.41%，最大值和最小值分别为11.67%和0.00%；第三个变量LLP3的均值为0.94%，最大值和最小值分别为3.30%和−0.26%；第四个变量LLP4的均值为0.92%，最大值和最小值分别为3.21%和−0.24%；第五个变量LLP5的均值为0.41%，最大值和最小值分别为1.78%和−0.10%。衡量关联贷款（Rloan）的均值为2.34%，最大值和最小值分别为25.05%和0.00%。从其他变量来看，银行规模（Size）的平均值为53.27%；企业成长性（Growth）的平均值为1.82%；盈利能力（EBTP）的平均值为1.82%；信贷资源配置指数（Crdtfund）的平均值为9.6324；第一大股东持股比例（Sharecontrol）的平均值为1.7292。从变量的标准差来看，变量都不存在明显的极端值。

表2   描 述 统 计

	均值	中位数	标准差	最大值	最小值
LLP1	0.0315	0.0212	0.0352	0.2357	0.0000
LLP2	0.0141	0.0090	0.0164	0.1167	0.0000
LLP3	0.0094	0.0087	0.0066	0.0330	−0.0026
LLP4	0.0092	0.0086	0.0065	0.0321	−0.0024

	均值	中位数	标准差	最大值	最小值
LLP5	0.0041	0.0034	0.0033	0.0178	−0.0010
Rloan	0.0234	0.0078	0.0459	0.2505	0.0000
Size	0.5327	0.5353	0.0663	0.7089	0.3383
Growth	0.3027	0.2491	0.1907	1.1180	−0.0584
EBTP	0.0182	0.0174	0.0069	0.0434	0.0043
Crdtfund	9.6324	10.0500	2.1852	13.1500	5.3800
Sharecontrol	1.7292	1.6416	0.9022	3.8453	0.0238

注：LLP1=银行当年计提的坏账损失/总贷款；LLP2=计提的坏账损失/总资产；LLP3=银行当年计提的贷款损失准备/贷款净值；LLP4=银行当年计提的贷款损失准备/总贷款；LLP5=银行当年计提的贷款损失准备/总资产。Rloan=商业银行期末关联贷款余额/贷款净额；Size=期末总资产的自然对数；Growth=(期末总资产−期初总资产)/期初总资产；EBTP=息税及贷款损失准备前利润/期初总资产；Crdtfund=银行所在地区金融机构贷款中非国有企业贷款所占比重；Sharecontrol=第一大股东的持股数/其他股东的持股数，下同。

表 3 报告了主要变量之间的相关系数，其中右上角为 Spearman 相关系数，左下角为 Pearson 相关系数。商业银行的贷款质量(LLP)与关联贷款(Rloan)的相关系数显著为正，这说明关联贷款规模越大，银行的贷款质量越差(LLP 越大)，该结果初步支持了假设。此外，银行规模(Size)与贷款质量(LLP)的相关系数显著为正，说明规模越大的银行其贷款质量越差；银行的成长性(Growth)与贷款质量(LLP)的相关系数显著为负，说明成长性

表 3　　　　　　　　　　　　　变量的 Pearson 与 Spearman 相关系数

	LLP1	LLP2	LLP3	LLP4	LLP5	Rloan	Size	Growth	EBTP	Crdtfund	Sharecontrol
LLP1	1	0.985***	0.294***	0.279***	0.371***	−0.108	−0.034	−0.411	−0.201**	−0.361***	−0.259***
LLP2	0.986***	1	0.23***	0.285***	0.402***	−0.047	0.075	−0.462***	−0.181*	−0.32***	−0.226**
LLP3	0.226**	0.251***	1	0.999***	0.969***	0.161*	0.148	−0.105	0.249***	−0.159*	0.029
LLP4	0.196**	0.219**	0.999***	1	0.967***	0.172*	0.157*	−0.1	0.241***	−0.148	0.039
LLP5	0.231***	0.274***	0.965***	0.965***	1	0.175*	0.255***	−0.199**	0.266***	−0.172*	−0.004
Rloan	0.209**	0.217**	0.151	0.158**	0.17*	1	0.342***	0.007	0.044	0.277***	0.217**
Size	−0.093	−0.022	0.237**	0.246***	0.343***	0.098	1	0.057	0.148	0.187*	0.171*
Growth	−0.266***	−0.279***	−0.096	−0.092	−0.229**	−0.063	0.039	1	−0.026	0.246***	0.103
EBTP	−0.099	−0.065	0.365***	0.359***	0.394***	−0.003	0.16*	−0.151	1	0.23**	0.072
Crdtfund	−0.242**	−0.217**	−0.1	−0.089	−0.065	0.0487	0.168*	0.161*	0.178*	1	0.26***
Sharecontrol	−0.13	−0.142	0.041	0.049	0.002	−0.123	0.09	0.149	0.074	0.308***	1

注：*表示10%水平上显著；**表示5%水平上显著；***表示1%水平上显著。

越好的银行其贷款质量越好；盈利能力（EBTP）与贷款质量（LLP）的相关系数显著为正，由于盈利能力指标是息税及贷款损失准备前利润的相关指标，因此其相关系数的说明性不明显；信贷资源配置指数（Crdtfund）与贷款质量（LLP）的相关系数显著为负，说明信贷资源配置市场化程度越好的地区，商业银行的贷款质量越好；第一大股东持股比例（Sharecontrol）与被解释变量的相关系数不显著。

4. 实证结果

为了使得实证结果更加稳健，本文分别采用了五种不同的计算方法来衡量被解释变量贷款质量（LLP）。

表4报告了模型（1）的回归结果。在第一列的回归结果中，被解释变量为LLP1，等于银行当年计提的坏账损失占总贷款的比例，表示LLP1值越大，贷款质量越差。从第一列的回归结果来看，关联贷款（Rloan）的回归系数显著为正，表明商业银行关联贷款的比例越高，银行的贷款质量越差，说明商业银行的关联贷款对银行的贷款质量产生负面影响，结果支持了假设1；第一列结果从控制变量的回归结果来看，银行成长性（Growth）的回归系数显著为负，说明成长性越好的银行其贷款质量越好；信贷资源配置指数（Crdtfund）的回归系数显著为负，说明在信贷资源配置市场化程度越好的地区，商业银行的贷款质量越好。第二列的回归结果中，被解释变量为LLP2，等于计提的坏账损失占总资产的比例，说明LLP2值越大，贷款质量越差。和第一列类似，关联贷款（Rloan）与贷款质量（LLP2）

表4　　　　　　　　　　贷款质量与关联贷款的回归结果（一）

	LLP1		LLP2		LLP3	
	估计系数	t 值	估计系数	t 值	估计系数	t 值
截距项	0.0918	2.97 ***	0.0315	2.18 **	−0.0009	−0.1800
Rloan	0.1337	1.89 *	0.0604	1.83 *	0.0216	1.73 *
Size	−0.0641	−1.1900	−0.0135	−0.54	0.0174	1.93 *
Growth	−0.0327	−1.75 *	−0.0151	−1.72 *	−0.0003	−0.0900
EBTP	0.2969	0.5600	0.1962	0.7900	0.3320	3.82 ***
Crdtfund	−0.0037	−2.22 **	−0.0016	−2.03 **	−0.0007	−2.35 **
Sharecontrol	−0.0017	−0.4300	−0.0012	−0.6800	0.0006	0.9600
调整 R^2	0.1827		0.1836		0.1624	
F 值	3.21 ***		3.23 ***		4.49 ***	
样本量	115		115		115	

注：* 表示10%水平上显著； * * 表示5%水平上显著； * * * 表示1%水平上显著。

显著正相关,进一步支持了假设 1;其他控制变量的结果与第一列类似,不再赘述。第三列的回归结果中,被解释变量为 LLP3,等于银行当年计提的贷款损失准备占贷款净值的比例,即 LLP3 值越大,表明贷款质量越差。和第一列类似,关联贷款(Rloan)与贷款质量(LLP3)显著正相关,说明商业银行的关联贷款对银行的贷款质量产生负面影响,结果进一步支持了假设 1;其他控制变量的结果与第一列类似,不再赘述。

表 5 报告了模型(1)的回归结果,LLP4,等于银行当年计提的贷款损失准备占总贷款的比例,即 LLP4 值越大,表明贷款质量越差。从第一列的回归结果来看,关联贷款(Rloan)的回归系数显著为正,表明商业银行关联贷款的比例越高,银行的贷款质量越差,说明商业银行的关联贷款对银行的贷款质量产生负面影响,结果支持了假设 1;其他控制变量的结果与表 4 类似,不再赘述。第二列的回归结果中,被解释变量为 LLP5,等于银行当年计提的贷款损失准备占总资产的比例,即 LLP5 值越大,表明贷款质量越差。和第一列类似,关联贷款(Rloan)与贷款质量(LLP5)显著正相关,也进一步支持了假设 1;其他控制变量的结果与表 4 类似,不再赘述。

表 5 贷款质量与关联贷款的回归结果(二)

	LLP4		LLP5	
	估计系数	t 值	估计系数	t 值
截距项	−0.0015	−0.2900	−0.0033	−1.4200
Rloan	0.0221	1.81*	0.0104	1.81*
Size	0.0176	2**	0.0135	3.25***
Growth	−0.0002	−0.0800	−0.0025	−1.74*
EBTP	0.3153	3.71***	0.1531	3.81***
Crdtfund	−0.0006	−2.25**	−0.0002	−1.83*
Sharecontrol	0.0007	1.0100	0.0001	0.4600
调整 R^2	0.1593		0.2415	
F 值	4.41***		6.73***	
样本量	115		115	

注:* 表示 10%水平上显著;* * 表示 5%水平上显著;* * * 表示 1%水平上显著。

5. 进一步分析

为了检验假设 2,本文对样本按照产权类型进行分组回归,回归模型仍旧采用前述模型(1)。为了让回归结果更加稳健,这里仍然采用前面的方法将贷款质量(LLP)按照五种不同的计算方法进行衡量。

表 6 报告了模型(1)分样本的回归结果。被解释变量为 LLP1,等于银行当年计提的坏

账损失占总贷款的比例，说明 LLP1 值越大，贷款质量越差。其中，第一列的样本为国有银行，第二列的样本为非国有银行。从第一列的回归结果来看，关联贷款（Rloan）的回归系数显著为正，表明国有商业银行中，其关联贷款的比例越高，银行的贷款质量越差；而第二列中关联贷款（Rloan）的回归系数虽然为正，但是结果均不显著。上述回归结果表明，相比于非国有银行，国有商业银行的关联贷款与银行贷款质量之间的负相关关系更显著，结论支持假设 2。

表 6   按银行产权分组后贷款质量与关联贷款的回归结果（一）

	国有银行		非国有银行	
	估计系数	t 值	估计系数	t 值
截距项	-0.0033	-1.4200	-0.0278	-1.0900
Rloan	0.0104	1.81*	0.0802	1.0600
Size	0.0135	3.25***	0.0615	1.5300
Growth	-0.0025	-1.74*	0.0312	1.3100
EBTP	0.1531	3.81***	1.8024	2.46**
Crdtfund	-0.0002	-1.83*	-0.0035	-1.7300
Sharecontrol	0.0001	0.4600	-0.0029	-0.8000
调整 R^2	0.2201		0.7063	
F 值	3.14***		6.29***	
样本量	87		28	

注：*表示 10%水平上显著；＊＊表示 5%水平上显著；＊＊＊表示 1%水平上显著。

表 7 报告了模型（1）分样本的回归结果，其中被解释变量为 LLP2，等于计提的坏账损失占总资产的比例，说明 LLP2 值越大，贷款质量越差。和前面类似，第一列的样本为国有银行，第二列的样本为非国有银行。第一列的回归结果显示，在国有银行的样本中关联贷款与贷款质量显著正相关，与表 6 中第一列的回归结果一致；第二列的回归结果显示，在非国有银行的样本中关联贷款与贷款质量的相关关系不显著，与表 6 中第二列的回归结果一致；因此，表 7 的回归结果支持假设 2。

表 8 报告了模型（1）分样本的回归结果，其中被解释变量为 LLP3，等于银行当年计提的贷款损失准备占贷款净值的比例，即 LLP3 值越大，表明贷款质量越差。和前面类似，第一列为国有银行样本，第二列为非国有银行样本。第一列的回归结果显示，在国有银行的样本中关联贷款与贷款质量显著正相关，与表 6 中国有银行的回归结果一致；第二列的回归结果显示，在非国有银行的样本中关联贷款与贷款质量的相关系数虽然为正，但是不显著，与表 6 中非国有银行的回归结果一致；因此，表 8 的回归结果支持假设 2。

表 7　　　　　　　　　按银行产权分组后贷款质量与关联贷款的回归结果(二)

	国有银行		非国有银行	
	估计系数	t 值	估计系数	t 值
截距项	0.0599	3.15***	−0.0226	−1.6700
Rloan	0.0941	2.37**	0.0395	0.9900
Size	−0.0538	−1.4700	0.0413	1.95*
Growth	−0.0205	−1.96*	0.0133	1.0600
EBTP	−0.0180	−0.0600	0.9167	2.37**
Crdtfund	−0.0021	−2.14**	−0.0015	−1.4100
Sharecontrol	0.0007	0.2800	−0.0012	−0.6100
调整 R^2	0.1976		0.711	
F 值	2.87***		6.41***	
样本量	87		28	

注：＊表示10%水平上显著；＊＊表示5%水平上显著；＊＊＊表示1%水平上显著。

表 8　　　　　　　　　按银行产权分组后贷款质量与关联贷款的回归结果(三)

	国有银行		非国有银行	
	估计系数	t 值	估计系数	t 值
截距项	0.0091	1.5500	−0.0166	−1.59
Rloan	0.0263	2.06**	0.0314	0.85
Size	−0.0016	−0.1400	0.0158	0.95
Growth	0.0028	0.8400	0.0038	0.38
EBTP	0.2399	2.63**	0.9269	3.01***
Crdtfund	−0.0009	−2.69***	0.0001	−0.03
Sharecontrol	0.0009	1.0800	−0.0010	−0.87
调整 R^2	0.1361		0.4984	
F 值	2.26**		3.68***	
样本量	87		28	

注：＊表示10%水平上显著；＊＊表示5%水平上显著；＊＊＊表示1%水平上显著。

　　表9报告了模型(1)分样本的回归结果，其中被解释变量为LLP4，等于银行当年计提的贷款损失准备占总贷款的比例，即LLP4值越大，表明贷款质量越差。表中第一列的样本为国有银行，第二列的样本为非国有银行。第一列的回归结果显示，在国有银行的样本中关联贷款与贷款质量显著正相关，与表6中第一列的回归结果一致；第二列的回归结果

显示，在非国有银行的样本中关联贷款与贷款质量的相关关系不显著，与表6中第二列的回归结果一致；因此，表9的回归结果支持假设2。

表9 按银行产权分组后贷款质量与关联贷款的回归结果（四）

	国有银行		非国有银行	
	估计系数	t 值	估计系数	t 值
截距项	0.0082	1.4100	−0.0165	−1.6000
Rloan	0.0267	2.12**	0.0304	0.8400
Size	−0.0003	−0.0300	0.0160	0.9800
Growth	0.0027	0.8100	0.0038	0.3900
EBTP	0.2251	2.5**	0.8896	2.94***
Crdtfund	−0.0008	−2.59**	0.0000	−0.0100
Sharecontrol	0.0009	1.1000	−0.0010	−0.8300
调整 R^2	0.1245		0.4906	
F 值	2.14**		3.6***	
样本量	87		28	

注：＊表示10%水平上显著；＊＊表示5%水平上显著；＊＊＊表示1%水平上显著。

表10报告了模型(1)分样本的回归结果，其中被解释变量为LLP5，等于银行当年计提的贷款损失准备占总资产的比例，即LLP5值越大，表明贷款质量越差。和前面类似，

表10 按银行产权分组后贷款质量与关联贷款的回归结果（五）

	国有银行		非国有银行	
	估计系数	t 值	估计系数	t 值
截距项	0.0015	0.5900	−0.0106	−1.97*
Rloan	0.0119	2.12**	0.0196	1.0400
Size	0.0047	0.9200	0.0135	1.5700
Growth	−0.0014	−0.9800	−0.0004	−0.0800
EBTP	0.1143	2.85***	0.4411	2.78**
Crdtfund	−0.0003	−2.48**	0.0000	0.0300
Sharecontrol	0.0002	0.5400	−0.0006	−1.0000
调整 R^2	0.1729		0.5202	
F 值	2.67***		3.93***	
样本量	87		28	

注：＊表示10%水平上显著；＊＊表示5%水平上显著；＊＊＊表示1%水平上显著。

第一列为国有银行样本，第二列为非国有银行样本。第一列的回归结果显示，在国有银行的样本中关联贷款与贷款质量显著正相关，与表6中国有银行的回归结果一致；第二列的回归结果显示，在非国有银行的样本中关联贷款与贷款质量的相关系数虽然为正，但是不显著，与表6中非国有银行的回归结果一致；因此，表10的回归结果支持假设2。

6. 研究结论

商业银行的关联贷款是理论和实务界热议的话题之一。融资难成为很多企业面临的问题，投资成为商业银行的股东则成为解决这一问题的新途径。由此，关联贷款也成为大股东损害中小股东和储户利益的重要手段。因此，大股东为了解决融资难，就有动机不偿还或展期关联贷款；在我国，一股独大的问题非常严重，大股东有能力左右管理层，所以，大股东也有能力不偿还或是展期关联贷款。那么作为银行贷款的子项目，关联贷款会对银行的贷款质量产生什么样的影响？不同产权性质的银行会对上述影响有什么不同的反应呢？本文运用我国2005年至2009年115个商业银行的样本数据，从关联贷款角度实证研究了大股东掏空行为对商业银行贷款质量的影响问题。研究结果显示，总体来看，商业银行贷款质量与关联贷款之间存在着显著负相关关系，说明大股东的掏空行为严重损害了商业银行的贷款质量。为了进一步研究产权性质对上述问题的影响，本文还将样本分组进行回归分析，研究结果表明，国有商业银行中贷款质量与关联贷款之间的上述负相关关系显著存在，而非国有银行中，贷款质量与关联贷款间的相关关系则不显著。

从理论上来说，本文的研究丰富了商业银行的贷款质量领域以及关联贷款方面的文献。从现实意义来看，本文的研究结果有助于市场及利益相关者更有效地识别商业银行的贷款质量，便于做出正确的决策；同时本文从关联贷款角度为监管机构对商业银行贷款质量进行更有效的监管，预防金融危机，促进经济稳定发展提供了进一步的支持。

◎ 参考文献

[1]陈学彬. 银行不良资产与金融风险和通货膨胀关系的博弈分析[J]. 经济研究，1999，43(7).

[2]樊纲. 论"国家综合负债"——兼论如何处理银行不良资产[J]. 经济研究，1999，43(5).

[3]樊纲，王小鲁，朱恒鹏. 中国市场化指数——各地区市场化相对进程[M]. 北京：经济科学出版社，2010.

[4]黄铁军. 中国国有银行运行机制研究[M]. 北京：中国金融出版社，1998.

[5]吴晓灵. 中国国有企业——银行债务重组问题[J]. 经济社会体制比较，1995，11(3).

[6]余保福. 商业银行关联贷款研究[J]. 经济法论坛，2007，5(1).

[7]朱红军，李路，曹胜，钱友文. 金融法治环境、股权制衡与银行关联贷款风险——来

自中国城市商业银行的经验证据[D]. 上海：上海财经大学，2010.

[8]Díaz，A. R. F.，González，F.. How bank capital buffers vary across countries：The influence of cost of deposits，market power and bank regulation［J］. *Journal of Banking & Finance*，2010，34(4).

[9] Johnson，S.，La，P. R.，Lopez，S. F.，Shleifer，A.. Tunneling［J］. *The American Economic Review*，2000，90(2).

[10] Kanagaretnam，K.，Lim，C. Y.，Lobo，G. J.. Effects of national culture on earnings quality of banks［J］. *Journal of International Business Studies*，2011，42(6).

[11] La P. R.，Lopez，S. F.，Zamarripa，G.. Related lending［J］. *Quarterly Joumal of Economics*，2003，118 (1).

[12] Lemieux，C. M.. conglomerates，Connected lending and prudential standards：Lessons learned［Z］. Chicago：Federal Reserve Bank of Chicago，1999.

[13] Maurer，N.，Haber，S.. Related lending and economic performance：Evidence from Mexico［J］. *The Journal of Economic History*，2007，67(3).

[14]Peek，J.，Rosengren，E. S.. Unnatural selection：Perverse incentives and the misallocation of credit in Japan［J］. *The American Economic Review*，2005，95(4).

[15]Shaprio，C.，Willig，R.. *Economics Rationals for the Scope of Privatization*［M］. London：Westview Press，1990.

Related Loans and the Quality of Loans
—Evidence from Commercial Banks of China

Zhang Wen[1]   Zhang Min[2]

（1. Economics and Management School of Beijing Information Science & Technology University，Beijing，100192；

2. Business School of Renmin University of China，Beijing，100872）

Abstract：Using 115 data of Chinese commercial banks，this paper studies what influence related loans will take to the loan quality of commercial bank. The results show that related loans had negative consequences on the loan quality of commercial banks. This demonstrates that the tunneling motivation of big shareholders compromises the quality of loans. At last，we further studied the property rights，and we found out that the negative relationship we have mentioned above between related loans and the quality of loans is significant in state owned commercial banks，but that relationship is not significant in non-state owned commercial banks. This paper has practical effect to banks and regulators.

Key words：Related loans；Quality of loans；Commercial Banks；Tunnel

专业主编：潘红波

私募股权突击入股对上市公司IPO
前后的影响研究[*]

● 俞红海[1]　韦倩静[2]　蒋振凯[3]

（1，2，3　南京大学工程管理学院　南京　210093）

【摘　要】 中小板和创业板市场上的私募股权突击入股现象十分突出。对此，本文选取 2010 年 11 月至 2012 年 5 月期间在这两个板块上市的 342 家企业为研究样本，主要从突击入股影响的存在性和差异性两个角度，系统研究其对上市公司 IPO 前后的影响。研究发现，总体来说突击入股对企业 IPO 前盈余管理没有影响，但国有背景私募股权突击入股的企业 IPO 前盈余管理程度显著较高；私募股权突击入股对企业上市后每股收益增长率和 ROA 增长率的影响显著为负，即突击入股对上市公司业绩变脸存在显著影响，且持股比例越低的突击入股投资者所参与的企业长期绩效表现越差，但突击入股时间的长短对 IPO 后公司的表现没有显著影响。

【关键词】 私募股权　突击入股　IPO　业绩变脸

1. 引言

随着中国资本市场的不断繁荣扩大，越来越多的目光汇聚到中小板和创业板上。与主板市场相比，中小板和创业板上市条件较为宽松，有助于中小企业和具有高成长性的企业获得更多的融资机会，促进企业发展。具体看来，中小板市场更多的是侧重于发展成熟的中小企业，而创业板主要集中于成长型、处于创业阶段的企业，更强调企业的自主创新能力。2014 年年报显示，738 家中小板上市企业中，462 家公司实现业绩增长，中小板市场整体实现营业收入约 2 万亿元，同比增长 12.1%，实现净利润 1295 亿元；在创业板市场上，截至 2014 年 12 月，共有 406 家公司正式发行，其中 309 家公司业绩保持增长，创业板市场合计营业收入 3678 亿元，较 2013 年增长 26.6%。由此可见，中小板和创业板市场已成为我国资本市场相当重要的一部分，初步形成了资本市场多层次发展的格局，为我国

* 基金项目：国家自然科学基金项目（71303158，71472085）的阶段性研究成果。

通讯作者：俞红海，E-mail：hhyu@ nju. edu. cn.

国民经济的发展注入了新的活力。

中小板和创业板市场的高增长性吸引了众多国内外私募股权投资者的关注。由于中国资本市场的独特性，众多私募股权的参与滋生了一个新的热点问题——"突击入股"。所谓突击入股，是指投资者在公司 IPO 前较短时间内以较为低廉的价格入股，通过二级市场上的溢价发行进而获得高额利润。在中小板和创业板正式开板之前，证监会基于鼓励和培育本土私募股权的考虑，在对突击入股行为审核时稍微放宽了限制。然而在目前的市场情况下，频繁上演的突击入股行为已经触动了广大中小投资者的利益，也在一定程度上带来了 PE 腐败，与证监会的初衷背道而驰。知名财经评论人士皮海洲曾公开表示，突击入股行为实际上就是对上市溢价的掠夺，有悖于证券市场的"三公原则"①。

与此同时，中小板和创业板市场上的另外一个现象——"业绩变脸"，也令人深思。所谓业绩变脸，即企业在 IPO 后出现的经营业绩明显下滑的现象。相关资料显示，目前我国中小板和创业市场上存在一定程度的短期内大面积业绩变脸以及上市后股价低迷的现象。这是否与投资者的突击入股行为有关？由于目前国内外尚没有系统的关于突击入股行为内涵的研究，对其对中小板和创业板企业 IPO 前后的影响也不甚了解。本文在结合目前国内外相关研究基础上，重点探究投资者突击入股行为对创业板和中小板企业 IPO 前后的影响。

本文系统研究私募股权突击入股行为对我国中小板和创业板市场上市公司在 IPO 前的盈余管理程度、IPO 首日抑价率，以及 IPO 后长期业绩的影响。研究结果发现，总体来说突击入股对企业 IPO 前盈余管理没有影响，但国有背景私募股权突击入股的企业 IPO 前盈余管理程度显著较高；私募股权突击入股对企业 IPO 后每股收益增长率和 ROA 增长率的影响显著为负，即突击入股对上市公司业绩变脸存在显著影响，且持股比例越低的突击入股投资者所参与的企业长期市场表现越差，但突击入股时间的长短对 IPO 后公司的表现没有显著影响。

相比已有研究，本文的主要贡献体现在以下两方面：第一，目前国内大多数学者将研究的重点放在私募股权持股对上市企业的影响上，而本文则从 IPO 前私募股权突击入股行为角度切入，重点考察这一突击入股行为特征差异性带来的影响，丰富了这一领域的研究；第二，现有文献主要从单个角度或者单个时间维度探讨私募股权投资对上市企业的影响，研究较为片面，本文从突击入股影响的存在性和差异性两个角度，IPO 前与 IPO 后两个时间维度，全面系统研究了突击入股行为在 IPO 过程中的作用及影响，进一步揭示了突击入股的投资规律及其投资动机，并有针对性地提出政策性建议。

2. 文献综述与研究假说的提出

2.1 文献综述

所谓"私募股权"，是指以非公开的方式，在特定范围内向特定投资者募集资金而设

---

① 皮海洲. 延长锁定期难解"突击入股"症结. 第一财经日报，2010-06-30.

立的基金，其投资对象主要是当前非上市交易但未来可能上市交易的权益性资产（张苏江、李心丹和俞红海，2014）。自20世纪80年代以来，国外学者开始关注私募股权领域，并在90年代形成了较为系统的理论体系，重点包括私募股权基金运作机制、市场作用、退出路径与收益分配等。与国外学者相比，由于私募股权投资在我国发展时间较短，以及我国资本市场的不完善性等因素，国内学者关于私募股权投资在企业IPO过程中角色及影响的研究相对较少，实证难度较大。然而随着我国资本市场的迅速扩张以及私募投资机构的日渐成熟，越来越多的学者对此进行了关注。

围绕本文的研究主题，本部分主要对私募股权投资与企业IPO前盈余管理、IPO首日抑价及IPO后业绩变脸等相关研究进行回顾。纵观国内外相关文献，我们发现国内外学者对此主要持两类观点，一类观点认为私募股权对其持股参与企业有一定的促进作用，私募股权的参与能够降低企业的盈余管理程度，提升企业资质，监督企业改善自身经营状况；另一类观点则认为在引入私募投资时存在逆向选择以及PE为追求自身利益入股资质较差的企业，因而PE持股的企业上市后业绩出现反转，业绩表现较差。以上两种观点都有其正确性和适用性，我们将国内外研究学者关于私募股权投资对企业上市前后的影响归纳为以下四个假说，并分别对相关文献进行综述。

2.1.1　监督假说

Barry等（1990）最先提出了"监督假说"。他们以1978—1987年的美国股市数据为样本，研究发现PE投资的企业IPO时抑价率较低，与同期上市的其他企业相比，私募股权投资的企业质量要好。另外，即使这些企业在PE加入之前的质量与其他企业相比差异并不显著，但PE的监督作用会使其在加入企业的管理之后监督改善企业的运营管理进而提升公司的资质。这一假说在国外得到了Jain and Kini（1995）、Brav and Gompers（1997）、Terry and Melissa（2006）和Chahine and Filatotchev（2008）等人的支持。在国内，陈详有（2010）在2004—2007年中小板上市的199家企业的基础上，研究发现私募股权的参与在IPO过程中可以起到监督作用，这一作用主要体现在上市企业IPO前的粉饰利润程度，即与无私募投资背景的上市公司相比，有私募投资背景的上市公司上市前盈余管理程度较低。同样，张子炜、李曜和徐莉（2012）选取2009年10月至2011年3月在我国创业板市场上市的196家公司为研究样本，发现PE投资者的持股时间会显著影响企业上市前的盈余管理程度。私募投资者持股时间较长，所投资企业的盈余管理程度较低，利润粉饰程度较低，PE的参与在一定程度上能够体现其监督作用；相反，私募投资者入股时间较短（上市前一年左右），其突击入股行为会显著增加上市企业IPO前的盈余管理程度。总体看来，这些学者认为私募股权投资者的入股行为以及其对所持股企业提供的增值服务会在一定程度上改善公司的治理结构，进而提高公司的上市表现。因此，在监督假说的观点下，私募股权投资的参与和入股企业的表现正相关，私募投资的经营资质较好，则其参与企业的盈余管理程度较低，IPO后市场表现较好。

2.1.2　认证假说

Megginson和Weiss（1991）首先提出了"认证假说"。他们选取1983年1月至1987年9月在美国上市的"同类"（行业与发行规模相当）IPO公司为样本，研究发现与同类企业相比，私募投资参与的企业IPO抑价率显著较低，他们认为其原因在于私募投资机构在企业 IPO 过程中充当了"认证"机构，即私募股权的参与在一定程度上向投资者们传达出所投资企业是经过严格筛选的、其上市资质合格的信息。这一假说得到了 Compers（1997）、Lin and Smith（1998）、Francis and Hasan（2001）、Hamao 等（2000）以及 Wang 等（2003）的支持。国内学者李玉华和葛翔宇（2013）通过考察我国创业板市场 2009—2012 年上市的 335 只股票私募投资的参与对 IPO 过程的影响，发现在我国资本市场上私募资本可以起到一定程度的监督和认证作用，即与同类公司相比，PE 所参与的企业 IPO 前的盈余管理程度较低，IPO 时的抑价率较低。此外，进一步研究发现，私募资本的增值服务作用在我国市场上并不显著，PE 所参与企业 IPO 后的业绩并不十分理想。然而 Clement 等人（2003）通过对新加坡资本市场进行研究，发现私募资本的认证作用只是部分得到证明。虽然私募投资持股的企业 IPO 抑价率显著较低，引入了声誉较好的承销商，然而入股企业的承销费用和发行费用并没有显著降低。类似的，李曜和张子炜（2011）通过研究发现私募股权资本在我国资本市场上不能发挥认证作用，这主要是由于目前我国的私募股权投资者更加倾向于投资高估值行业，其入股企业资质较差，持股的公司 IPO 抑价率较高。因此，由于各国资本市场的独特性，私募股权的认证作用还待进一步检验。

2.1.3　逆向选择假说

与监督假说和认证假说不同，部分学者从信息不对称的角度对私募股权投资与上市公司 IPO 前后的表现进行了研究，得出了相反的结论。Amit, Glosten and Muller（1990）最早提出"逆向选择"假说。在该假说的前提下，私募股权投资者在挑选入股企业时，由于与上市公司之间存在着信息不对称和代理等问题，导致与未入股企业相比，私募持股的公司往往风险较高、资质较差或者存在管理层能力不足、长期规划混乱的现象，进而在企业 IPO 时存在更大的抑价率。Haman 等人（2000）对日本上市公司进行了研究，结果表明与无私募股权投资的同行业相同规模的上市企业相比，私募股权投资背景的上市企业其长期市场表现并没有与前者有较大不同。Franzke（2001）选取 1997—2000 年德国 Neuer 市场上市的企业为样本，重点探究其上市后的经营表现，研究显示与无私募股权投资背景的企业相比，私募投资背景的企业虽然股票发行规模更大，但其上市前经营状况却逊于前者，上市时抑价程度较高。他们认为，其可能存在的原因是私募持股的企业上市前资质较差，并且承销商在发行规模较大的前提下更加倾向于通过较高的发行抑价保证 IPO 的顺利进行。在国内，方军雄（2012）的研究表明，券商股权投资会在一定程度上损害承销商的独立性以及 IPO 市场的融资效率。通过对 2009—2011 年我国 IPO 企业的初步探究发现，与其他同类公司相比，有券商股权投资背景的企业上市前盈余管理程度显著较高，承销费用较高，发行抑价程度较大，并且存在上市后会计业绩变脸的情况。进一步研究发现，券商入股时间越早，其盈余管理程度就越大。

2.1.4　逐名效应假说

部分学者从投资机构声誉的角度对认证假说和监督假说的反转现象进行了解释。SaWinan（1990）研究发现，投资机构对其所投资公司产生不同影响的一项重要因素是其声誉状况。Gompers（1996）在此基础上进行研究并最终提出了"逐名效应假说"。在该假说前提下，由于资本市场上存在着激烈的竞争，私募投资者承受着资本回收和增值的双重压力。为尽快建立良好的市场声誉以获得更多资本，私募投资者往往有较强的动机将尚未处于成熟期的企业启动 IPO 过程，因而与无私募投资背景的企业相比，PE 持股的公司往往抑价水平较高，长期经营状况较差。Wang 等（2003）、Lee 和 Wahal（2004）和 Neus and Walz（2005）等对该说法给予了支持。李曜和王秀军（2015）研究发现私募股权投资的企业能够吸引更有声誉的承销商、更多的投资者和分析师关注，IPO 首日抑价率较高。他们认为，在市场缺乏声誉约束机制的情况下，一些成立时间较短或者投资资质较低的私募股权投资者为尽快建立良好的市场声誉以获得资本积累，往往会将希望寄托于高额的发行抑价，因此与其他同类公司相比，被 PE 选中的公司上市时机往往并不成熟，并且 IPO 时抑价率较高。

2.1.5 总结性评论

从上面的文献回顾中我们可以看到，目前国内外学者对于私募股权投资与公司上市前后表现的探究主要从监督假说、认证假说、逆向选择假说以及逐名效应假说等角度进行考量。支持监督假说和认证假说的学者认为私募股权投资的参与能够显著改善企业的经营资质，进而所参与的公司有较好的市场表现，具体体现为前期盈余管理程度较低，发行抑价率较低。与之相反，支持逆向选择假说和逐名效应假说的学者则认为上市企业或者私募投资者为了追求自身利益，导致前期利润粉饰程度较大，首日抑价率较高。然而由于选取样本以及研究方法的不同，目前学术界对此尚未形成统一的意见。

由上文可知，目前国内外关于私募股权投资对公司上市影响的研究主要集中于单时点单个角度，忽略了私募投资对企业 IPO 前后各个阶段的影响，研究缺乏全面性系统性。此外，由于突击入股这个概念较为新颖，国内外学者关于这方面的实证研究相对较少，关于突击入股内涵的界定也十分模糊。另外，我们进一步发现国内学者关于私募股权投资对公司上市前后影响的研究较为混乱，即使是同一时间段的数据得到的结果也不尽相同。

在目前研究问题的基础上，本文从突击入股的角度出发，从私募股权突击入股影响的存在性和差异性两个角度，系统研究上市公司 IPO 前的盈余管理、IPO 首日抑价率和 IPO 后业绩变脸。

2.2 研究假说的提出

为了深入了解私募股权突击入股行为对企业 IPO 前后的影响，本文主要从两个角度和两个时间维度多层次地来进行探究。所谓两个角度，一是研究与无突击入股投资的企业相比，突击入股行为是否会对持股企业 IPO 过程的市场表现产生显著影响，即突击入股行为对 IPO 前后表现影响的存在性问题；二是探究突击入股行为的哪些特征会对所入股公司 IPO 前后的表现产生显著影响，即突击入股行为的投资者特征对企业 IPO 前后的影响程度差异问题。而所谓的两个时间维度则是指 IPO 前和 IPO 后两个时间段，通过对企业 IPO 过程的全程控制多方面地了解突击入股行为的影响，其中 IPO 前的影响我们用盈余管理程度来衡量，IPO 后我们分别用 IPO 首日抑价率[①]和 IPO 后绩效变化来衡量。

[①]尽管 IPO 首日抑价率一定程度上反映了二级市场投资者的非理性行为，但这一指标同时也反映了私募股权投资的影响，因此我们在这里沿用了这一领域现有文献的做法（如陈工孟，俞欣和寇祥河，2011）。

2.2.1 突击入股影响的存在性研究

由于目前国内投资者对创业板和中小板走势看好，市场存在着较为明显的"热销"现象。同时，由于私募股权投资在我国的发展历程较短，与国外投资者相比，国内投资者投资方式尚未成熟。为了获得眼前的巨额利润，私募投资者在一定程度上会放弃价值投资的理念，进行 Pre-IPO 形式的短期投资，这就是我们本文中所讨论的突击入股行为。我们认为突击入股行为本身在一定程度上就是一种短期投机行为，投资者的主要目的并不是通过股权投资帮助企业成长进而创造价值。因此，我们认为与传统的私募股权投资相比，突击入股行为并不能起到监督认证作用，即与同类公司相比，其所持股公司的资质并不一定显著较好。

与此同时，目前我国的私募投资机构成立时间较短，与国外私募机构依然存在着较大的差异。因此，作为我国中小板和创业板的重要投资者，国内的 PE 机构有着强烈的建立声誉的动机，即其希望通过尽快帮助入股公司上市实现资金的回收和增值。因此，我们有理由认为突击入股行为会对上市公司 IPO 前后的表现产生负面影响。

最后，投资者对创业板和中小板市场的追捧在一定程度上也会造成逆向选择效应，即资质一般甚至较差的企业为了在市场上分一杯羹，会逆向选择非理性的 PE 机构尽早上市，这也会影响突击入股公司的资质。基于此，本文提出以下研究假说：

H1：与无突击入股投资背景的上市公司相比，私募股权突击入股的公司 IPO 前盈余管理程度较高，IPO 首日抑价率较高，IPO 后业绩变脸现象较突出。

2.2.2 不同私募股权突击入股的影响差异性研究

首先，我们研究突击入股的私募股权投资者背景差异对 IPO 前后的影响。我们认为，不同的私募股权投资者其投资理念、运作机制、投资目标等都有所不同，因此突击入股投资者的不同投资背景也会对所持股公司 IPO 前后的表现产生不同的影响。一般而言，外资投资者投资历史较长，投资经验丰富，视野开阔，更加注重价值投资和长久以来建立的投资声誉。因此与民营背景的私募股权投资者相比，外资突击入股投资背景的上市公司资质相对较好。与外资投资者类似，一般而言，国有投资机构资金充沛实力雄厚，具有政策优势，在一定程度上更加注重长期投资。因此，我们认为国有背景的突击入股行为也会对所持股公司产生较为正面的影响。然而与外资和国有投资者不同，目前我国国内民营资本背景的私募投资机构质量良莠不齐，与前者相比，不管是成立时间还是投资手段、投资经验等都有较大的差距。此外，民营资本私募投资机构有着较大的竞争压力，因此伴随着市场的"热销"状况，其投资目的更多是通过退出机制尽早实现资金回笼。因此，我们认为与前两类投资者相比，民营背景的突击入股投资者对所持股公司的影响较小或者会在一定程度上产生较为负面的影响。基于上述分析建立如下研究假说：

H2：与民营背景投资者相比，国有、外资背景的突击入股投资持股公司 IPO 前盈余管理程度较低，IPO 首日抑价率较低，IPO 后业绩变脸现象较弱。

其次，我们研究突击入股私募股权入股时间差异对 IPO 前后的影响。根据前文分析，我们认为突击入股行为实质上是一种短期的投资行为，投资者入股时间大多集中于企业正式 IPO 前的一段时间内，投资的目的也主要是通过退出机制实现资金回笼和增值。然而，作为一种短期的投机行为，突击入股投资者的入股时间是否会进一步对企业 IPO 前后的表现产生不同的影响？我们猜想，突击入股投资者入股时间越晚，即距离 IPO 时间越短，其通过企业上市赚取差价的目的性就越强，通过股权投资对持股公司进行长期价值提升的可能性就越小，因此企业各方面的表现较差。由此建立如下研究假说：

H3：突击入股投资者入股时间较短的企业 IPO 前盈余管理程度较高，IPO 首日抑价率较高，IPO 后业绩变脸现象较突出。

最后，我们研究突击入股投资者持股比例差异的影响。一般而言，突击入股投资者持股比例越高，其可能持股时间越长，这在一定程度上可以反映入股企业资质较好，起到"认证"和"监督"作用。此外，与突击入股投资者持股比例较少的上市公司相比，突击入股投资者持股比例越高，从侧面可以反映其价值投资的可能性较大，因此与前者相比，投资者会较为关注企业的长期发展，通过提供"增值服务"等帮助企业成长。由此提出如下研究假说：

H4：突击入股投资者持股比例较低的企业，其 IPO 前盈余管理程度较高，IPO 首日抑价率较高，IPO 后业绩变脸现象较突出。

3. 研究设计

3.1 数据选择

本文选取的研究样本是 2010 年 11 月至 2012 年 5 月在深圳证券交易所中小板和创业板市场首次公开发行的 342 家公司。其中，167 家公司来自于中小企业版，175 家公司来自于创业板市场。由于目前国内中小板市场和创业板市场有较大的相似性，因此在本文中不作区别对待。本文涉及的数据主要分为两个部分，第一部分为上市企业的持股方背景、持股比例、入股时间等，这一部分数据主要用来鉴别是否存在突击入股行为。该数据来自于上市公司的招股说明书，通过手工的方式进行收集整理。第二部分数据主要是上市企业的交易数据、财务数据等，主要作为本文的控制变量，具体说明详见下一部分。这部分数据主要来自国泰安 CSMAR 数据库和锐思金融数据库。

关于突击入股行为的鉴定，我们参考李曜和张子炜（2011）关于判定私募股权投资者的方法，即如果招股说明书上记载的股东主营业务为股权投资，不涉及实体经营，或者出现"有限合伙"等字段，并且投资者与公司的实际控制人或者高管层无任何关联关系的均被认定为私募股权投资者。由于突击入股行为是一种较为特殊的私募股权投资，在本文中我们将突击入股行为的时间限制在 IPO 前 18 个月以内。

具体上市企业 IPO 时私募股权投资与突击入股参与情况如表 1 所示。从表 1 可以看到，在本次研究涉及的 342 家 IPO 公司中，有 230 家公司存在私募股权投资，88 家公司在上市前存在突击入股行为。其中在有私募股权投资的上市公司中，总共涉及 675 起私募股权投资，平均每家上市公司有 2.93 笔私募股权投资；在有突击入股的上市公司中，总共有 215 起突击入股投资，平均每家上市公司有 2.44 笔突击入股投资。进一步观察发现，私募股权投资者平均入股时间为 907 天，平均持股比例为 6.65%；相比之下，突击入股投资者平均入股时间为 436 天，平均持股比例为 5.74%。

表1			样本基本统计分析		
	入股上市公司总家数	总数量	每家上市公司平均入股数	平均持股比例	平均入股时间(天)
PE	230	675	2.93	6.65%	907
突击入股	88	215	2.44	5.74%	436

3.2 变量定义

为了多层次多阶段地刻画突击入股行为对企业 IPO 前后表现的影响,本文从 IPO 前和 IPO 后两个时间维度进行分析。针对不同的时间段,我们分别选取不同的指标来刻画上市企业在 IPO 过程中的表现。在前人研究的基础上,我们选取 IPO 前盈余管理程度、IPO 首日抑价率、IPO 后平均每股收益增长率和资产收益增长率分别刻画突击入股对上市公司的影响。关于盈余管理程度的刻画,本文在陈祥有(2010)的研究成果的基础上,采用修正的 Jones 模型,以可操作的应计会计盈余(DAC)作为衡量上市企业盈余管理程度的指标。主要指标变量及其含义如表2所示。

表2	主要变量说明	
	主要变量全称	简　称
被解释变量	样本企业 IPO 前盈余管理程度	ehat
	IPO 时首日抑价率	UP
	IPO 后年平均每股收益增长率	eps_post
	IPO 后 ROA 增长率	roa_post
解释变量	突击入股存在与否	back
	国有 PE 虚拟变量	state
	外资 PE 虚拟变量	foreign
	入股时间虚拟变量	growth
	持股比例虚拟变量	share
控制变量	前十大股东股权比例	H10
	发行规模对数	lnamount
	中签率	bidratio
	发行时净资产收益率	ROE
	首日换手率	ER
	发行时资产负债率	DR
	IPO 市盈率	Is_pe
	行业控制变量	industry
	年度控制变量	year

其中，IPO 时首日抑价率 UP 的具体计算公式为：（首日收盘价−发行价格）/发行价格。UP 越大，表明上市企业 IPO 时的抑价程度越高。IPO 后 ROA 变化率 roa_post，即企业上市一年后 ROA 相对于上市当年 ROA 的变化幅度，具体公式表达为：（上市一年之后 ROA−上市当年 ROA）/上市当年 ROA。其中，roa_post 数值越大，表明上市企业 IPO 后业绩表现越好，反之则越差。

此外，引入行业和年度控制变量，行业控制变量的划分以所属证监会行业类别为基础，制造业按二级分类，其他行业按一级分类，在本文研究所涉及的上市公司中，共包含 10 个行业，因此我们以综合业为基础，设 9 个哑变量。年度控制变量的划分以企业上市年度为基础，本次样本周期总共涉及三个年度，因此以 2012 年度为基础，设置两个哑变量。

3.3 模型设定

本文中，我们主要采用秩和检验——Mann-Whitney 非参数检验和多元线性回归两种方法。其中秩和检验主要是检验分组样本的均值是否存在显著性差异，进而从整体的角度初步探究突击入股行为的影响。多元线性回归则是通过引入多种控制变量等较为精确地测度其影响程度。

3.3.1 突击入股影响存在性研究

在正式建立理论模型之前，我们首先对 IPO 前企业可操作的利润空间，即盈余管理程度进行度量。本文选用的模型为修正的 Jones 方程，具体模型构造如式（1）所示。

$$AS_t / AS_{t-1} = \beta_0 / AS_{t-1} + \beta_1 (\Delta REV_t - \Delta AR_t) / AS_{t-1} + \beta_2 FA_t / AS_{t-1} + \varepsilon_t \tag{1}$$

其中，模型的时间参考点为企业上市年度 t，$t-1$ 则代表上市前一年度。因此，AS_t、AS_{t-1} 分别代表样本公司上市年度和上市前一年度的总资产，ΔREV_t、ΔAR_t、FA_t 则分别表示上市年度收入、应收账款、固定资产原值的变化。回归方程的残差项 ε_t，即为企业 IPO 前的盈余管理程度，为表述方便，更名为变量 ehat。

解决完被解释变量的具体操作问题，接来下针对前文提出的四大研究假说分别构造理论模型，具体如下。

为研究假说 H1 提出的突击入股行为对上市公司 IPO 前盈余管理程度的影响，我们建立如下模型：

$$ehat = \beta_0 + \beta_1 back + \beta_2 H10 + \beta_3 Is_{pe} + \beta_4 lnamount + \beta_5 bidratio$$
$$+ \beta_6 ROE + \beta_7 DR + \beta_8 ER + \beta_9 industry + \beta_{10} year + \varepsilon \tag{2}$$

为了解突击入股行为对上市公司 IPO 时首日抑价程度的影响，基于假说 H1 建立如下模型：

$$UP = \beta_0 + \beta_1 back + \beta_2 H10 + \beta_3 Is_{pe} + \beta_4 lnamount + \beta_5 bidratio$$
$$+ \beta_6 ROE + \beta_7 DR + \beta_8 ER + \beta_9 industry + \beta_{10} year + \varepsilon \tag{3}$$

为了解突击入股行为对上市公司 IPO 后长期业绩表现的影响，基于假说 H1 选取 IPO 后年平均每股收益增长率（eps_post）为被解释变量建立模型：

$$eps\_post = \beta_0 + \beta_1 back + \beta_2 H10 + \beta_3 Is_{pe} + \beta_4 lnamount + \beta_5 bidratio$$
$$+ \beta_6 ROE + \beta_7 DR + \beta_8 ER + \beta_9 industry + \beta_{10} year + \varepsilon \quad (4)$$

选取 IPO 后 ROA 增长率(roa_post)为被解释变量,将上述模型的被解释变量更换为 roa_post。

3.3.2 不同投资特征的影响差异研究

3.3.2.1 私募股权投资者背景

根据上文分析,我们猜想民营背景的突击入股行为对上市企业 IPO 前后产生的影响与国有背景和外资背景带来的影响方向相反。因此,将民营性质的突击入股投资者定义为参考基础,引入 foreign 和 state 两个虚拟变量。其中,若投资者为国有性质,变量 state = 1,否则为 0;若为外资性质,则变量 foreign = 1,否则为 0。因此,在假说 H2 的基础上建立模型,其中 IPO 前模型如下:

$$ehat = \beta_0 + \beta_1 state + \beta_2 foreign + \beta_3 H10 + \beta_4 Is_{pe} + \beta_5 lnamount + \beta_6 bidratio$$
$$+ \beta_7 ROE + \beta_8 DR + \beta_9 ER + \beta_{10} industry + \beta_{11} year + \varepsilon_t \quad (5)$$

在 IPO 时及 IPO 后模型中对被解释变量进行相应调整,分别对应变量 UP、eps_post 和 roa_post 建立模型。

3.3.2.2 入股时间

为简化分析,本文选取一个时间点作为参考点,将存在突击入股投资的公司划分成两个部分,一部分为突击入股投资者入股时间较早的公司,一部分为入股较晚的公司。具体操作为:基于前文对突击入股行为入股时间的定义,本部分将入股时间 12 个月作为划分的依据,倘若上市公司突击入股投资者的平均入股时间在此之前,即判定为入股时间较早,变量 growth = 1,否则为 0。基于此,我们在研究假说 H3 的基础上建立模型,其中 IPO 前的模型如下:

$$ehat = \beta_0 + \beta_1 growth + \beta_2 H10 + \beta_3 Is_{pe} + \beta_4 lnamount + \beta_5 bidratio$$
$$+ \beta_6 ROE + \beta_7 DR + \beta_8 ER + \beta_9 industry + \beta_{10} year + \varepsilon_t \quad (6)$$

在 IPO 时及 IPO 后模型中对被解释变量进行相应调整,分别对应变量 UP、eps_post 和 roa_post 建立模型。

3.3.2.3 持股比例

为简化研究,选取一定的持股比例作为标准,将存在突击入股投资的公司分为两类,持股比例超过标准值的为持股较多者,反之则为持股较小者。由上文可知突击入股投资者的平均持股比例为 5.74%,结合已有相关文献,选择 10% 作为临界值,突击入股投资者持股比例大于 10%,则变量 share = 1,否则为 0。基于此,在假说 H4 的基础上建立模型,其中 IPO 前的模型如下:

$$ehat = \beta_0 + \beta_1 share + \beta_2 H10 + \beta_3 Is_{pe} + \beta_4 lnamount + \beta_5 bidratio$$
$$+ \beta_6 ROE + \beta_7 DR + \beta_8 ER + \beta_9 industry + \beta_{10} year + \varepsilon_t \quad (7)$$

在 IPO 时及 IPO 后模型中对被解释变量进行相应调整,分别对应变量 UP、eps_post 和 roa_post 建立模型。

4. 实证结果与分析

4.1 描述性统计分析

在进行多元回归之前，我们要首先了解一下选取的主要变量的基本情况，以确定变量的分布是否能够支持进行下一步的回归分析。以下就是本文涉及的被解释变量、解释变量和主要控制变量的描述性统计结果。

表3　　　　　　　　　　　主要变量的描述性统计结果

变量名	观测值	均值	标准差	最大值	最小值	中位数
ehat	342	0.28	0.61	2.51	−3.03	0.33
UP	342	0.25	0.32	1.99	−0.26	0.17
eps_post	342	−17.65	32.16	72.97	−219.1	−16.30
roa_post	342	−0.39	0.27	0.29	−2.44	−0.38
back	342	0.26	0.44	1.00	0.00	0.00
state	88	0.14	0.35	1.00	0.00	0.00
foreign	88	0.05	0.22	1.00	0.00	0.00
growth	88	0.05	0.22	1.00	0.00	0.00
share	88	0.51	0.50	1.00	0.00	1.00
H10	342	76.27	11.37	100	35.47	75.74
lnamount	342	11.04	0.57	13.06	9.75	11.00
bidratio	342	1.72	4.05	65.52	0.21	0.92
ROE	342	0.12	0.08	0.55	0.01	0.09
ER	342	0.68	0.23	0.96	0.18	0.78
DR	342	0.24	0.17	0.82	0.02	0.20
Is_pe	342	54.61	27.11	189.65	13.2	48.16

由表3各主要变量的描述性统计结果可知，可操作会计利润空间 ehat 的均值和中位数均为正数，ehat 数值越大，则代表企业 IPO 前盈余管理的程度越大。因此，根据表3中的统计结果，我们认为上市企业在 IPO 之前均进行了一定程度的盈余管理，即在我国中小板和创业板市场上，上市企业在正式 IPO 之前都有粉饰利润的倾向。

根据前文分析，首日抑价率 UP 数值越大，则企业 IPO 时抑价程度越高。从表3可以看到，首日抑价率 UP 的均值和中位数均为正值，表明在本文选用的样本中上市企业在首次公开发行时大多为折价发行，即我国中小板和创业板市场上存在普遍的抑价发行的现象，这与我国目前的情况一致。IPO 后每股收益增长率 eps_post 和 IPO 后 ROA 增长率 roa_post 数值越大，代表企业 IPO 后长期业绩表现越好。由表 3 可知，eps_post 和 roa_post 的均值和中位数均为负值，表明在本样本中企业上市之后业绩均有所下滑，即在我国中小板和创业板市场上存在较为普遍的上市后业绩变脸的情况。我们认为，造成上述结果的原因是目前我国资本市场尚未成熟，投资者非理性，市场上存在着"热销"现象。因此，不管是普通的私募股权投资者还是突击入股投资者，其投资行为均会对上市企业 IPO 前后的表现造成较为负面的影响，具体体现为在 IPO 前进行利润粉饰，IPO 时抑价发行，IPO 后出现业绩反转。

4.2 Mann-Whitney 非参数检验

Mann-Whitney 检验又称为秩和检验，通常用来检验没有配对的两个独立样本的均值是否存在显著性差异。基于前文的研究思路，不难发现，Mann-Whitney 非参数检验非常适合用来进行对突击入股行为与上市企业 IPO 前后表现之间关系的初步研究。

针对突击入股行为影响的存在性研究，本文将初始样本分为存在突击入股行为的上市企业和不存在突击入股行为的上市企业，通过检验两组样本的均值是否存在显著差异进而判断突击入股行为是否会对企业上市前后的表现造成影响。Mann-Whitney 非参数检验结果如表 4 所示。由表 4 可知，与不存在突击入股投资的上市企业相比，突击入股行为对企业 IPO 前的盈余管理程度和 IPO 时的首日抑价率无显著影响，存在突击入股投资的公司 IPO 后平均每股收益增长率 eps_post 和 ROA 增长率 roa_post 显著降低，即突击入股对企业 IPO 后的长期业绩表现产生显著负面影响，企业 IPO 后上市公司绩效显著变差。

表 4 突击入股行为影响存在性研究单变量估计

因变量	ehat	UP	eps_post	roa_post
Mann-Whitney 检验	−1.19 (0.1169)	−0.72 (0.2356)	−1.29* (0.0994)	−1.97** (0.0245)

注：* 表示 $p<0.1$，** 表示 $p<0.05$，*** 表示 $p<0.001$；表中括号内为 t 值。

4.3 多元回归分析

基于前文的研究结果，我们对突击入股行为与上市企业 IPO 前后表现的关系有了初步的认识，总体说来得到的结果还是令人满意的。由于上述分析较为粗糙，为了进一步探究突击入股行为对上市企业 IPO 前后的影响及其可能的影响程度，基于前文的研究思路本部分主要从存在性和影响差异两个角度进行多元线性回归。

4.3.1 突击入股影响存在性研究

按照前文提出的研究假说和理论模型，在这一部分对本文选用的中小板和创业板市场上 342 家企业数据进行多元线性回归，具体结果如表 5 所示。

表 5

突击入股影响存在性研究多变量估计结果

模型	ehat	UP	eps_post	roa_post
back	−0.05749 (−1.17)	−0.01514 (−0.52)	−8.60600** (−2.23)	−0.09138** (−2.77)
H10	−0.00634** (−2.59)	−0.00144 (−0.99)	−0.16792 (−0.87)	−0.00200 (−1.22)
Is_pe	−0.00147 (−1.28)	0.00442*** (6.96)	0.32780*** (3.87)	0.00163** (2.26)
Lnamount	0.77941*** (15.88)	−0.14026*** (−5.03)	2.22819 (0.60)	−0.01627 (−0.51)
bidratio	−0.01038* (−1.88)	0.00354 (1.09)	0.55708 (1.29)	0.00055450 (0.15)
ROE	0.51607 (1.41)	−0.35157 (−1.64)	88.48356** (3.09)	0.03559 (0.15)
DR	0.95704*** (6.66)	0.04584 (0.54)	−35.2222** (−3.14)	−0.02915 (−0.30)
ER	0.01952 (0.15)	0.67053*** (10.28)	−10.08158 (−1.16)	−0.02798 (−0.38)
industry	控制	控制	控制	控制
year	控制	控制	控制	控制
_cons	−7.89664*** (−13.33)	1.36927*** (4.39)	−38.70024 (−0.34)	−0.12052 (−0.66)
N	342	342	342	342

注：＊表示 $p<0.1$，＊＊表示 $p<0.05$，＊＊＊表示 $p<0.001$；表中括号内代表的是 t 值。

从表 5 可以看到，突击入股行为对我国中小板和创业板市场上上市公司 IPO 前盈余管理程度无显著影响。李玉华和葛翔宇（2013）和张子炜、李曜和徐莉（2012）的研究均表明成熟期"突击入股"的企业与普通私募投资的企业相比，IPO 前盈余管理程度较高，这与我们的研究结论有所不同。我们认为这主要是选取的对比样本不同造成的，本文的参考组为不存在突击入股投资的上市企业，而上述学者选取的是私募资本投资的企业。笔者认为这一方面可能是由于较普通私募股权投资者等而言，突击入股投资者的入股时间相对较晚，对企业进行盈余管理的帮助较少；另一方面可能是由于我国创业板和中小板的独特性，中小企业为尽早上市，可能存在普遍的盈余管理行为，因而突击入股投资者的加入对其的影响不十分显著。此外，由于中国资本市场存在着较大的不确定性，投资者入股时间越早，其面临的投资企业业绩下滑的风险越大，为了尽快变现早期的投资，投资者有强烈的动机去默许甚至支持公司进行盈余管理。而在成熟期的突击入股投资者对企业的盈利质量较为看好,而且较短的投资等待期也减轻了拟上市企业盈利下滑的风险,因而突击入股投资者IPO前进行盈余管理的冲动较小,即突击入股的投资行为对拟上市企业IPO前的盈余管理程度影响不大。

此外,从表5我们可以发现,发行规模、发行时资产负债率、中签率、前十大股东持股比例均对企业IPO前的盈余管理程度产生显著影响。其中,发行规模、发行时资产负债率会显著提高企业IPO前的盈余管理程度。发行规模和发行时资产负债率越大,企业的财务风险、上市风险则越大,因此企业更加倾向于通过粉饰利润尽早上市。与之相反,中签率和前十大股东持股比例则会显著降低企业IPO前的盈余管理程度。中签率、前十大股东持股比例越低,代表企业投资价值越高,投资者对该上市企业较为看好,企业的盈余管理程度较大。

我们进一步分析突击入股行为对IPO首日抑价率的影响。根据表5中的多元回归结果,突击入股行为对我国中小板和创业板市场上上市企业IPO时首日抑价率无显著影响。与不存在突击入股投资的企业相比,突击入股投资的加入不会显著提高或降低企业IPO时的抑价程度,即突击入股投资者的加入并不能起到"监督"和"认证"作用,不能降低创业板和中小板企业与投资者之间的信息不对称程度,也并没有抑制我国创业板和中小板市场存在的较高的投资炒作现象。

我们认为这可能由以下几个原因造成。首先,突击入股行为归根结底是一个短期的投机行为,投资者入股时间较短,紧邻企业IPO之际。因此,突击入股投资者对企业的日常管理的帮助都是微乎其微的,即它并不能如同一些私募股权投资者一样为企业提供"增值服务"和帮助企业改善日常管理。因此,突击入股行为对入股企业IPO时的首日抑价程度无显著影响。在笔者看来,首日抑价程度是企业IPO前期所做工作的一个反馈结果,而突击入股投资者对企业IPO前夕无显著帮助因而其也无法显著改变企业首日抑价程度。其次,目前我国中小板和创业板上企业IPO时存在着普遍的高抑价率现象,这也可能是突击入股行为对企业IPO时首日抑价率无显著影响的一大原因。最后,笔者认为从突击入股投资者的行为动机角度考虑,其主要的目的可能仅是希望凭借其信息优势通过退出机制在市场上分一杯羹,因而对首日抑价率无显著影响。

此外,从表5可知,发行时市盈率、发行规模、首日换手率对企业IPO时的首日抑价率有显著影响。其中发行时市盈率以及首日换手率的增大会显著提高企业IPO时的抑价程度。发行时市盈率越高,投资价值越低,投资风险越大,因此上市企业企图通过高抑价率获得投资者关注。首日换手率越高,股票流动性越大,越受投资者追捧,首日抑价程度较高。与之相反,发行规模则显著降低企业IPO时的抑价程度。企业发行规模越大,从侧面反映企业较为成熟,资质较好,因而首日抑价率显著较低。

最后我们分析突击入股行为对IPO后长期表现的影响。由上表可知,突击入股行为对我国中小板和创业板市场上上市企业IPO后的长期业绩表现具有显著影响。与不存在突击入股投资者的上市企业相比,突击入股投资者入股的企业IPO后长期业绩表现显著较差,具体表现为企业IPO后每股收益增长率和ROA增长率显著降低。我们认为造成这个结果的原因可能有以下几种。首先，按照前文的思路，突击入股行为实际上是一种短期的投机行为，其投资者更加关注的是短期的高额回报，因此突击入股的投资者相对于入股企业的长期发展，可能更加倾向于通过退出机制获得高额溢价以实现资金的回笼和增值。而且目前国内不少学者认为突击入股式的投资对企业发展和市场建设帮助不大。因而，与普通的私募股权投资者相比，突击入股投资者对企业的长期发展并不关注，不会如同普通PE一样为企业提供增值服务，帮助企业成长创造价值，所以长期业绩表现显著较差。此外，从上市企业的角度考虑，上市企业为何要在IPO前夕引入突击入股投资者呢？笔者认为这其中很大一部分原因是希望借助突击入股投资者加快IPO进程提早上市，所以有理由认为与不存在突击入股投资的企业相比，突击入股投资者持股的企业在IPO早期资质表现较差，只是由于市场上普遍存在IPO前利润粉饰和IPO时折价发行的现象因而被掩盖过去，即逆向选择问题。随着上市时间的增加，早期埋下的隐患渐渐显露出来，即表现为突击入股投资者持股的企业在IPO后业绩表现显著较差。因此，我们认为投资者突击入股行为是加剧我国中小板和创业板企业业绩变脸的重大原因之一。

综合来看，现阶段我国中小板和创业板市场上的投资者突击入股行为对企业并不能起到"监督"、"认证"的作用。虽然其并不会对企业IPO前的盈余管理程度和IPO时的抑价程度造成显著的影响，但存在突击入股行为的上市企业IPO后长期业绩表现显著较差。我们认为这主要是目前的市场特性以及突击入股本身作为一个短期的投机行为等因素共同作用造成的。总体看来，突击入股行为对我国目前创业板和中小板市场上的企业IPO前后的影响是较为负面的，其具体的不同投资特征的影响差异还待进一步探究。

4.3.2　不同投资特征的影响差异性研究

在前文的研究中，我们总共得到了88家存在突击入股投资的上市企业。在这一部分主要按照前文提出的研究假说和理论模型，对突击入股投资者不同投资特征对上市企业IPO业绩影响差异进行多元线性回归。

4.3.2.1　投资背景差异的影响

为检验研究假说H2，我们对state，foreign两个自变量进行多元回归，具体结果如表6所示。在本文选取的88家存在突击入股投资者的上市企业中，11家企业获得了国有背景的突击入股投资者的入股，9家公司的突击入股投资者为外资背景，其余为民营背景。从表6可以看到，突击入股投资者的背景差异对上市企业IPO前后的表现有一定的影响差异，具体表现为：较突击入股投资者为民营背景的企业而言，国有资本背景的突击入股投资者的入股行为显著提高了企业IPO前的盈余管理程度，而对企业IPO时抑价程度和IPO后的长期业绩表现的影响无显著差异。在本文的样本中，外资背景的入股方对企业IPO前后的影响与民营资本的入股方的影响无显著差异，这与假说H2不尽相同，因此拒绝H2。其可能存在的原因是与民营背景突击入股投资者相比，国有背景的突击入股投资者资金雄厚，具有一定的专业度，拥有政策和信息优势。上市企业可能逆向选择国有背景的突击入股投资者，在IPO前进行利润粉饰以尽早上市。因此，突击入股投资者为国有背景的企业其IPO前盈余管理程度较高。

表 6突击入股投资者背景对 IPO 前后影响

模型	ehat	UP	eps_post	roa_post
state	0.35853**	−0.00674	−2.88758	−0.01961
	(2.51)	(−0.08)	(−0.30)	(−0.18)
foreign	0.26761	−0.00519	6.33422	0.08469
	(1.73)	(−0.06)	(0.62)	(0.70)
H10	−0.01654**	0.00324	−0.08254	−0.00745
	(−2.63)	(0.92)	(−0.20)	(−1.53)
is_pe	−0.00778**	0.00413**	0.27452*	0.00082
	(−3.24)	(3.24)	(1.83)	(0.47)
lnamount	0.83576***	−0.13297**	−5.22690	−0.01747
	(8.30)	(−2.42)	(−0.81)	(−0.23)
bidratio	−0.01212*	0.00459	−0.05517	−0.00471
	(−1.77)	(1.20)	(−0.12)	(−0.89)
roe	−0.12335	−1.17571**	6.31735	1.14113
	(−0.13)	(−2.30)	(0.11)	(1.62)
dr	1.07324**	0.17713	−14.15429	−0.35576
	(3.20)	(0.94)	(−0.64)	(−1.36)
er	−0.14797	0.70605***	−28.89177*	−0.07708
	(−0.52)	(5.04)	(−1.76)	(−0.40)
industry	控制	控制	控制	控制
year	控制	控制	控制	控制
_cons	−7.36039***	0.93465	51.11181	0.18400
	(−5.78)	(1.31)	(0.00)	(−0.19)

注：＊表示 $p<0.1$，＊＊表示 $p<0.05$，＊＊＊表示 $p<0.001$；表中括号内代表的是 t 值。

由表 6 中结果可知，与民营背景相比，国有背景的投资者对企业 IPO 时抑价程度和 IPO 后的业绩表现的影响无显著差异，这主要是由于目前国内市场上普遍存在发行高抑价的现象。外资背景的投资者对企业上市前后的影响与民营背景相比无显著差异，可能是由于虽然外资背景的投资者专业化程度高、投资经验丰富，但与民营资本相比缺乏灵活性、本土优势和政策优势等。此外，由表 6 可以看到，在本文选取的样本中仅存在 9 起外资突击入股投资，数据量较小，这在一定程度上也会造成较大的偏差。进一步可以发现，在本部分实证中，样本的交叉重复性较大，即一家企业中存在多种背景的突击入股投资者。按照李玉华和葛翔宇(2013)的观点，突击入股投资者的背景界定也存在较大的误差，即有些投资者可能开始的时候为国有背景，而后经过股改或者融资之后变为民营或者中外合资的背景。在这种情况下，投资者的背景难以进行清晰的判断。上述原因都可能造成结果远离我们之前的预期。

4.3.2.2　入股时间

针对研究假说 H3，我们进一步对 growth 变量进行多元线性回归，具体回归结果如表 7 所示。在前文假设中，我们人为地将存在突击入股投资者的企业划分为两类：突击入股投资者平均入股时间在 12 个月以内的为入股时间较晚的企业，平均入股时间超过 12 个月的为入股较早。在这个标准下，在 88 个存在突击入股投资者的上市企业中有 14 个入股时间较晚的企业。然而从表 7 的统计结果发现，突击入股投资者的入股时间长短对上市企业 IPO 前后的表现好坏没有显著影响，具体表现为入股时间较早的突击入股行为对上市企业 IPO 前盈余管理程度、IPO 时首日抑价率、IPO 后业绩表现的影响与入股时间较晚的影响无显著差异，故拒绝假说 H3。

表 7　　　　　　　　　　　　　突击入股投资者入股时间对企业 IPO 影响

模型	ehat	UP	eps_post	roa_post
growth	0.08134 (0.61)	0.02544 (0.36)	3.84826 (0.46)	−0.01473 (−0.15)
H10	−0.01822** (−2.82)	0.00344 (0.99)	−0.00705 (−0.02)	−0.00701 (−1.46)
is_pe	−0.00585** (−2.35)	0.00419** (3.34)	0.29430** (1.99)	0.000898 (0.52)
lnamount	0.82923*** (7.89)	−0.13186** (−2.41)	−5.22396 (−0.81)	−0.02001 (−0.26)
bidratio	−0.01224* (−1.71)	0.00470 (1.23)	−0.05698 (−0.13)	−0.00497 (−0.94)
roe	0.13600 (0.14)	−1.20173** (−2.37)	0.98848 (0.02)	1.13834 (1.63)
dr	1.11767** (3.23)	0.17408 (0.94)	−17.04591 (−0.78)	−0.38260 (−1.49)
er	−0.30830 (−1.06)	0.71026*** (5.32)	−30.64999* (−1.95)	−0.10661 (−0.58)
industry	控制	控制	控制	控制
year	控制	控制	控制	控制
_cons	−7.13841*** (−5.36)	0.90878 (1.28)	47.96105 (0.57)	0.20650 (0.21)

注：* 表示 $p<0.1$，** 表示 $p<0.05$，*** 表示 $p<0.001$；表中括号内代表的是 t 值。

其可能存在的原因是先前学者对入股时间进行区分主要是为了分辨普通私募投资者和突击入股投资者，而这是本文的研究前提。突击入股行为本身作为一个特殊的私募股权投资，其入股时间本来就比较短，因此再对突击入股投资者的入股时间进行划分意义就不大了。此外，由上文可知，在本次样本中只有 14 家企业被判定为存在入股时间较长的突击入股投资者，样本量较小，得出的结果不甚准确，因此突击入股投资者的入股时间对上市企业 IPO 前后的影响差异并不显著。

4.3.2.3 持股比例

针对研究假说 H4，我们对 share 变量进行多元回归，具体回归结果如表 8 所示。在前文假设中，我们人为地将突击入股投资者持股的企业分为两类：突击入股投资者持股比例超过 10%的为持股比例较多者，低于 10%的为持股比例较低者。在此基础上，在 88 家存在突击入股投资者的上市企业中得到 44 家突击入股投资者持股比例较多的公司。从 表 8

表 8   **突击入股投资者持股比例对企业 IPO 影响**

模型	ehat	UP	eps_post	roa_post
share	0.10837	0.02676	6.89703	0.14240*
	(1.14)	(0.52)	(1.15)	(1.85)
H10	−0.01974**	0.00302	−0.09800	−0.00578
	(−3.07)	(0.87)	(−0.24)	(−1.11)
is_pe	−0.00638**	0.00404**	0.26347*	0.00159
	(−2.62)	(3.27)	(1.83)	(0.86)
lnamount	0.83483***	−0.13038**	−4.73985	−0.00317
	(7.98)	(−2.38)	(−0.74)	(−0.04)
bidratio	−0.01338*	0.00438	−0.12737	−0.00762
	(−1.88)	(1.15)	(−0.28)	(−1.33)
roe	0.42030	−1.12473*	18.74022	1.58548**
	(0.43)	(−2.19)	(0.31)	(2.05)
dr	1.07980**	0.16479	−19.67494	−0.58379**
	(3.12)	(0.88)	(−0.90)	(−2.09)
er	−0.25099	0.72262***	−27.36595*	−0.15646
	(−0.85)	(5.32)	(−1.73)	(−0.77)
industry	控制	控制	控制	控制
year	控制	控制	控制	控制
_cons	−7.16431***	0.90464	44.69633	−0.08913
	(−5.42)	(1.28)	(0.54)	(−0.34)

注：* 表示 $p<0.1$，* * 表示 $p<0.05$，* * * 表示 $p<0.001$；表中括号内代表的是 t 值。

可以看到，突击入股投资者持股比例的差异对上市企业 IPO 前后的影响差异并不十分显著。具体表现为，持股比例较多的突击入股投资者对上市企业 IPO 前盈余管理程度、IPO 时首日抑价率和 IPO 后平均每股收益增长率产生的影响与持股比例较低的突击入股投资者对上市企业产生的影响无显著差异，突击入股投资者持股比例较多的企业 IPO 后的 ROA 增长率与持股比例较少的企业有显著差异，持股比例越低，则 ROA 增长率显著降低。

由表 8 可知，虚拟变量 share 对 roa_post 的回归系数在 10% 的置信水平下显著，share 与 roa_post 呈正向关系，即突击入股投资者持股比例越高，入股公司 IPO 后的长期业绩表现越好。其可能的原因是突击入股投资者持股比例越高，其相应的投资风险也越大，由于目前证券市场上锁定期的限制，出于降低投资风险保障收益的考虑，与持股比例较低的投资相比，持股比例较高的投资者有较强的动机参与入股公司的日常管理，通过提供增值服务等帮助公司成长创造价值。此外，突击入股投资者在企业 IPO 之前大量入股，从侧面反映出所入股公司资质较好，即起到一个监督和认证的作用，因而与突击入股投资者持股比例较小的企业相比其 IPO 后业绩表现较好。

4.4 稳健性检验

在前文，我们通过多元线性回归具体探究了上市企业 IPO 前投资者突击入股行为对企业上市前后的影响，总体而言，得到的结果还是令人满意的。在这个部分我们将重点进行稳健性检验，检验突击入股行为对 IPO 前后的影响是否具有稳健性。

在上述研究中，我们默认上市企业与突击入股投资者之间不存在自选择和内生性问题。然而，研究表明，突击入股投资者入股上市企业，上市企业接受突击入股投资者不是随机形成的，而是一个相互选择的关系。因而，研究样本的内生性问题不容忽视。为了结果的有效性和可靠性，我们首先要控制样本的内生性问题。在这里，我们借鉴前人的经验，采用工具变量两阶段回归进行处理。

首先，我们在第一阶段进行 Probit 回归，具体模型如式（8）。

$$\Pr(back = 1) = \alpha_0 + \alpha_1 H10 + \alpha_2 is_{pe} + \alpha_3 lnamount + \alpha_4 bidratio + \alpha_5 roe + \alpha_6 dr + \alpha_7 er +$$
$$\alpha_8 location + \alpha_9 history + \alpha_{10} invest + \alpha_{11} turnover + \alpha_{12} roa1 + \alpha_{13} db1 +$$
$$\alpha_{14} industry + \alpha_{15} year + e \tag{8}$$

其中，H10，is_pe，lnamount，bidratio，roe，dr，er，industry，year 为上文采用的控制变量，back 为被解释变量，location，history，invest，turnover，roa1 和 db1 为本阶段选取的工具变量。具体而言，location 为地域虚拟变量，已有研究发现私募股权投资具有"地域集聚"效应。因此，如果上市企业的注册地点属于北京、上海、江苏、浙江和广东五个省市内，则 location 为 1 否则为 0；由于企业的资金需求与企业的成立时间有关，成立时间越短，资金需求越大，因此我们选取了 history 工具变量。history 为企业上市时的成立时间。roa1 为企业上市前一年的资产收益率，用来检验上市企业在选择突击入股投资者时是否存在逆向选择问题；invest，turnover 和 db1 分别代表企业上市前一年的投资活动产生的现金流量、总资产周转率和资产负债率，主要用来判断企业上市前的资金需求状况。

其次，在第二阶段我们进行多元线性回归，具体模型如式（9）。

$$\text{ehat} = \beta_0 + \beta_1 \widehat{\text{back}} + \beta_2 \text{H10} + \beta_3 \text{Is}_{pe} + \beta_4 \text{lnamount} + \beta_5 \text{bidratio}$$
$$+ \beta_6 \text{ROE} + \beta_7 \text{DR} + \beta_8 \text{ER} + \beta_9 \text{UP} + \beta_{10} \text{industry} + \beta_{11} \text{year} + \varepsilon \quad (9)$$

其中，$\widehat{\text{back}}$为第一阶段 Probit 回归得到的预测值。针对突击入股行为对 IPO 时和 IPO 后的业绩影响，将上述模型的被解释变量分别转换为 UP，eps_post 和 roa_post 进行检验。

在上述模型的基础上，对样本进行回归检验，具体回归结果如表 9 所示。

表 9　　　　　　　　　　　工具变量两阶段回归（控制内生性）

模型	第一阶段 probit 回归	第二阶段 OLS 回归			
变量	back	ehat	UP	eps_post	roa_post
back		−0.08124 (−0.98)	−0.00798 (−0.16)	−1.07707* (−1.94)	−0.09475* (−1.69)
H10	0.0181* (3.1800)	−0.00484 (−1.59)	−0.00133 (−0.75)	−0.00971 (−0.48)	−0.000369 (−0.18)
is_pe	0.00749* (3.6509)	−0.00105 (−0.83)	0.00445*** (6.29)	0.01106 (1.38)	0.00210** (2.59)
lnamount	−0.1491 (0.6821)	0.76846*** (15.17)	−0.14123*** (−4.90)	−0.85565** (−2.62)	−0.02906 (−0.88)
bidratio	0.0250 (1.3718)	−0.00901 (−1.55)	0.00359 (1.05)	0.03377 (0.87)	0.00196 (0.50)
roe	−3.4842** (4.8256)	0.41263 (1.05)	−0.35477 (−1.53)	6.20335** (2.36)	−0.06792 (−0.26)
dr	−0.2668 (0.1106)	0.84293*** (4.43)	0.03601 (0.32)	−2.97914** (−2.34)	−0.15862 (−1.23)
er	−0.4657 (1.3481)	−0.01574 (−0.12)	0.66881*** (9.54)	−1.67191** (−2.10)	−0.06319 (−0.79)
location	−0.1824 (1.4264)				
history	−0.1344 (0.9852)				
invest	2.02E−10 (0.1444)				
turnover	0.0634 (0.1415)				
roa1	0.0229** (4.1231)				

模型	第一阶段 probit 回归	第二阶段 OLS 回归			
db1	0.0124* (3.1598)				
industry	控制	控制	控制	控制	控制
year	控制	控制	控制	控制	控制
_cons	0.0168 (0.0000)	−7.96460*** (−13.39)	1.36115*** (3.97)	9.21408** (2.37)	−0.20057 (−0.51)

注：*表示 $p<0.1$，**表示 $p<0.05$，***表示 $p<0.001$；表中括号内代表的是 t 值。

从表 9 可以看到，在控制其他变量的前提下，企业选择突击入股投资者的概率主要与企业上市前一年的资产收益率 roa1 和资产负债率 db1 有关。选择概率与资产收益率正相关，资产收益率越高，企业的经营状况越好，因而上市企业在选择突击入股投资者时逆向选择的可能性越小。选择概率与资产负债率正相关，负债率越高，企业的资金需求越大，因而选择突击入股投资者的概率越大。在控制样本的内生性问题之后，第二阶段的多元线性回归结果显示，上市企业 IPO 前投资者突击入股行为仍然对企业上市前后有影响，突击入股投资者持股的公司 IPO 后长期业绩表现显著较差，突击入股行为对上市企业 IPO 前和 IPO 时的表现无显著影响。这一结果与上文的回归结果相一致，因而可以认为本文得到的结果是有效和稳健的。此外，在考虑突击入股投资行为对上市企业 IPO 后业绩表现的影响时，我们选取了两个指标，即平均每股收益增长率 eps_post 和上市一年后 ROA 增长率 roa_post，这在某种意义上也是在进行稳健性检验。综上所述，本文得到的结果在一定程度上是稳健和有效的。

5. 研究结论

本文在国内外学者已有研究成果的基础上，以我国中小板和创业板市场上 2010 年 11 月至 2012 年 5 月上市的 342 家企业为研究样本，系统探究了上市企业 IPO 前投资者的突击入股行为对公司上市前后的影响。研究发现，总体来说突击入股对企业 IPO 前盈余管理没有影响，但国有背景私募股权突击入股的企业 IPO 前盈余管理程度显著较高；私募股权突击入股对企业上市后每股收益增长率和 ROA 增长率的影响显著为负，即突击入股对上市公司业绩变脸存在显著影响，且持股比例越低的突击入股投资者所参与的企业长期绩效表现越差，但突击入股时间的长短对 IPO 后公司的表现没有显著影响。

鉴于本文得出的结论，我们认为在中小板和创业板市场处于热销状态的前提下，首先，有必要加强对突击入股投资者的控制，通过延长其锁定期迫使其在初始投资时更加谨慎，进而减少中小板和创业板市场上的业绩变脸现象。其次，事实证明突击入股投资行为的日益猖獗在一定程度上加剧了 PE 腐败，与证监会的初衷相悖。因此，为了防止 PE 腐败的扩散，保障市场公平，加强对突击行为的控制是十分有必要的。此外，对于投资者而言，为了保障自身利益，减少投资风险，在关注企业 IPO 前和 IPO 时表现的同时，更应加强对企业 IPO 后长期业绩的重视。

◎ 参考文献

[1]陈工孟，俞欣，寇祥河.风险投资参与对中资企业首次公开发行折价的影响——不同证券市场的比较[J].经济研究，2011(5).

[2]陈祥有.风险投资与 IPO 公司盈余管理行为的实证研究[J].财经问题研究，2010(1).

[3]方军雄.Pre-IPO 券商股权投资：鉴证功能还是独立受损？[J].证券市场导报，2012(1).

[4]寇祥河，潘岚，丁春乐.风险投资在中小企业 IPO 中的功效研究[J].证券市场导报，2009(5).

[5]李曜.私募股权投资浪潮及其前沿研究问题[J].证券市场导报，2010(6).

[6]李曜，张子炜.私募股权、天使资本对创业板市场 IPO 抑价的不同影响[J].财经研究，2011(8).

[7]李曜，王秀军.我国创业板市场上风险投资的认证效应与市场力量[J].财经研究，2015(2).

[8]刘景章，项江红.风险投资与中国 IPO 公司盈余管理行为的实证研究——基于深圳和香港创业板的数据[J].产经评论，2012(4).

[9]李玉华，葛翔宇.风险投资参与对创业板企业影响的实证研究[J].当代财经，2013(1).

[10]谈毅，陆海天，高大胜.风险投资参与对中小企业板上市公司的影响[J].证券市场导报，2009(5).

[11]王志强，刘星.上市公司 IPO 盈余管理与其后期市场表现的实证分析[J].经济管理，2003(18).

[12]张苏江，李心丹，俞红海，中国私募股权功能及未来发展模式探析[J].南京社会科学，2014(6).

[13]张学勇，廖理.风险投资背景与公司 IPO：市场表现和内在机理[J].经济研究，2011(6).

[14]张子炜，李曜，徐莉.私募股权资本与创业板企业上市前盈余管理[J].证券市场导报，2012(2).

[15]Barry C., Muscarella, C., Peavy, J., and Vetsuypens, M.. The role of venture capital in the creation of public companies[J]. *Journal of Financial Economics*，1990(27).

[16]Beatty, Randolph P., and Jay R. Ritter. Investment banking, reputation, and the underpricing of initial public offerings [J]. *Journal of Financial Economics*，1986(15).

[17]Bharat A. Jain, and Omesh Kini. Venture capitalist participation and the post-issue operating performance of IPO firms [J]. *Managerial and Decision Economics*，1995(16).

[18]Brav, Alon, and Paul A. Gompers. Myth or reality? The long-run underperformance of

initial public offerings: Evidence from venture and nonventure capital-backed companies [J]. *Journal of Finance*, 1997(52).

[19] Carter, Richard, and Steven Manaster. Initial public offerings and underwriter reputation [J]. *Journal of Finance*, 1990(45).

[20] Carter, Richard B. , Frederick H. Dark, and Ajai K. Singh. Underwriter reputation, Initial returns, and the long-run performance of IPO stocks [J]. *Journal of Finance*, 1998 (53).

[21] Dechow P. M. , R. G Sloan, and A. P. Sweeney. Detecting earnings management[J]. *The Accounting Review*, 1995(70).

[22] Francis, Bill B. , and Iftekhar Hasan. The underpricing of venture and nonventure capital IPOs: An empirical investigation[J]. *Journal of Financial Services Research*, 2001(19).

[23] Gompers Paul . Grandstanding in the venture capital industry [J]. *Journal of Financial Economics*, 1996(42).

[24] Gompers, Paul A. , and Josh Lerner. Venture capital distributions: Short-run and long-run reactions[J]. *Journal of Finance*, 1998(53).

[25] Hamao, Yasushi, Frank Packer, and Jay R. Ritter. Institutional affiliation and the role of venture capital: Evidence from initial public offerings in Japan[J]. *Pacific-Basin Finance Journal*, 2000(8).

[26] Lee, Peggy M. , and Sunil Wahal. Grandstanding, Certification and the underpricing of venture capital backed IPOs[J]. *Journal of Financial Economics*, 2004(73).

[27] Megginson, William L. , and Kathleen A. Weiss. Venture capitalist certification in initial public offerings [J]. *Journal of Finance*, 1991(46).

[28] Ritter, Jay R. . The long-run performance of initial public offerings [J]. *Journal of Finance*, 1991(46).

[29] Terry L. Campbell, and Melissa B. Frye. Venture capitalist monitoring: Evidence from governance structures[J]. *The Quarterly Review of Economics and Finance*, 2009(49).

[30] Thomas Hartmann-Wendels. Adverse selection, Investor experience and security choice in venture capital finance: Evidence from Germany [J]. *European Financial Management*, 2011(17).

[31] Wang, Changyun. Ownership and operating performance of Chinese IPOs [J]. *Journal of Banking & Finance*, 2005(29).

The Research of the Impacts of Private Equity's Pre-IPO Investments on Listed Companies before and after IPOs

Yu Honghai[1] Wei Qianjing[2] Jiang Zhenkai[3]

(1, 2, 3 School of Management and Engineering of Nanjing University, Nanjing, 210093)

Abstract: The phenomena of private equity's(PE) Pre-IPO investments are very popular in the China SME board and GEM board. We select 342 listed companies which issued in the SME board and GEM board between November 2010 and May 2012 to study the impacts of private equity's Pre-IPO investments to listed companies from the perspectives of existence and differences. The results show that in general private equity's Pre-IPO investments have no impact to earning management before IPO, but when the PEs belong to the government, Pre-IPO investments have significant positive impact to earning management; Pre-IPO investments of PEs have significant negative impacts to EPS growth and ROA growth. Furthermore, the less the stocks are held by the PEs through Pre-IPO investments, the worse is the performance after IPO, but the term of Pre-IPO investments have no impacts to performance.

Key words: Private equity; Pre-IPO investment; IPO; Face change of performance

专业主编：潘红波

财务柔性、经营效率与企业价值[*]

——基于 2009—2014 年非金融类上市公司的实证研究

● 许苗苗

（江苏大学财经学院　镇江　212000）

【摘　要】本文以 2010—2014 年财务数据为样本，通过构建混合截面数据并进行多元回归，实证分析了我国上市公司财务柔性、经营效率与企业价值的关系。研究表明，我国上市公司财务柔性与企业价值之间的关系呈倒 U 形，即财务柔性对企业价值的影响存在一个最优点，超过该最优点，企业价值将会受到损害。同时，经营效率对财务柔性对企业价值的影响具有正向促进作用，经营效率高会提高财务柔性的利用率，使得财务柔性对企业价值的促进作用更大。

【关键词】财务柔性　经营效率　企业价值

1. 引言

2015 年中央经济会议明确指出我国在"十二五"经济发展的重要期间要建立全新的理念，寻求创新动力来寻增长和稳增长，探索发展新途径，描绘新蓝图，推动中国经济的进步。国家的发展，离不开企业的支撑。现如今，科技信息高速发展，产品的更新换代以及消费者日益多样化的需求都给企业的生存环境蒙上了一层不确定性的面纱。在这样的不确定性环境下，企业既面临着机遇也面临着很大的挑战，此时，财务管理上具备一定的灵活性就可以利用空闲的资金或者临时的借债或者增发配股来弥补缺口，应对不利，所以财务柔性理念的出现可谓拨开浓雾见日出，为企业在不确定性环境下发展提供了一个思路。现代企业基本上是经营权和代理权分离的状态，代理理论认为两权分离企业的所有者和管理者在对企业的目标实现上存在差异，管理者往往会为了满足自身利益而损害企业价值。在财务柔性理论下，企业的经营效率非常重要，在具有适当财务柔性的前提下，经营效率高的企业可以更好地利用其实现企业价值最大化的目标。正鉴于此，本文对财务柔性，经营效率及企业价值之间的关系进行探讨。

本文以 2010—2014 年我国全部 A 股非 ST 非金融上市公司财务数据为研究对象，使用 Stata 计量经济学工具，考察我国 A 股上市公司财务柔性的总体状况，并进一步探索财务柔

　＊　通讯作者：许苗苗，E-mail：xmm0712@ 163. com.

性、经营效率、企业价值之间的关系，以期为财务理论在我国的实践提供一些理论基础。

1.1 财务柔性的概念

企业柔性理论由来已久，自 20 世纪 30 年代以来，学者对此的理论研究的深度和广度逐渐延伸，涉及生产柔性、组织柔性、战略柔性以及财务柔性。企业柔性理论认为，在高速动态的竞争环境下，企业将不再通过专门化的管理获得超额利润，企业必须具备极强大的柔性化能力，才能获得更高的市场价值。企业柔性在财务管理方面的应用就产生了财务柔性，而财务柔性最早的定义是美国财务会计委员会（FASB）1984 年提出的，FASB 主要从现金持有政策的角度出发定义财务柔性为公司财务采取行动改变现金流的数量和时间，对非预期需求做出反应的能力。财务柔性强调其"预防"和"利用"的属性，不仅可以有效避免企业陷入财务困境，还可以帮助公司利用和把握有利可图的机会进行投资（Gamba 和 Triantis，2008）。国内学者王化成 1992 年首先提出财务管理中应适当遵循弹性的原则，并提出了适当保持弹性的方法。王棣华，武素恩（2001）认为柔性财务管理是在保持企业制度的前提下，充分发挥管理的灵活性、创新性。柔性化财务管理是以"刚性财务管理"的一些内容为前提和基础的，在某种意义上说，柔性化财务管理是刚性化财务管理的"润滑剂"，是刚性财务管理的"升华"。赵华和张鼎祖（2010）从战略角度出发，认为财务柔性是适应环境动态变化、优化财务资源配置以及有效管理财务风险的财务系统综合能力。

综合已有的研究结论，本文认为财务柔性是企业在经营过程中预留的一个资金池，这个资金池对经营环境的不确定性所带来的风险具有预防作用，同时可以利用该资金池的资金进行投资从而增加企业价值。

1.2 文献回顾和研究假设

财务柔性理论是从资本结构理论衍生出来的，国内外学者从不同的研究角度运用不同的方法对财务柔性进行研究。按照财务柔性的理论分析，融资约束是企业保持财务柔性的前提之一，而高水平的财务柔性能够缓解融资约束，增加企业的价值。国外的学者大多从投融资角度来阐述财务柔性的价值，对于财务柔性对企业价值的直接研究比较少。Akhilesh（2012）从财务柔性与企业战略更新的角度阐述其对企业的价值，作者着重阐述了财务柔性在控制信用风险、市场风险、流动性风险方面对企业战略更新的长期价值，是将财务柔性和战略连接阐述其对企业价值的一个首创。Iwan Meier（2013）研究了金融危机下的财务柔性对企业价值的影响，作者从现金贮备量和债务比重的角度分别考察其在金融危机下对企业价值的影响，发现在金融危机背景下低负债更有利于企业的生存。国内学者在财务柔性对企业价值的研究上则显得百花争鸣，刘得格等（2012）对财务柔性与融资约束以及企业价值之间的关系进行了梳理，得出企业需要保持一定的财务柔性；曾爱民等（2013）直接考察了财务柔性和企业投资行为的关系，发现财务柔性是企业进行投资决策所需要考虑的重要因素，财务柔性高的企业更善于紧抓投资机会并获利；朱武祥等（2002）通过对燕京啤酒的案例分析发现低杠杆率的企业倾向于主动发动价格战或营销战，增强企业在市场上的竞争能力从而创造竞争优势，提升企业价值。但是同样需要考虑的是，资金的储备是有成本的，并不是储备的财务柔性越大越好，财务柔性储备量过多，会导致企业成本增加，所以并不利于企业价值的提升。基于以上分析本文有如下假设：

假设1：财务柔性与企业价值具有正相关关系，同时基于财务柔性收益和成本的考虑，财务柔性与企业价值的正相关关系是向上升后随着财务柔性储备量的增加而下降的，即财务柔性和企业价值呈倒U形关系。

财务柔性理论服务于企业，其目标是实现企业价值最大化，在现有的企业资源情况下，将资源进行有效的利用以及合理的配置显得尤为重要。现代企业基本上是两权分离的管理模式，所有者所追求的目标是企业价值最大化，而生而自利的管理者可能并不会为了企业价值最大化而拼尽全力，这也是著名的代理理论所要阐述的内容，而目前公认最有效的方法是监督与激励，其作用在于促使管理者提高经营效率，管理者经营效率较高，企业的资源能够得到更大的发挥，对企业价值的提升作用越明显。财务柔性是企业的重要资源，充分利用可产生巨大的效益，财务柔性是为了企业防范不利风险和把握未来有利投资机会而储备的，管理者发挥好自己的能力，提高经营效率，可以更好地利用财务柔性为企业谋取更大的价值，实现企业价值最大化的目标。所以基于以上分析本文有如下假设：

假设2：经营效率影响财务柔性对企业价值作用的发挥，经营效率高意味着财务柔性能够更好地发挥作用，所以企业经营效率越高，财务柔性对企业价值的影响程度越大。

2. 研究设计

2.1 样本选取

本文选取我国全部A股上市公司2010—2014年的数据作为样本进行实证研究。同时，本文采用的财务柔性测度方法及相关指标需要上期数据，所以本文实际采集数据期间为2009—2014年。本文所有的数据均来自于国泰安数据库(CSMAR)。本文在筛选数据的时候依照惯例：(1)考虑到资本结构等因素的不同，根据证监会2013年制定的分类指引，剔除了金融类行业企业；(2)考虑到融资渠道的区别，剔除了B股和H股的公司数据；(3)剔除了在2010—2014年间被ST*或ST的企业，以避免对分析产生影响；(4)剔除相关数据缺失及数据异常的样本公司；经过上述步骤的样本处理，共得到2010—2014年的数据共8268个样本。

本文首先利用Excel 2007对样本和数据经进行了上述的剔除和整理工作，然后利用Stata12.0对整理后的数据进行描述性统计分析、相关性分析以及多元回归分析。

2.2 变量定义和模型设计

2.2.1 被解释变量

现代企业的目标是实现企业价值最大化。现有的文献以及学者传统的做法是从市场绩效和财务绩效两方面来度量企业价值。其中运用最广泛的反映企业价值的市场绩效指标有Tobins' Q，财务绩效指标有ROE(净资产收益率)，ROA(总资产收益率)，EVA(经济增加值)等。本文选用ROE作为企业价值的替代变量，主要在于ROE指标是杜邦分析体系的核心指标，反映了企业的偿债能力、盈利能力、营运能力，该指标较为全面，所以本文选取ROE来衡量企业价值。

2.2.2 解释变量

根据 DD 理论，财务柔性包括现金柔性、负债柔性及权益柔性。现金柔性通过持有现金获得，负债柔性是通过保留负债融资能力获取，而权益柔性是通过发行等价或溢价的权益性证券来获取。本文对于现金柔性和负债柔性的选择参考了曾爱民和傅元略等（2011、2013）的估计方法，现金柔性＝公司自身现金比率［现金比率＝（货币资金+交易性金融资产）/总资产］；负债柔性＝Max（0，行业负债比率均值−公司自身负债比率）。由于权益柔性比较难以衡量，本文财务柔性指标是现金柔性、负债柔性之和。因为指标都经过标准化处理，所以加和具有可行性和代表性。此外为了研究财务柔性与企业价值之间的非线性关系，引入财务柔性平方项。

经营效率，以营业收入/年平均总资产进行衡量。另外为了研究经营效率、财务柔性对企业价值的影响，设置财务柔性×经营效率的交叉项。

2.2.3 控制变量

为了控制其他可能影响企业价值的因素，本文的控制变量选取企业的规模，主要是控制企业之间非货币性资产对企业价值产生的影响；销售收入增长率，主要控制不同企业发展情况不一致对企业价值产生的影响；年份，主要控制企业所处大环境因素的影响。

综上所述，本文中涉及的各变量的具体含义及计算方法如表 1 所示。

表 1 　　　　　　　　　　　　　　　　　指标变量表

变量类型	变量符号	变量定义	计 算 方 法
被解释变量	ROE	企业价值	净利润/平均净资产
被解释变量	FF	财务柔性	现金柔性+负债柔性
	FF-sq	财务柔性平方	财务柔性的平方
	Efficient	经营效率	营业收入/年平均总资产
	FF * Efficient	交叉项	财务柔性×经营效率
控制变量	Size	公司规模	IN(总资产)
	Rate	销售收入增长率	(本年的营业收入−上年的销售收入)/上年销售收入
	year	年份	样本属于某年为 1，否则为 0

本文借鉴李维安、李汉军（2006）的股权结构与企业绩效非线性关系模型，通过在模型中依次加入年度虚拟变量和财务柔性平方项，构建如下模型：

模型 1：

$$ROE_{it} = \beta_0 + \beta_1 FF_{it} + \beta_2 Efficient_{it} + \beta_3 Rate_{it} + \beta_4 Size_{it} + \varepsilon_{it}$$

模型 2：

$$ROE_{it} = \beta_0 + \beta_1 FF_{it} + \beta_2 Efficient_{it} + \beta_3 Rate_{it} + \beta_4 Size_{it} + \beta_5 \Sigma year_{it} + \varepsilon_{it}$$

模型 3：

$$ROE_{it} = \beta_0 + \beta_1 FF_{it} + \beta_2 FF\text{-}sq_{it} + \beta_3 Efficient_{it} + \beta_4 Rate_{it} + \beta_5 Size_{it} + \beta_6 \Sigma year_{it} + \varepsilon_{it}$$

模型 4：

$$ROE_{it} = \beta_0 + \beta_1 FF_{it} + \beta_2 Efficiency_{it} + \beta_3 FF * Efficient_{it} + \beta_4 Rate_{it} + \beta_5 Size_{it} + \beta_6 \Sigma year_{it} + \varepsilon_{it}$$

其中，β_0 为回归模型的常数项；$\beta_1 \sim \beta_6$ 分别表示各变量的待估回归系数；ε 为模型的随机扰动项，反映影响企业价值的其他因素。

3. 实证分析

3.1 描述性统计

本文对样本数据进行描述性统计分析，以了解样本数据的基本特征。主要变量的描述性统计如表 2 所示。

表 2 主要变量的描述性统计

	均值	中位数	极小值	极大值	标准差	样本数
ROE	0.0874	0.0817	−2.0624	1.2498	0.1372611	8268
FF	0.7445	0.6977	0.0278	2.5235	0.3140	8268
FF−sq	0.6529	0.4868	0.0008	6.3681	0.5754	8268
Efficient	0.8168	0.6293	0.0000	26.5342	0.9368	8268
FF * Efficient	0.6056	0.4396	0.0000	26.5448	0.8443	8268
Rate	0.8431	0.0960	−0.9997	5562.1210	61.1738	8268
Size	9.5412	9.4649	7.6711	12.2827	0.5661	8268

由表 2 可以看出，我国上市公司净资产收益率 ROE 指标的平均值为 8.74%，说明我国上市公司整体收益率良好；ROE 的中位数和平均值之间差值较小，说明我国上市公司企业价值较好且均匀分布。财务柔性的均值和中位数较为接近，说明我国较多上市公司储备了财务柔性，但是极大值和极小值之间有一定的差距，为研究财务柔性和企业价值之间的关系提供了基础。此外，经营效率 Efficient 的均值为 0.82，大于一般企业标准 0.8，且 Efficient 的中位数 0.63 小于其均值，说明我国上市公司的经营效率总体较好，但同时有大部分企业经营效率小于一般企业标准 0.8，有待进一步提升。

3.2 相关性分析

在描述性统计的基础上，对变量进行相关性分析，初步分析经营效率、财务柔性与企业价值之间的关系，对主要变量进行相关性分析的结果如表 3 所示。

通过表 3 可以看出，从企业价值的角度来看，企业价值指标 Tobin' Q 除了与销售收入增长率 RATE 不相关外，与其他的变量均存在显著的相关关系。其中，与财务柔性 FF 存在着显著的正相关关系，这说明企业储备财务柔性可以提升企业价值。

表3			主要变量相关性分析		
变量	ROE	FF	Efficiency	Rate	Size
ROE	1.0000				
FF	0.1530***	1.0000			
Efficiency	0.1754***	−0.0084	1.0000		
Rate	0.0001	−0.0198*	−0.0068	1.0000	
Size	0.1264***	−0.3570***	0.0271**	0.0288**	1.0000

注：*，**，***分别表示在10%、5%、1%的水平(双侧)上显著相关。

3.3 回归分析

本文分别对模型1、模型2、模型3及模型4进行了回归分析，回归分析的结果如表4所示。

表4					自变量和因变量的回归分析				
变量	模型1		模型2		模型3		模型4		
	系数	VIF	系数	VIF	系数	VIF	系数	VIF	
截距	−0.4028*** (−12.68)	—	−0.4087*** (−12.78)	—	−0.5115*** (−15.36)	—	−0.3964*** (−12.30)	—	
FF	0.1013*** (18.69)	1.15	0.1015*** (18.72)	1.15	0.2916*** (15.05)	15.18	0.0891*** (13.14)	1.81	
FF−sq	—		—		−0.1057*** (−10.21)	14.69	—		
Efficient	0.0233*** (12.61)	1	0.0232*** (12.57)	1	0.0220*** (12.01)	1	0.0099** (2.09)	7.29	
FF * Efficient	—		—		—		0.0162** (3.03)	7.91	
Rate	0.0001 (0.62)	1	0.0001 (0.65)	1	0.0001 (0.88)	1	0.0001 (0.62)	1	
Size	0.0415*** (13.10)	1.15	0.0415*** (13.11)	1.15	0.0448*** (14.17)	1.17	0.0413*** (13.04)	1.15	
年度	—		控制		控制		控制		
样本数	8268		8268		8268		8268		
Adj R²	0.1366		0.1364		0.1602		0.1362		
F值	146.87***		66.19***		70.90***		60.57***		

注：*，**，***分别表示在10%、5%、1%的水平(双侧)上显著相关。

表 4 中的方差膨胀因子除了 FF 和 FF-sq 之间具有多重共线性(主要是为了检验财务柔性与企业价值之间的非线性关系而引入),其他指标均正常。模型 2 在模型 1 的基础上添加了年度虚拟变量;模型 3 又在模型 2 的基础上添加了财务柔性平方项,主要是为了研究财务柔性与企业价值之间的关系;模型 4 在模型 2 的基础上增加了财务柔性与经营效率的乘积交叉项,是为了研究经营效率、财务柔性与企业价值之间的关系。

首先,从模型的解释力上来看,企业价值与财务柔性的关系模型的 Adj-R^2 基本保持在 13.65% 左右,较为稳定,说明本文构建的模型的解释力良好。模型 3 中财务柔性系数和 Adj-R^2 较模型 1 和模型 2 数值最大,显著性水平也较高。所以说同时包含年度变量与财务柔性平方变量的回归模型 3 最能解释财务柔性对企业价值的影响。

其次,从模型 3 的结果可见,财务柔性水平 FF 及其平方 FF-sq 的系数分别是 0.2916 和 -0.1057,且均在 1% 的水平(双侧)上显著。这说明在其他条件相同的情况下,随着企业财务柔性储备量的增加,企业价值有先上升后下降的趋势,即财务柔性和企业价值之间呈倒 U 形的关系,证明了假设 1。

再次,利用模型 3 中的财务柔性 FF 和财务柔性平方 FF-sq 的回归系数,根据曲线的性质计算出我国上市公司企业价值达到最大化时的财务柔性的点为 1.3794(-0.2916/(-0.1057×2))。此时财务柔性对企业价值的促进作用最明显,若继续提高财务柔性的储备量会增加成本,从而损害企业价值,这说明财务柔性对企业的促进效应具有区间性。因此,企业应当保持适度的财务柔性水平,将其控制在接近最优点值的区间内,才能保证其更高效地促进企业价值的提升。

最后,模型 4 中的财务柔性与经营效率的乘积交叉项的系数为正,且在 5% 的水平上(双侧)显著,表明经营效率可以影响财务柔性对企业价值促进作用的发挥,且从系数来看是正向影响。

3.4 经营效率、财务柔性与企业价值分组分析

为了分析我国上市公司经营效率、财务柔性与企业价值之间关系,本文对样本公司的经营效率进行了排序,并以前后 30% 作为对比组进行模型的研究。

模型 5:

$$ROE_{it} = \beta_0 + \beta_1 FF_{it} + \beta_2 Rate_{it} + \beta_3 Size_{it} + \beta_4 \Sigma year_{it} + \varepsilon_{it}$$

模型 6:

$$ROE_{it} = \beta_0 + \beta_1 FF_{it} + \beta_2 Efficient_{it} + \beta_3 FF * Efficient_{it} + \beta_4 Size_{it} + \beta_5 year_{it} + \varepsilon_{it}$$

回归分析的结果见表 5。

如表 5 所示,无论是管理者低效率组还是高效率组,财务柔性 FF 的系数在 1% 的水平(双侧)上显著大于 0,且高效率组的 FF 的系数显著高于低效率组,说明经营效率高的企业财务柔性对企业价值的促进作用更大。证明了假设 2。

由表 5 中的财务柔性与经营效率的乘积交叉项的系数为正可以看出,经营效率对财务柔性对企业价值的影响具有正向促进作用,但是从表中可以看出低效率组的交叉项的系数显著大于高效率组,说明了经营效率对财务柔性对企业价值作用的促进具有递减趋势,所以经营效率低的企业增加经营效率从而使得企业价值的增加程度更大。

表5　　　　　　　　　　　　　　管理者效率、财务柔性与企业价值

变量	高经营效率组				低经营效率组			
	模型5	VIF	模型6	VIF	模型5	VIF	模型6	VIF
截距	-0.2819*** (-5.85)	—	-0.3258*** (-6.71)	—	-0.4056*** (-6.38)	—	-0.4764*** (-7.28)	—
FF	0.1451*** (2.71)	1.15	0.0769*** (6.58)	1.96	0.0930*** (9.97)	1.15	0.0674*** (3.98)	1.96
Efficiency	—		0.0053 (1.03)	7.36	—		0.0456 (1.49)	7.36
FF * Efficiency	—		0.0171** (2.89)	8.49	—		0.6955** (2.79)	8.49
Rate	0.0000 (0.52)	1.00	0.0000 (0.51)	1.00	0.0138*** (3.75)	1.00	0.0113** (3.10)	1.00
Size	0.0202*** (3.74)	1.16	0.0368*** (7.91)	1.16	0.0406*** (6.24)	1.16	0.0464*** (7.16)	1.16
年度	控制		控制		控制		控制	
样本数	2480		2480		2480		2480	
Adj R^2	0.0519		0.0878		0.1442		0.2726	
F 值	50.12***		52.84***		17.38***		20.44***	

注：*，* *，* * *分别表示在10%、5%、1%的水平(双侧)上显著相关。

4. 结论与建议

第一，本文通过实证分析我国上市公司财务柔性和企业价值之间的关系，发现我国上市公司和企业价值之间的关系呈倒 U 形关系。即存在一个最优的财务柔性储备点，使得企业财务柔性在该点处对企业价值的促进作用最明显，此时的财务柔性最优。在最优点之前，企业价值随着财务柔性的增加不断上升，而最优点之后，企业价值受到损害。这一点为企业的管理决策提供了一定的借鉴和启示。

第二，对于财务柔性对企业价值提升作用的发挥方面而言，企业的经营效率很重要，实证结果表明经营效率高企业财务柔性对企业价值的正向作用更明显。在目前两权分离的现实背景下，所有者对管理者的选择至关重要，财务柔性视角下，经营效率高的企业更能充分利用财务柔性提升企业价值。而且研究结果表明，经营效率的促进作用具有递减作用，所以经营效率低的企业更应该重视经营效率的提升，其提升企业价值的幅度会更大，

对所有者更具有吸引力。

第三，随着互联网和信息技术的不断发展，企业生存环境的不确定性加强，企业为了实现其价值最大化的目标就需要应对环境不确定性和融资约束，财务柔性是应对不确定性的最有效措施，所以企业需要储备一定的财务柔性来实现企业价值最大化的目标。财务柔性包括三方面，现金柔性是企业持有适当的现金及现金等价物，负债柔性是指企业需要保持一定的剩余负债能力，在需要大量资金时进行负债融资，权益柔性是指企业要达到证监会对企业增发配股的条件，确保必要时进行股权融资。

◎ 参考文献

[1]韩鹏．财务弹性、财务杠杆与公司价值——来自中小企业板的经验证据[J]．企业改革与发展，2010(4)．

[2]李维安，李汉军．股权结构、高管持股与公司绩效——来自民营上市公司的证据[J]．南开经济评论，2006(9)．

[3]刘得格，罗知地．财务柔性和投融资行为以及企业价值的关系研究[J]．经济研究导刊，2012(1)．

[4]王棣华，武素恩．柔性化财务管理探讨[J]．四川会计，2001(10)．

[5]赵华，张鼎祖．企业财务柔性的本原属性研究[J]．会计研究，2010(6)．

[6]曾爱民，魏志华．融资约束、财务柔性与企业投资—现金流敏感性——理论分析及来自中国上市公司的经验数据[J]．财经研究，2013(39)．

[7]朱武祥，陈寒梅，吴迅．产品市场竞争与财务保守行为——以燕京啤酒为例的分析[J]．经济研究，2002(8)．

[8] Gamba, A., and Triantis, A.. The value of financial flexibility [J]. *The Journal of Finance*, 2008, 63(5).

[9] Iwan, M., Yves, B., and Claude Laurin. International, financial flexibility and the performance during the recent financial crisis [J]. *Journal of Commerce and Management*, 2013, 23(2).

[10] S. Balasubrahmanyam, Prasad Kaipa, and Akhilesh, K. B.. The impact of a firm's financial flexibility on its strategic renewal：Key concepts with evidential support from businesses across industries[J]. *Global Journal of Flexibility Systems Management*, 2012, 13(3).

Financial Flexibility，Operating Efficiency and Firm Value
—The Empirical Study on Non-financial Listed Companies 2009—2014
Xu Miaomiao

（Finance and Economics school of Jiangsu University，Zhenjiang，212000）

Abstract：This paper selects 2010—2014 listed companies' data as a sample，and analyzed the relationship between financial flexibility, management ability and enterprise value by constructing a pooled cross-section data and multiple regression, Research shows that the relationship between listed company's financial flexibility and enterprise value is inverted U type in China, namely financial flexibility of enterprise value exist the perfect point, over the perfect point, the enterprise value will be damaged. At the same time, the high operating efficiency will improve the efficiency of the use of financial flexibility, also enhance the role of financial flexibility in the promotion of enterprise value.

Key words: Financial flexibility; Managerial competence; Firm value

专业主编：李青原

基于信息可视度的供应链治理机制与供应链柔性相互作用研究*

● 庞 美[1] 冯 华[2]

（1，2 武汉大学经济与管理学院 武汉 430072）

【摘 要】本文以信息可视度为切入点，对合作关系管理、虚拟一体化这两种供应链治理机制之间，以及治理机制与供应链柔性之间所存在的相关关系进行实证探讨。实证分析表明，第一，在合作关系管理与供应柔性和伙伴柔性之间存在着显著的直接正向相关关系，而借助于信息可视度的中介效应，合作关系管理则间接地对供应柔性和伙伴柔性产生正向调节作用；第二，在信息可视度与供应柔性和伙伴柔性之间也存在着显著的直接正向相关关系，与前述结论相同，借助于合作关系管理的中介效应，信息可视度也能间接地对供应柔性和伙伴柔性产生显著的正向调节作用；第三，虽然虚拟一体化不能直接地对供应链柔性产生正向影响，但是借助于合作关系管理和信息可视度的中介效应，虚拟一体化可以显著地正向调节供应柔性和伙伴柔性。综上所述，在合作关系管理、虚拟一体化与供应链柔性的相互作用之中，信息共享能力作为中介变量起着媒介作用，并为治理机制与供应链柔性之间的相互作用关系研究增添了更多更加有趣的话题，成为供应链管理研究领域不可或缺的重要维度。

【关键词】合作关系管理 虚拟一体化 信息可视度 供应柔性 伙伴柔性

1. 引言

随着商业环境中的不确定性日益增强 ①，柔性化的供应链架构有助于核心企业结合市场中的动态性来优化配置供应链资源，有助于通过跨功能和跨组织的高层次战略架构来

* 基金项目：中央高校基本科研业务费（20160408）专项资助。

通讯作者：庞美，E-mail：398773526@qq.com.

① Ram Narasimhan, Srinivas Talluri, and Ajay Das. Exploring flexibility and execution competencies of manufacturing firms [J]. *Journal of Operations Management*, 2004, 22(1): 91-106.

消除供应链中的瓶颈，进而增强企业在不确定环境下的竞争优势①，在这样的前提下，与供应链治理、信息可视度等话题密切相关的理论与实践研究日益受到关注。有效率的供应链治理机制，有利于组织从内外部角度来评估其供应链的运作效率，并为其决策制定提供依据②。信息可视度则为供应网络关系中的虚拟一体化运作提供了可能性，而虚拟一体化步伐的逐步深入又促进了该网络中的信息可视化程度，为更高层次的响应性和柔性化举措创造了条件。合作关系管理和虚拟一体化一直被看作供应链关系管理中的重要治理机制组合，一个强调运作层面，一个强调技术层面。随着竞争环境中不确定性的增强，供应链合作关系日益从交易型向合作型转变。越来越多的企业开始基于关系治理的角度来探讨供应链柔性相关话题。Wang 指出，合作关系管理和虚拟一体化都可以通过增强供应网络中的信息可视度来提高供应链的柔性化③。然而，对于合作关系管理和虚拟一体化之间、信息可视度与供应链治理机制之间所存在的相互作用关系，以及这些维度指标与供应链柔性之间的相关关系等问题的关注还较为匮乏。基于此，笔者从合作关系管理和虚拟一体化这两个层面入手，借鉴现有研究成果，对信息共享与虚拟一体化在供应链治理机制与供应链柔性（笔者着重探讨供应柔性与伙伴柔性）相互作用过程中的深层作用机理进行探讨，以期为上述问题的解答提供参考借鉴。

2. 概念背景与变量定义研究

2.1 合作关系管理

Josi 和 Campbell 指出，合作关系管理是供应链成员基于共同的目标为维持相互之间的合作关系而使用的治理机制类型（如，关系、准则和联合行动等）。关系管理包括对关系持续性和成熟度等进行管理，通过制定可预见的结果和道德控制来管制合作过程中可能会出现的机会主义行为。信任、承诺、协调和共同解决问题等机制常常被用于限制节点企业可能会对专用性资产的滥用等机会主义行为。其中，"信任"被定义为"交易伙伴间合作关系得以持续的一种显性或隐性保证"，其要求合作伙伴认为彼此值得信任，并愿意放弃机会主义行为；而"承诺"则是对维持重要关系持续性的渴望。

交易伙伴之间交易量的不断增加，既有利于在伙伴之间建立紧密的合作关系，而对合作关系持续性的期望又会进一步促使交易伙伴投资于新的技术并放弃有可能会出现的机会

① Moon, K. L., Yi, C. Y., and Ngai, E. W. T.. An instrument for measuring supply chain flexibility for the textile and clothing companies[J]. *European Journal of Operational Research*, 2012, 222(2): 191-203.

② Liao, S. H., and Kuo, F. I.. The study of relationships between the collaboration for supply chain, supply chain capabilities and firm performance: A case of the Taiwan's TFT-LCD industry[J]. *International Journal of Production Economics*, 2014, 156: 295-304.

③ Wang, E.T.G., and Wei, H.. Interorganizational governance value creation: Coordinating for Information visibility and flexibility in supply chains[J]. *Decision Sciences*, 2007, 38(4): 647-674.

主义行为，基于这样的前提，各成员企业逐渐依靠"关系规范"来保护其各自的利益。基于承诺的"关系规范"既可以促使供应商为所需的新技术和工艺进行学习，也有利于增强供应链节点企业之间的合作关系，进而实现供应链的柔性化。而"联合行动"则是基于企业间的合作关系而建立起来的，指"各方以合作或协调的方式执行关键活动"①。由于连带责任降低了机会主义发生的概率，而联合的决策制定过程又在一定程度上为节点企业的利益提供了保障，因此，"联合行动"被视为以交换为目的的决策机制的治理过程，该治理过程也在一定意义上保护了节点企业的专用性投资行为②。此外，"联合行动"强化了对组织间关系的参与式管理，在合作战略中起着关键作用。

2.2 虚拟一体化

"虚拟一体化"是指交易伙伴为促进供应链合作伙伴在采购、生产制造和物流等活动中的协同运作，以及为协同决策和绩效控制提供支撑而使用信息技术的程度。由于信息技术既是一种控制机制，也是一种关系建立机制，这样，"虚拟一体化"既代表了一种过程机制，同时也反映了现有管理模式的具体组织架构特征。高度的"虚拟一体化"意味着与市场治理的背离程度越大，为保证合作的密切性所需要的协调成本和发生机会主义行为的风险性也会相应加大，而通过信息技术增强企业间的信息处理能力可以降低信息不对称，并增强核心企业对各个节点企业的管控能力，从而有助于减少交易成本和预防机会主义行为。Frohlich 和 Grover 的研究表明，虚拟一体化和合作关系管理都可以降低交易成本，促进节点企业之间建立起紧密的合作关系。

2.3 信息可视度

及时准确的信息对于管理供应链上的产品/服务流至关重要，供应链上的"信息可视度"是指供应链合作伙伴所获得的实时信息的程度③。关于需求预测、生产计划、产品设计和生产进度等方面高度的信息交换能减少信息不对称和监控成本，进而可以削弱节点企业采取机会主义行为的动机④。

---

① Joshi, A. W., and Campbell, A. J.. Effect of environmental dynamism on relational governance in manufacturer-supplier relationships: A contingency framework and an empirical test[J]. *Journal of the Academy of Marketing Science*, 2003, 31(2): 176-188.

② Zaheer, A., and Venkatraman, N.. Relational governance as an interorganizational strategy: An empirical test of the role of trust in economic exchange[J]. *Strategic Management Journal*, 1995, 16(5): 373-392.

③ Mohr, J., and Spekman, R.. Characteristics of partnership success: Partnership attributes, communication behavior, and conflict resolution techniques[J]. *Strategic Management Journal*, 1994, 15(2): 135-152.

④ Dyer, J. H.. Effective interfirm collaboration: How firms minimize transaction costs and maximize transaction value[J]. *Strategic Management Journal*, 1997, 18(7): 535-556.

实时更新的需求数据和可见的库存水平为供应链核心企业及其各节点企业进行有效的预测、计划、协调和执行提供了信息基础，而跨越组织边界的组织间的信息可视又可以进一步提升供应链的运作效率，缩短交货周期，减少缺货发生的概率①。此外，需求方和供应方之间顺畅的信息流也有助于减少供应链的不确定性，并降低牛鞭效应，从而平衡供应网络上的供需关系②。可见，信息可视度的提高不仅有助于增强节点企业的决策制定能力，更是提高供应链整体绩效的基石③。

2.4　供应链柔性

"供应链柔性"是指核心企业通过对供应链各个节点企业的能力进行柔性化管理而快速满足其终端客户需求的能力，这种柔性化举措为核心企业快速响应来自于生产制造环节和市场环境的变化提供了可能。随着竞争环境中的多样性和不确定性的增强，柔性化变得越来越重要。已有文献将供应链柔性分为供应柔性和伙伴柔性④，其中，供应柔性是指在与现有供应链伙伴合作的前提下该供应链所能够承受的产品供应发生变化的能力，而伙伴柔性是指快速更换供应链合作伙伴以应对需求不确定性的能力。高度的供应柔性意味着供应链合作伙伴拥有更高水平的适应性来开发利用供应链资源，而高度的伙伴柔性则使得核心企业在面临环境和需求变化时能及时对其合作战略进行调整，可见，供应链柔性通过对供应链资源进行动态整合而形成整个链条的综合竞争优势。

3. 理论模型和研究假设

3.1　合作关系管理与虚拟一体化之间的相互作用关系假设

Wang 在其研究中指出，虚拟一体化可以整合一系列的供应链，使各个供应链企业之间的信息交流更加顺畅，从而实现相互之间更为紧密的合作。随着信息处理和通信能力的提高以及信息技术所带来的更好的控制和反馈机制，贸易伙伴不需要共同所有权就能够实现更大的企业间协作。由于信息技术可以促进企业间及时的联合决策和协调，适当地运用信息技术可以提高制造商管理供应链运营和与供应商控制和协调的能力。成员企业通过企业间的合作来有效利用市场机会，在提供核心竞争力和关键资源的同时，获取自身所需要

---

① Kulp, S.C., Lee, H.L., and Ofek, E.. Manufacturer benefits from information integration with retail customers[J]. *Management Science*, 2004, 50(4): 431-444.

② Lee, H.L., Padmanabhan, V., and Whang, S.. Information distortion in a supply chain: the bullwhip effect[J]. *Management Science*, 1997, 50(4): 1875-1886.

③ Mabert, V.A., and Venkataramanan, M.A.. Special research focus on supply chain linkages: Challenges for design and management in the 21st century[J]. *Decision Sciences*, 1998(29): 537-552.

④ Gosain, S., and Sawy, O.A.E.. Coordinating for flexibility in e-Business supply chains[J]. *Journal of Management Information Systems*, 2005, 21(3): 7-46.

的资源。因此，合作关系管理可以促进企业之间的动态联盟，而虚拟一体化的实施，又可以加强企业之间的合作关系，基于此，提出如下假设：

H1：合作关系管理与虚拟一体化之间存在着正向的相互作用关系。

3.2 供应链治理机制与信息可视度之间的相互作用关系假设

根据交易成本理论，机会主义行为会极大地限制供应网络中的信息共享程度，然而，当供应链各节点企业值得信任并且明确表示有长期的合作意愿时，各个合作伙伴会愿意为增强该网络中的信息交换水平而付诸努力。资源基础观也认为，供应链网络中的资源共享可以极大地促进节点企业的发展。在以追求共同利益为目标的关系管理中，节点企业之间的承诺和对共同利益的预期对以信息交换为基础的供应链治理机制起到了重要的推动作用。更进一步，联合解决问题在一定程度上促进了各节点企业之间正式或非正式的交流与合作，并逐渐形成相匹配的供应链组织结构以为供应网络中的信息交换与共享提供保障。基于上述分析，笔者提出如下假设：

H2a：合作关系管理与信息可视度之间存在着正向的相互作用关系。

增强节点企业的信息处理能力可以在一定程度上减少其面临的不确定性，而基于信息技术的高水平信息处理能力则为企业以更为丰富的形式进行数据的实时交换与共享提供了条件。在现代化的信息技术手段的支撑下，"虚拟一体化"极大地延伸了一个企业所能接触和控制的范围，使许多原本难以获得的信息更容易获取。在虚拟一体化的供应网络架构中，节点企业间的信息交换与共享通常以一种成本更为有效率的方式进行标准化和制度化，使得复杂的产品规格和工程数据能够在供应网络中快速传送。此外，虚拟一体化的供应网络架构提供了一种完全不同的信息交换与共享结构，信息中心的概念使得信息流可以在所有供应网络节点企业之间实时传递与共享。可见，通过对信息中心进行整合可以提高供应链上的信息可视度，进而促进供应链整体的协调运作，因此，笔者提出如下假设：

H2b：虚拟一体化与信息可视度之间存在着正向的相互作用关系。

3.3 合作关系管理与供应链柔性之间的相互作用关系假设。

在动态化的供应网络架构中，合作关系管理的柔性化特征日益得到强化。关系规范和联合行动是合作关系管理的两个重要维度，其不仅有助于降低交易成本，而且可以提高合作伙伴履行周期性交易并维持长期合作关系的意愿。高水平的关系管理既可以促进供应网络各节点企业之间进行跨功能、跨领域的资源交换，对资源互补性的需求也有助于开发新的业务流程以及对物流环节进行重组。可见，动态变化着的环境为供应网络的再架构和供应链活动的再调整提供了可能，也使得供应链更柔性化。基于上述分析，笔者提出如下假设：

H3a：合作关系管理对供应柔性具有显著的正向影响。

H3b：合作关系管理对伙伴柔性具有显著的正向影响。

3.4 虚拟一体化与供应链柔性之间的相互作用关系假设

虚拟一体化通过对跨越组织边界的活动进行整合以实时响应客户需求①，现有研究指出，虚拟一体化要求节点企业为维持供应链合作关系而进行特定资产投资，包括基于供应链合作关系架构的信息系统、业务流程以及核心知识等。基于该特定资产的投资促使节点企业更愿意为维持该供应链合作关系而付诸努力，也增强了各节点企业在面临环境变化时更为灵活地调整其行为模式的意愿②。此外，基于信息技术的共同投资是供应网络合作关系中的一个可靠承诺，它在促进稳定与长久合作关系的形成的同时，增强了各节点企业以更为灵活的方式响应变化的共同意愿③。可见，虚拟一体化有助于协调供应链合作关系，并增强了节点企业承诺的可靠性，为供应网络获取更大的适应性和柔性化提供了可能。基于上述分析，笔者提出如下假设：

H4a：虚拟一体化对供应柔性具有显著正向影响。

H4b：虚拟一体化对伙伴柔性具有显著正向影响。

3.5 信息可视度与供应链柔性之间的相互作用关系假设

基于时间竞争的企业一直未放弃对快速响应客户需求的服务方式的追寻，Ahmed 等认为整合是柔性的前提，而 Evgeniou 则提出，高度的信息集成与共享可以提高供应链节点企业的适应能力④。由于信息交换发生在实际物品的流动之前，增强供应网络中的信息可视度可以在一定程度上促进合作伙伴通过联合决策而对增值活动进行整合。信息分析提高了活动过程的可视性，如战略改变或过程协调，当每个合作伙伴都能提前对其某个行为可能会对整体供应链所产生的影响进行综合权衡时，解决问题的速度和战略发展的时效性就会得到提高，供应网络的柔性化也因此可以得到增强。基于上述分析，笔者提出如下假设：

H5a：信息可视度对供应柔性具有显著的正向影响。

H5b：信息可视度对伙伴柔性具有显著的正向影响。

基于前述分析，笔者得到如图 1 所示的假设模型。

---

① Qingyu Zhang, Vonderembse, M. A., and Jeen-Su Lim. Value chain flexibility：A dichotomy of competence and capability[J]. *International Journal of Production Research*，2002，40(3)：561-583.

② Heide, J. B., and John, G.. Do norms matter in marketing relationships？[J]. *Journal of Marketing*，1992，56(2)：32-44.

③ Ahmed, P. K., Hardaker, G., and Carpenter, M.. Integrated flexibility—Key to competition in a turbulent environment[J]. *Long Range Planning*，1996，29(4)：562-571.

④ Evgeniou, T.. Information integration and information strategies for adaptive enterprises[J]. *European Management Journal*，2002，20(5)：486-494.

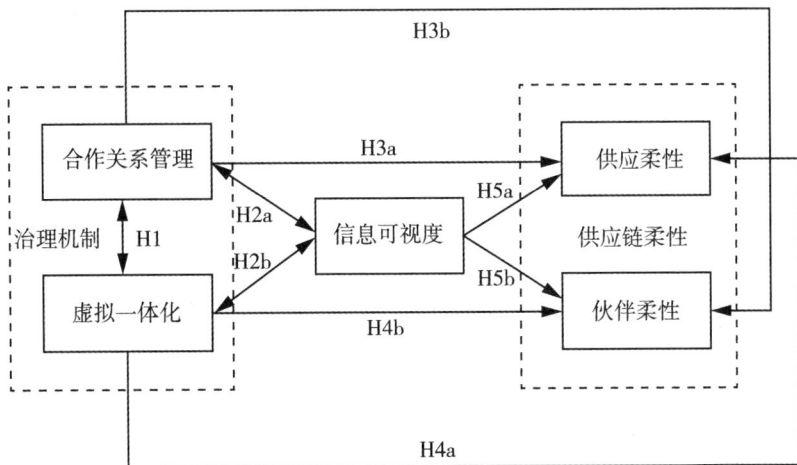

图 1　假设模型

4. 研究设计和方法

在问卷设计过程中，笔者主要借鉴已有研究中相对较为成熟的量表，主要变量包括：①合作关系管理；②虚拟一体化；③信息可视度；④供应链柔性（如表 1 所示），所有变量均采用 Likert 5 级量表进行评价，1~5 代表被试者对测量题项所描述内容的认可程度，1 为完全不同意，5 为完全同意。本研究主要选取那些从事供应链与物流管理相关工作的管理人员、营销人员、专业技术人员等作为主要调研对象。本次调研持续时间大约 12 个月（2014 年 4 月—2015 年 4 月），通过直接发放和邮件形式共发放 400 份问卷，共回收有效问卷 330 份，问卷有效回收率为 82%（被调研者及其企业的基本情况如表 2 所示）。

经过描述性统计分析可以得到基本情况如下：在行业方面，30% 的问卷回收自汽车制造及流通业，20% 来自计算机及电子通信设备企业，这反映了供应链治理在制造业中比较受重视，并且笔者在选取问卷时，充分了考虑了多个行业，避免了行业的单一性和特殊性问题；在工作年限与当前所在职位方面，60% 以上的被调查者已有 5 年以上的工作经验，且近一半为供应链与物流管理相关岗位的中高层管理者，这说明被调查者具备足够的知识为我们提供宝贵信息；在企业规模方面，60% 的企业/独立核算部门的年销售额在 2000 万~1.3 亿元，44% 的企业员工数在 50~1000 人，表明中型企业在本次调研中居于主导地位。无论是在行业、工作年限还是在企业规模上，笔者都尝试采取不同的样本分布来减少随机样本误差造成的干扰问题。

表 1 研究变量的测量

变量	测量维度	项目	定义	主要来源
合作关系管理	信任	2	供应商的诚信	Hibbard 等，2001；Johnsen 等，2008；Varoutsa & Scapens，2015
	承诺	2	供应链合作关系的满意度及长期合作意愿	Hibbard 等，2001；Hart & Saunders，1998；Joshi & Campbell，2003；Cai 等，2009
	合作协调	2	基于供应链需求的跨企业运作	SISCadas & Dwyer，2000；Cai 等，2009；Formentini &Taticchi，2015.
	联合解决问题	2	为解决供应链问题的合作行为	Mohr & Spekman，1994；Agndal & Nilsson，2009
虚拟一体化	订单处理	1	用于解决供应链运作、联合过程计划和控制的信息集成	Angeles & Nath，2001；Frohlich & Westbrook，2001；Narasimhan & Kim，2001；Adebanjo 等，2013；Clark 等，2001；Özer 等，2011；Jin 等，2014
	信息共享	1		
	生产与库存协调	1		
信息可视度	交易	1	供应链合作伙伴能获得与供需相关的现有信息，用于计划和控制管理	Jin 等，2014；Wang & Wei，2007；Formentini & Taticchi，2015；Calanni 等，2014；Claro 等，2003
	生产计划	1		
	过程状态	1		
	运作绩效	1		
供应链柔性	供应柔性	3	基于现有供应商，对供应链过程进行调整、适应和改变以应对变化和不确定性	Young-Ybarra &Wiersema，1999
	伙伴柔性	3	基于实际需求企业快速更换供应链合作伙伴的能力	

鉴于本文发放问卷时采用的是直接发放和 E-mail 两种方式，以及所选取的采购部门主管、首席采购官等多种类型的问卷调查对象，有必要对数据来源的差异性问题进行检验。控制问卷发放方式和问卷调查对象类型之后，t 检验结果表明通过不同问卷发放方式和不同类型问卷调查对象所获取的样本数据没有显著性差异。

表 2　　　　　　　　　　　　　　　　描述性统计分析

调查项	比率（%）		调查项	比率（%）	
1. 行业	汽车制造及流通业	30.0	2. 工作年限	8 年或以上	44.0
	食品加工及流通业	6.7		5 或 5~8 年	18.7
	计算机及电子通信设备企业	20.0		3 或 3~5 年	10.7
	服装加工及流通业	10.7		1~3 年	17.3
	医药生产及流通业	10.7		1 或 1 年以下	9.3
	其他	22.0			
3. 当前职位	高层管理者	6.7	4. 当前岗位工作年限	8 年或以上	32.0
	中层管理者	38.7		5 或 5~8 年	25.3
	基层管理者	38.7		3 或 3~5 年	13.3
	一线员工	16.0		1~3 年	17.3
				1 或 1 年以下	12.0
5. 企业/独立核算部门的年销售额（元）	小于 2000 万	24.0	6. 企业/独立核算部门的员工人数	少于 20 人	15.0
	2000 万~1.3 亿	36.0		21~50 人	26.0
	1.3 亿~3.3 亿	8.0		51~100 人	6.7
	3.3 亿~6.6 亿	4.0		101~200 人	2.7
	6.6 亿~13.2 亿	8.0		201~500 人	18.7
	13.2 亿~33 亿	4.0		501~1000 人	17.0
	33 亿~66 亿	5.3		多于 1000 人	14.0
	高于 66 亿	10.7			

5. 研究结果分析和讨论

5.1　量表的信度和效度检验

　　信度用来评价测量结果的内部一致性和稳定性，可以发现所有潜变量的 Cronbach's α 值都在 0.800 以上，并且所有潜变量的 KMO 值均大于 0.700，表现出较高的内部一致性，表明问卷具有较高的信度。运用 Bartlett 球体检验可知所有变量的统计值的显著性均为 0.000，因此各测量指标之间的独立性假设不成立（如表 3、表 4 所示）。

表 3　　　　　　　　　　　**KMO 检验与 Bartlett 球形检验**

变量	测量维度	KMO 检验	Bartlett 检验	Cronbach's α 系数
合作关系管理	信任	0.873		0.933
	承诺			
	合作协调			
	联合解决问题			
虚拟一体化	订单处理	0.751		0.918
	信息处理			
	生产与库存协调			
信息可视度	交易	0.856	Sig：.000	0.917
	生产计划			
	过程状态			
	运作绩效			
供应柔性	SF1	0.728		0.928
	SF2			
	SF3			
伙伴柔性	PF1	0.750		0.935
	PF2			
	PF3			

表 4　　　　　　　　　　　**验证性因子分析及效度分析**

模型	变量	编码	因素负荷率	信度系数	CR	AVE	χ^2/df	GFI	NFI	AGFI	CFI	RMSEA
M1	CRM	CRM1	0.861	0.741	0.9334	0.7371	2.267	0.986	0.992	0.961	0.997	0.062
		CRM2	0.863	0.745								
		CRM3	0.862	0.743								
		CRM4	0.824	0.679								
	VI	VI1	0.858	0.736	0.912	0.736	1.607	0.995	0.997	0.997	0.996	0.008
		VI2	0.869	0.750								
		VI4	0.852	0.726								
M2	IV	IV1	0.869	0.755	0.9177	0.738	0.881	0.997	0.998	0.986	0.995	0.007
		IV2	0.832	0.692								
		IV3	0.881	0.776								
		IV4	0.853	0.728								

模型	变量	编码	因素负荷率	信度系数	CR	AVE	χ^2/df	GFI	NFI	AGFI	CFI	RMSEA
M3	PF	PF1	0.861	0.741	0.9282	0.7211	2.041	0.988	0.992	0.964	0.996	0.056
		PF2	0.863	0.745								
		PF3	0.869	0.755								
	SF	SF1	0.843	0.711	0.773	0.949	2.081	0.981	0.992	0.952	0.991	0.051
		SF2	0.851	0.724								
		SF3	0.817	0.667								

各量表的测量变量均来自于或者改编于已有成熟量表，并得到了相关学者专家的肯定，因此具有较高的内容效度。笔者采用验证性因子分析对结构效度进行检验，拟合优度检验表明，所有潜变量的模型拟合参数值均达到理想数值，标准化因子载荷系数为 0.8 ~ 0.9，均大于 0.6 的可接受水平，且在 0.001 的水平下显著，CRM、VI、IV、PF、SF 等变量的组合信度（CR）均大于 0.7，各潜变量的平均变异萃取量（AVE）的取值范围均大于 0.7，大于 0.500 的可接受水平，表明各变量测量具有较好的结构信度。

5.2 相关性分析

笔者采用皮尔森积差相关分析（Pearson）来验证各潜在变量之间的相关关系，如果潜在变量之间的相关系数通过了 99% 或 95% 的置信度检验，则在相关系数右上角标以 ＊＊ 符号，相关系数分析结果如表 5 所示，可以看到，所有变量之间均存在较为显著的相关性。

表5   各潜在变量之间的相关性分析

	信息可视度	虚拟一体化	合作关系管理	供应柔性	伙伴柔性
信息可视度	1				
虚拟一体化	0.869＊＊	1			
合作关系管理	0.874＊＊	0.831＊＊	1		
供应柔性	0.882＊＊	0.813＊＊	0.873＊＊	1	
伙伴柔性	0.842＊＊	0.79＊＊	0.822＊＊	0.852＊＊	1

5.3 结构方程模型和运行结果分析

笔者基于合作关系管理、虚拟一体化、信息可视度之间的相互作用关系，以及供应链治理机制、信息可视度与供应链柔性（供应柔性和伙伴柔性）之间的相互作用关系而构建初始结构方程模型，该模型通过 17 个外生显变量对 5 个内生潜变量进行测量，5 个内生潜变量分别是合作关系管理、虚拟一体化、信息可视度、供应柔性和伙伴柔性（如图 2 所示）。

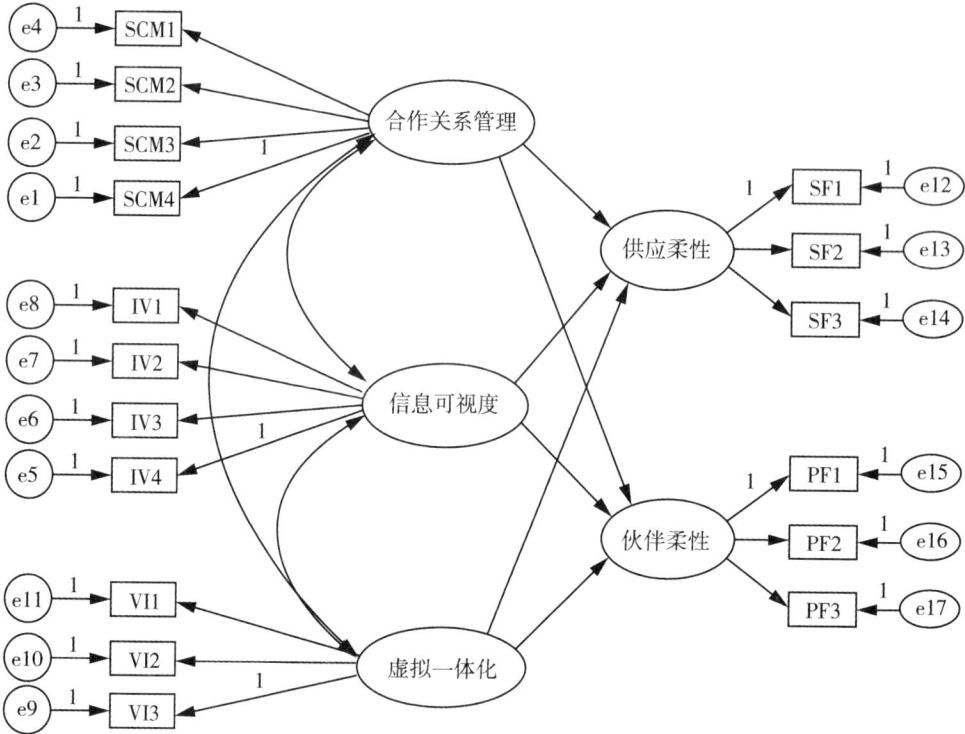

图 2　结构方程模型

运用 Amos 21.0 运行结构方程模型（如图 3 所示），对结构方程模型进行分析（如表 6 所示），可以看到，结构方程模型的拟合指数均在可接受范围内，模型整体拟合度较好。此外，通过表 6 还可以发现，在合作关系管理、虚拟一体化、信息可视度与供应柔性、伙伴柔性之间存在着多条路径，既包含两两之间的直接影响路径，也包含两两之间的间接影响路径。

首先，合作关系管理与虚拟一体化、合作关系管理与信息可视度、虚拟一体化与信息可视度之间的相关关系的路径系数分别为 0.83、0.49 、0.46，且上述变量之间的路径系数在 $P<0.01$ 水平上显著，这样，合作关系管理、虚拟一体化、信息可视度之间的两两相关关系得到验证，即 H1，H2a，H2b 三个假设成立。

其次，合作关系管理→供应柔性、合作关系管理→伙伴柔性的标准化路径系数分别为 0.41 和 0.32，且在 $P<0.01$ 水平上显著，说明合作关系管理对供应柔性和伙伴柔性都有着较为显著的影响，即 H3a，H3b 成立，而且，合作关系管理对供应柔性的作用效果稍大于合作关系管理对伙伴柔性的作用效果。

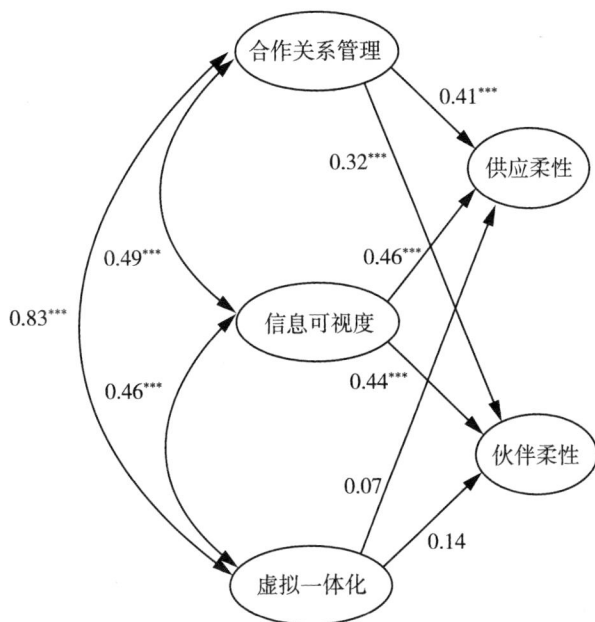

图 3　结构方程模型运行结果

表6 潜在变量路径系数估计值

变量关系	标准化路径系数	p 值	是否支持假设
合作关系管理↔虚拟一体化	0.83	***	支持 H1
合作关系管理↔信息可视度	0.49	***	支持 H2a
虚拟一体化↔信息可视度	0.46	***	支持 H2b
合作关系管理→供应柔性	0.41	***	支持 H3a
合作关系管理→伙伴柔性	0.32	***	支持 H3b
虚拟一体化→供应柔性	0.07	0.146	拒绝 H4a
虚拟一体化→伙伴柔性	0.14	0.06	拒绝 H4b
信息可视度→供应柔性	0.46	***	支持 H5a
信息可视度→伙伴柔性	0.44	***	支持 H5b

拟合优度指标: $\dfrac{\chi^2}{df} = 1.996$　RMSEA $= 0.055$　GFI $= 0.926$　AGFI $= 0.897$

NFI $= 0.965$　RFI $= 0.956$　$\chi^2 = 219.584$　DF $= 110$

再次,虚拟一体化→供应柔性的标准化路径系数为 0.07, P 值 0.14>0.1,说明虚拟一体化未能对供应柔性产生显著影响,即 H4a 不成立。而反之,虚拟一体化→伙伴柔性

163

的标准化路径系数为 0.14，*P* 值 0.06>0.05，说明虚拟一体化未能对伙伴柔性产生显著影响，即 H4b 不成立。总之，虚拟一体化不能对供应链柔性产生显著影响。

最后，信息可视度→供应柔性、信息可视度→伙伴柔性的标准化路径系数分别为 0.46 和 0.44，且在 *P*<0.01 水平上显著，说明信息可视度对供应柔性和伙伴柔性起到了较为显著的正向促进作用，即 H5a，H5b 成立，而且信息可视度对供应柔性的作用效果稍大于其对伙伴柔性所产生的作用效果。

6. 结论

柔性化是动态环境下供应链管理的一个重要举措，而信息技术则有助于该目标的实现。建立一个相互信任且具有可持续性的合作关系可以促进信息的实时交流与共享。正是基于这样的前提，笔者对合作关系管理、虚拟一体化、信息可视度这三个维度之间的两两相互作用关系进行探讨，并对合作关系管理、虚拟一体化和信息可视度对供应柔性、伙伴柔性所产生的不同影响进行深入剖析，以期为柔性环境下的供应链管理提供参考借鉴。

本研究得到如下实践启示：

第一，除了关系维护，还需要将信息共享能力、供应链柔性等因素纳入供应链管理，借助于这些因素的"桥梁"作用来为供应链整体的核心竞争优势提升提供更为全面的视角。

第二，合作关系管理既能对供应柔性和伙伴柔性产生较为显著的直接正向作用，也能通过信息可视度而对供应柔性和伙伴柔性产生较为显著的间接正向作用。同样的，信息可视度既能对供应柔性和伙伴柔性产生较为显著的直接正向作用，也能通过合作关系管理对供应柔性和伙伴柔性产生较为显著的间接正向作用。可见，信息共享能力是供应链核心竞争优势的重要来源，供应链核心企业的信息系统建设应该将关注点放在提升其所处供应网络的信息共享能力上。

第三，虚拟一体化不能对供应链柔性（供应柔性和伙伴柔性）产生直接的正向影响，但是虚拟一体化可以通过合作关系管理和信息可视度而间接地对供应柔性和伙伴柔性产生较为显著的正向作用。可见，柔性化既是供应链核心竞争优势的重要表现形式，也可以借助于虚拟一体化的供应网络架构来为供应链核心竞争优势的进一步提升提供思路，因此，核心企业可以运用适当的虚拟一体化架构和柔性化举措来为整体供应链竞争优势的提升提供参考借鉴。

◎ 参考文献

[1]Bensaou, M., Venkatraman, N.. Inter-organizational relationships and information technology: A conceptual synthesis and a research agenda [J]. *European Journal of Information Systems*, 1996, 5.

[2]Chatfield, A. T., Yetton P. Strategic payoff from EDI as a Function of EDI Embeddedness [J]. *Journal of Management Information Systems*, 2000, 16(4).

[3] Dwyer, F. R., Oh. S.. Developing buyer-seller relationships [J]. *Journal of Marketing*,

1987, 51(2).

[4] Dyer, J. H. , Singh, H. . The relational view: Cooperative strategy and sources of interorganizational competitive advantage[J]. *Academy of Management Review*, 1998, 23 (4).

[5]Frohlich, M. T. . E-integration in the supply chain: Barriers and performance [J]. *Decision Sciences*, 2002, 33(4): 537-556.

[6]Gosain, S. , Malhotra, A. , El Sawy O . A. Coordinating for flexibility in E-business supply chains[J]. *Journal of Management Information Systems*, 2004, 21(3).

[7] Hartono, E. , Li, X. , Na K. S. , et al. The role of the quality of shared information in interorganizational systems use[J]. *International Journal of Information Management*, 2010, 30(5).

[8]Heide, J. B. , John, G. Alliances in industrial purchasing: The determinants of joint action in buyer-seller relationships[J]. *Journal of Marketing Research*, 1990, 27(1).

[9] Holcomb, T. R. , Hitt, M. A. Toward a model of strategic outsourcing[J]. *Journal of Operations Management*, 2007, 25(2).

[10]Joshi, A. W. , Campbell, A. J. . Effect of environmental dynamism on relational governance in manufacturer-supplier relationships: A contingency framework and an empirical test[J]. *Journal of the Academy of Marketing Science*, 2003, 31(2).

[11] Johnston, D. A. , Mccutcheon, D. M. , Stuart, F. I. , et al. Effects of supplier trust on performance of cooperative supplier relationships[J]. *Journal of Operations Management*, 2004, 22(1).

[12]Jin, Y. , Vonderembse, M. , Ragu-Nathan, T. S. , et al. Exploring relationships among IT-enabled sharing capability, supply chain flexibility, and competitive performance [J]. *International Journal of Production Economics*, 2014, 153(7).

[13] Krause, D. R. , Handfield, R. B. . Tyler, B. B. , The relationships between supplier development, commitment, social capital accumulation and performance improvement[J]. *Journal of Operations Management*, 2007, 25(2).

[14]Lee, H. L. , Whang, S. . Information sharing in a supply chain[J]. *International Journal of Technology Management*, 2000, 20(20).

[15] Moberg, C. R. , Cutler, B. D. , Gross, A. , et al. Identifying antecedents of information exchange within supply chains[J]. *International Journal of Physical Distribution & Logistics Management*, 2002, 32(9).

[16] Morash, E. A. , Clinton, S. R. . Supply chain integration: Customer value through collaborative closeness versus operational excellence[J]. *Journal of Marketing Theory & Practice*, 2015, 6(4).

[17]Subramani, M. R. , Venkatraman, N. . Safeguarding investments in asymmetric interorganizational relationships: theory and evidence [J]. *Academy of Management Journal*, 2003, 46(1).

[18] Vickery, S. N., Calantone, R., Dröge, C.. Supply chain flexibility: An empirical study [J]. *Journal of Supply Chain Management*, 2006, 35(3).

[19] Wu, F., Yeniyurt, S., Kim, D., et al. The impact of information technology on supply chain capabilities and firm performance: A resource-based view [J]. *Industrial Marketing Management*, 2006, 35(4).

[20] Young-Ybarra, C., Wiersema, M.. Strategic flexibility in information technology alliances: the influence of transaction cost economics and social exchange theory [J]. *Organization Science*, 1999, 10(4).

The Study of the Interaction Between Supply Chain Governance Mechanism and Supply Chain Flexibility Based on the Information Visibility

Pang Mei[1] Feng Hua[2]

(1, 2 Economics and Management School of Wuhan University, Wuhan, 430072)

Abstract: Based on information visibility as the breakthrough point, this study empirically investigates the relationship between relational governance and virtual integration, and the relationship between this two kinds of supply chain governance mechanism and supply chain flexibility. First of all, empirical analysis shows significant direct positive effects of relational governance on supply chain offering flexibility and partner flexibility, with the aid of the mediation effect of information visibility, relational governance generates indirectly positive adjustment on supply chain offering flexibility and partner flexibility. Second, information visibility shows significant direct positive effects on supply chain offering flexibility and partner flexibility, the same as the foregoing conclusion, with the aid of the mediation effect of relational governance, information visibility can also generate indirectly positive adjustment on supply chain offering flexibility and partner flexibility. Third, although virtual integration can not have directly positive effect on supply chain flexibility, but with the help of the mediation effect of relational governance and information visibility, virtual integration can generate significant direct positive effects on supply chain offering flexibility and partner flexibility. All the above, in the interaction of relational governance virtual integration and supply chain flexibility, information sharing ability as intermediary variable plays a media role, adding more interesting topics for the study of the interaction relationship between governance mechanism and supply chain flexibility, becoming an indispensable dimension of supply chain management research field.

Key Words: Relational governance; Virtual integration; Information visibility; Supply chain offering flexibility; Supply chain partner flexibility

专业主编：许明辉

市场化进程、管理层激励与权益资本成本*

● 潘晓婷[1]　王健康[2]

（1，2　云南大学经济学院　昆明　650504）

【摘　要】股权激励和薪酬激励是现代公司治理的重要内容，有效的激励机制能够最大限度降低权益资本成本。本文在通过 CAPM 模型、Easton 模型、Gordon 模型、OJN 模型估算权益资本成本的基础上，以 2010—2014 年实施股权激励的中国上市公司为样本，首次探究中国上市公司管理层激励对权益资本成本的影响及市场化进程对两者关系的调节作用。研究显示，管理层股权激励和薪酬激励程度与权益资本成本正相关；与限制性股票相比，股票期权增加权益资本成本的幅度更大；市场化进程能够降低管理层激励增加权益资本成本的幅度，即市场化进程对管理层激励具有保护作用。研究结论补充了提高管理层激励效果的途径及权益资本成本的影响因素，且对完善管理层激励制度具有一定借鉴意义。

【关键词】股权激励　薪酬激励　权益资本成本　市场化进程

1. 引言

股权激励作为长期的激励机制，使管理者持有公司股票，让企业所有者与经营者的利益趋于一致，能强化两者之间有效的监管和制衡体制，降低股东面临的代理风险，从而使股东要求的必要报酬率降低，即降低企业的权益资本成本。薪酬激励作为短期的激励机制，是运用薪酬刺激使管理者为实现企业经营目标和个人利益目标而努力工作，促进企业管理绩效的提高，使管理者的道德风险和股东面临的代理风险有效降低，于是企业的权益资本成本也随之降低。但是管理层激励的效果往往会受到制度环境、内部治理效率等因素的制约，于是管理层激励计划也可能会助长高管的机会主义行为，增加管理层道德风险，同时增加了信息不对称程度和委托代理风险，以致提高必要报酬率，使权益资本成本有增无减。市场化水平是地区国民经济产权制度、政府控制社会资源程度、经济外向性、经济发展实绩、劳动力流动性、法律环境、资本市场、产品市场等方面发展程度的综合反映。良好的外部市场环境能够为企业提供众多外部经营环境信息，有利于企业有效实施激励与监管，优化上市公司治理环境，保证管理层激励效用的有效发挥。

---

*　通讯作者：潘晓婷，E-mail：416776366@qq.com。

目前关于管理层激励的研究主要集中于盈余管理、企业绩效、影响因素等方面，极少有文献研究关于管理层激励与权益资本成本的关系，并且探究市场化进程对两者关系的调节作用。因此，本文拟结合我国改革开放即经济转轨形成的特殊制度环境，从市场化进程的角度研究其对管理层激励与权益资本成本的关系。

本文的创新点在于：第一，首次比较研究管理层长期激励机制(股权激励)、短期激励机制(薪酬激励)与权益资本成本的关系，探究管理层激励的效应，补充了权益资本成本的影响因素；第二，首次细化股权激励的模式，比较分析股票期权和限制性股票与权益资本成本的关系，弥补了已有文献笼统地研究股权激励与权益资本成本关系的不足；第三，首次结合我国改革开放即经济转轨形成的特殊制度环境，从宏观角度探究市场化进程对管理层股权激励、薪酬激励与权益资本成本关系的调节作用。这不但丰富了已有的文献，也为如何发挥管理层股权激励机制和薪酬激励机制的积极治理效应提供了新的思路。

2. 文献回顾、理论分析与研究假设

2.1 管理层激励与权益资本成本关系

国内外学者关于管理层激励与权益资本成本关系的研究结论各不相同，一部分学者认为，管理层激励与权益资本成本负相关。管理层激励具有正反两方面的效应，一方面是作为解决所有者和管理层之间的冲突的有效方法；Boone(2011)的研究表明，股权激励质量与权益资本成本负相关，合理的股权激励计划可以降低股东的代理风险，尽量消除代理冲突，于是股东会降低必要报酬率，公司权益资本成本也降低，即股权激励的"治理效应"。另一方面，股权激励作为实现股东财富分配的一种方式，股东将一部分自身股权转让给管理层，让管理层按照股东意愿行使管理权力，这样也是牺牲股东利益，即股权激励的"侵蚀效应"。当股权激励的这种"治理效应"大于"侵蚀效应"时，这种激励就是有效的，能够降低权益资本成本，增加股东财富。Stulz(1999)的研究表明内部治理与公司资本成本有密切的联系，只有不断优化股东对公司内部管理层的监管以及中小股东对大股东的监督才能降低企业的权益资本成本。姜付秀、陆正飞(2006)的研究表明高管薪酬激励与权益资本成本呈负相关关系，说明高管薪酬激励能有效发挥保护股东利益的作用。

但是，在现实中管理层激励计划往往不能完全发挥"治理效应"，其原因在于权益资本成本是体现资本市场融资效率、衡量投资标的可行性的关键指标，投资者在进行投资决策时面临两大风险：经营管理风险和信息不对称的估计风险；通过这两种风险，管理层激励会使权益资本成本增加。首先，股权激励理论认为，如果董事会不能对管理层薪酬进行有效监管，股权激励就会增加管理层权力，以至于高管通过权力寻租来增加薪酬而不是通过经营获取薪酬，代理冲突会随着高管权力的增加而增大，企业业绩波动性和经营风险也增加。如果股权激励计划的设计受到高管权力的影响，那么股权激励可能会成为管理层置股东利益不顾而谋取自身利益的方式，从而增加经营风险。经营风险的增加会使投资者要求更高的风险溢价，这样也就会提高企业权益资本成本。Healy 和 Palepu(2001)的研究表明，与外部投资者相比，内部管理层能掌握更多企业内部信息，因此信息不对称及代理冲

突增加了内部融资的难度，提高了资本成本。Brown(2010)的研究表明，股权激励并不是一种有效的治理机制，相反的，公司治理质量的低下往往会使企业管理层滥用股权激励以谋取私利，当高管薪酬与股价波动密切相关时，高管更倾向于取得高债务融资以增加企业财务风险，从而使权益资本成本增加。邹颖(2015)通过实证研究发现实施股权激励的企业股权资本成本更高，股权激励并未实现应有的治理效应，而是使管理层侵占股东财富。周嘉南，雷霆(2014)[7]通过运用2007年至2012年上市公司数据进行实证检验得出股权激励并不能像预期那样降低代理成本，而是引发了管理层盈余管理行为，从而在代理成本、盈余管理和股权激励交互作用下使权益资本成本提高。其次，薪酬激励理论认为，与企业业绩相关的管理层薪酬能够降低代理成本，即管理层激励与薪酬业绩敏感性密切相关，但实际上管理权力理论认为提高薪酬业绩敏感性未必能有效降低代理成本，于是管理层激励可能会增加盈余管理的动机，导致股价因此变化，高管依据股价变化进行买卖股票的决策从而增加了高管盈余操纵的概率。股权激励的实施增加了盈余操纵的动机，投资者也会提高必要报酬率来弥补不确定性带来的损失，从而使权益资本成本增加。Dong(2010)的研究提出高管薪酬与股价波动性越相关，持有股票期权的高管越会不顾资本结构取得越高杠杆利率的债务融资资金，从而增加企业财务风险，导致权益资本成本增加。Armstrong(2012)认为股权激励的实施能够让管理层克服风险厌恶性质而投资风险较高但正净现值较高的项目，这样诱使了管理层可能会以损害企业价值的代价进行套利行为，加大企业系统性风险，从而提高了企业的资本成本。

因此，本文为探究中国上市公司管理层股权激励与权益资本成本，管理层股权激励模式与权益资本成本的关系，提出了假设一和假设二：

H1：中国上市公司管理层股权激励与权益资本成本正相关；

H2：较限制性股票激励模式，中国上市公司股票期权激励与权益资本成本相关度更高。

为探究管理层薪酬激励与权益资本成本的关系，本文提出了假设三：

H3：中国上市公司管理层薪酬激励与权益资本成本正相关。

2.2 市场化进程与管理层激励效用关系

市场化进程对管理层激励的影响主要表现在以下三个方面：一是基于资本市场的竞争压力；市场化程度越高的地区资本市场的发展越快，股票市场对管理层具有一定制衡作用，外部市场环境的改善使管理层激励的效用也会随之提升。二是基于经理人市场的竞争压力；尽管目前我国的经理人市场发展程度较低，但总体来看，市场化进程越高的地区，其经理人市场发展越快，市场选择淘汰机制能有效促使经理人更多地考虑长远利益，同时股权激励给予管理者一定股权就能有效地促使管理者为了企业和自身长远利益而努力工作，提高管理层激励的效用。三是基于政府干预；政府干预是市场化进程的一个重要指标，市场化进程越高的地区，政府干预就越少，公司业绩越能正确反映高管努力工作的程度，从而为实现管理层激励效用提供有效衡量渠道。

由于国外几乎不存在计划经济向市场经济转型历程，因此国外学者关于市场化进程的研究很少，La Porta(2000)通过实证研究发现投资者的法律保护程度能有效优化企业的治理结构。Karuna(2007)通过研究发现市场管制的减少能够使外部市场环境更加市场化,作为外部市场环境的内生变量,公司治理机制发挥了更高的效应。

王克敏,陈井勇(2004)的研究得出市场化进程越高的地区具有越高的法制化水平,并且法律的执行力度越强,对投资者保护的效用也越强,从而约束管理层对股东的利益侵占行为。这说明当投资者利益得到较好保护时,优化制度环境能有效监督被投资企业,使企业发挥股权激励的治理效应。吕长江(2011)的研究发现,市场化程度越高的地区,市场规则在企业运营中起到越重要的作用,管理层薪酬与企业业绩相关性越大,企业实施股权激励的意愿越强。这说明良好的外部市场环境有利于各方对高管的监管,提高企业的治理强度,从而提高股权激励治理效应。姜英(2012)通过实证研究发现市场化进程越高,法律保护度越高,政府干预越小的地区,其上市公司的会计信息质量越好。这样就有效地降低了信息不对称性,从而有效提高企业实施股权激励的效用。陈冬华,梁上坤,蒋德权(2010)通过研究得出市场化进程的提高能够较大程度降低薪酬激励及薪酬契约的交易成本,于是有效地提高薪酬激励的效用。

市场化进程会影响管理层激励计划的制订和执行,从而也影响到激励的效果,在公司治理中产生了重要的治理效应。市场化程度越高,市场的法制化程度也就越高,从而对企业管理层机会主义行为的制约作用越大,有利于缓解委托代理冲突,从而提升管理层激励的效果。

基于以上分析,本文为研究市场化进程对管理层激励与权益资本成本的关系的影响,提出了假设四、假设五:

H4:市场化程度的提高会抑制管理层股权激励增加权益资本成本的程度,对管理层股权激励实施具有保护作用;

H5:市场化程度的提高会抑制管理层薪酬激励增加权益资本成本的程度,对管理层薪酬激励实施具有保护作用。

3. 研究设计

3.1 主要变量计量

3.1.1 被解释变量:权益资本成本 R

本文选用资本资产定价模型(CAPM)、Easton 模型、Gordon 模型、OJN 模型分别估算权益资本成本,然后将四种方法所得值的平均值作为股权资本成本 R。

3.1.1.1 资本资产定价模型(CAPM)

$$R\_CAPM = R_f + \beta(R_m - R_f) \tag{1}$$

其中,R_CAPM 是资本资产定价模型估计的权益资本成本;R_m 是市场回报率;R_f 是无风险利率(国债收益率);β 是风险系数。

3.1.1.2 Easton 模型①

① Easton, P. D. P. E., Ratios, P. E. G.. Ratios, and Estimating the implied expected rate of return on equity capital[J]. *The Accounting Review*, 2004, 79(1): 73-95.

该模型假设长期增长率和下一期每股股利为零，且短期每股收益增长为正，推导出权益资本成本的计算公式：

$$R\_Easton = \sqrt{(EPS_2 - EPS_1)/P_0} \tag{2}$$

其中，R_{Easton}是 Easton 模型估计的权益资本成本；EPS 是预期每股收益；P_0是基期的年末股价。

3.1.1.3　Gordon 模型①

$$P_0 = DPS_1/(R\_Gordon - g) \tag{3}$$

其中，R_{Gordon}是 Gordon 模型估计的权益资本成本；P_0是年末股价；DPS_1是预期未来第一年每股股利；g是股利增长率，本文采用企业可持续增长率代替。

3.1.1.4　OJN 模型②

$$R\_OJN = A + \sqrt{A^2 + \left[E_{t+1}(g_{ST} - \gamma + 1)/P_t\right]} \tag{4}$$

其中，R_{OJN}是 OJN 盈余增长率模型估计的权益资本成本；$A = \left[\gamma - 1 + (D_{t+1}/P_t)\right]/2$，$\gamma = g_{LT} + 1$，$g_{LT}$根据以往研究经验取 5% 替代，$D_{t+1}$为普通股每股现金股利；$P_t$为年末股价；$E_{t+1}$为预期 $t+1$ 年每股盈余；$g_{ST} = (E_{t+2} - E_{t+1})/E_{t+1}$；

综合权益资本成本 $R = (R\_CAPM + R\_Easton + R\_Gordon + R\_OJN)/4$ (5)

3.1.2　解释变量

3.1.2.1　管理层股权激励程度（STOCK）

管理层股权激励程度的计算方法借鉴 Bergstresser[19]的方法：

STOCK = [1% * price * (shares + options)]/[1% * price * (shares + options) + cashpay] (6)

其中，price 是年末股票收盘价，shares 和 options 分别是高管持有股票和期权的数量，cashpay 是高管当年的现金薪酬，包括年薪和津贴。

3.1.2.2　管理层薪酬激励程度（SALARY）

本文运用董事、监事、高管年薪总额的自然对数作为管理层薪酬激励程度的指标。

3.1.2.3　市场化进程（MARKET）

本文借鉴樊纲等人的研究，用市场化程度总得分进行测度，虽然其最新的市场化程度得分只更新至 2009 年，但由于各地市场化进程在短短几年内是很难发生较大变化的，因此本文 2010 年至 2014 年的市场化进程得分沿用 2009 年的得分。

上述各变量和相关控制变量见表 1。

3.2　实证模型

为了检验假设一、假设二，构建模型 1 如下：

---

①　Gordon, M. J.. *The Investment*, *Financing and Valuation of the Corporation* [M]. Illinois：Richard D. Irwin, Inc., 1962：23-26.

②　Ohlson, J. A., Juettner-Nauroth, B. E.. Expected EPS and EPS Growth as determinants of value[J]. *Review of Accounting Studies*, 2005, 10(2)：349-365.

表1			变量定义表
	变量名称	变量代码	变量定义
被解释变量	权益资本成本	R	四种方法计算得出权益资本成本平均数
解释变量	管理层股权激励	STOCK	依据(6)式计算得出
	管理层薪酬激励	SALARY	董事、监事、高管年薪总额的自然对数
	市场化进程	MARKET	市场化进程总得分
控制变量	企业规模	SIZE	年末总资产的自然对数
	股票换手率	TR	年末股票交易数/股本总数
	总资产周转率	TAT	年末营业收入净额/平均资产总额
	账面市值比	BM	所有者权益账面值/市值

$$R = \alpha_0 + \alpha_1 * STOCK + \alpha_2 * SIZE + \alpha_3 * TR + \alpha_4 * TAT + \alpha_5 * BM + \varepsilon$$

在检验假设二时，为比较研究不同模式的股权激励与权益资本成本的相关性，依据不同模式的股权激励划分样本企业，再分别进行回归分析。

为了检验假设三，构建模型2如下：

$$R = \beta_0 + \beta_1 * SALARY + \beta_2 * SIZE + \beta_3 * TR + \beta_4 * TAT + \beta_5 * BM + \theta$$

为了检验假设四，构建模型3如下：

$$R = \gamma_0 + \gamma_1 * MARKET + \gamma_2 * STOCK + \gamma_3 * SIZE + \gamma_4 * TR + \gamma_5 * TAT + \gamma_6 * BM + \delta$$

为了检验假设五，构建模型4如下：

$$R = \chi_0 + \chi_1 * MARKET + \chi_2 * SALARY + \chi_3 * SIZE + \chi_4 * TR + \chi_5 * TAT + \chi_6 * BM + \xi$$

其中，α_0，β_0，γ_0，χ_0代表截距项；a_i，β_i，γ_i，χ_i代表估计系数，$i = 1，2，3，\cdots$；ε，θ，δ，ξ代表随机误差项。

3.3 样本与数据

本文以2010年至2014年深沪两市A股实施股权激励的上市公司为研究样本，由于部分指标计算需要以前一年的数据为基准，因此选取2009—2014年的上市公司数据。为保证研究的准确性与完备性，本文对研究样本进行了如下筛选：第一，剔除了ST公司样本；第二，剔除了相关指标数据缺失的样本；最终选定的上市公司共132家。数据主要来源于国泰安数据库，数据缺失项均来自巨潮咨询提供的上市公司年报。实证检验通过SPSS 22.0和Eviews 5.0共同完成。

4. 实证研究

4.1 描述性统计分析

表2报告了变量的描述性统计结果，研究期间内样本企业的权益资本成本最小值为

4.49%，最小值为34.77%，相差较大，说明不同的企业所面临的风险水平差异较大；管理层股权激励程度最大值为98.56%，最小值为0，均值为19.86%，说明不同企业在股权激励程度方面也存在显著差异；管理层薪酬激励程度最大最小值相差不大，说明企业管理层薪酬激励差异不大。

表2　　　　　　　　　　　　　　全样本描述性统计

变量	有效的 N	最小值	最大值	均值	标准差
R	660	0.0449	0.3477	0.1422	0.0708
STOCK	660	0.0000	0.9856	0.1986	0.2984
SALARY	660	13.2694	18.5798	15.4468	0.1292
MARKET	660	4.9800	11.8000	9.5449	1.7894
SIZE	660	19.8975	29.1853	22.2826	1.3392
TR	660	0.0448	16.3607	2.3308	2.0726
TAT	660	0.0286	2.9708	0.7098	0.4644
BM	660	0.4451	1.6284	0.8362	1.16461

4.2 相关性检验

各变量 Pearson 相关系数的双侧检验结果如表3所示。可以看出各变量间相关关系均显著，所有相关系数绝对值都小于0.5，说明各变量间相对独立，不存在多重共线性问题。从单变量相关分析的结果来看，也初步验证了本文的假设。

表3　　　　　　　　　　　　　　Pearson 相关性检验

	R	STOCK	SALARY	MARKET	SIZE	TR	TAT	BM
R	1							
STOCK	.006*	1						
SALARY	.017*	−.009*	1					
MARKET	.099*	.223**	.077*	1				
SIZE	.256**	−.216**	−.179**	.053*	1			
TR	.158**	−.087*	.005*	−.191**	−.186**	1		
TAT	.069*	−.092*	.022*	.138**	.031	−.141**	1	
BM	.094*	−.201**	−.087*	−.020*	.390**	−.085*	−.136**	1

注：*、**分别表示通过了显著性水平0.1、0.05的检验。

4.3 多元回归分析

4.3.1 管理层激励与权益资本成本的关系检验

针对本文提出的假设一、二、三，其回归结果如表4所示。

表4 管理层激励对权益资本成本影响的回归结果

变量	被解释变量：权益资本成本 R											
	全样本						管理层股权激励					
	管理层股权激励			管理层薪酬激励			股票期权			限制性股票		
	模型 1			模型 2			模型 1			模型 1		
	①			②			③			④		
	系数	T 值	Sig.	系数	T 值	Sig.	系数	T 值	Sig.	系数	T 值	Sig.
STOCK	0.096	2.540	0.011**	—	—	—	0.099	2.273	0.023**	0.117	2.686	0.007**
SALARY	—	—	—	0.076	2.048	0.041**						
SIZE	0.419	8.075	0.000**	0.423	8.062	0.000**	0.473	7.610	0.000**	0.352	5.892	0.000**
TR	0.243	6.446	0.000**	0.231	6.189	0.000**	0.264	6.215	0.000**	0.268	6.121	0.000**
TAT	0.079	2.092	0.037**	0.064	1.710	0.088**	−0.005	−0.114	0.909**	0.081	1.839	0.067**
BM	−0.144	−2.789	0.005**	−0.162	−3.145	0.002**	−0.180	−2.916	0.004**	−0.125	−2.091	0.037**

注：**表示通过了显著性水平 0.05 的检验。

从回归结果①，③，④可以看出，管理层股权激励与权益资本成本的估计系数都为0.096，并且在0.05的水平上显著，说明管理层股权激励的实施会增加企业的权益资本成本，即股权激励的治理效应未能有效发挥，从而验证了本文的假设一。

将回归结果③和④进行比较可以看出，管理层股票期权激励的估计系数为0.099，比限制性股票的估计系数0.117要小，说明与限制性股票激励相比，股票期权激励对企业权益资本成本的提升幅度较小，即股票期权的激励效果比限制性股票的激励效果要好一些，因此验证了本文的假设二。

从回归结果②可以看出，管理层薪酬激励的估计系数为0.076，并且在0.05的水平上显著，说明管理层薪酬激励的实施会增加企业的权益资本成本，验证了本文的假设三。与回归结果①的比较也能看出，管理层薪酬激励提升权益资本成本的幅度比管理层股权激励提升的幅度小。

4.3.2 市场化进程对管理层激励与权益资本成本关系的影响检验(如表5所示)

通过比较回归结果①和⑤可以看出，未加入"市场化进程"变量的管理层股权激励与权益资本成本估计系数为0.096，加入"市场化进程"变量后估计系数为0.073，并且回归结果均在0.05的水平上显著，说明市场化进程能降低管理层股权激励增加权益资本成本的幅度，即市场化进程对管理层股权激励实施具有保护作用，从而验证了本文的假设四。

表5　　　　　市场化进程对管理层激励与权益资本成本关系影响的回归结果

变量	被解释变量:权益资本成本 R											
	未加入"市场化进程"变量						加入"市场化进程"变量					
	管理层股权激励			管理层薪酬激励			管理层股权激励			管理层薪酬激励		
	模型1			模型2			模型3			模型4		
	①			②			⑤			⑥		
	系数	T值	Sig.	系数	T值	Sig.	系数	T值	Sig.	系数	T值	Sig.
STOCK	0.096	2.540	0.011**	—	—	—	0.073	1.880	0.061**	—	—	—
SALARY	—	—	—	0.076	2.048	0.041**	—	—	—	0.067	1.803	0.072**
MARKET	—	—	—	—	—	—	0.098	2.564	0.011**	0.109	2.924	0.004**
SIZE	0.419	8.075	0.000**	0.423	8.062	0.000**	0.409	7.902	0.000**	0.414	7.922	0.000**
TR	0.243	6.446	0.000**	0.231	6.189	0.000**	0.256	6.764	0.000**	0.250	6.623	0.000**
TAT	0.079	2.092	0.037**	0.064	1.710	0.088**	0.066	1.739	0.083**	0.053	1.420	0.156
BM	−0.144	−2.789	0.005**	−0.162	−3.145	0.002**	−0.141	−2.737	0.006**	−0.155	−3.011	0.003**

注: ＊＊表示通过了显著性水平0.05的检验。

通过比较回归结果②和⑥可以看出，未加入"市场化进程"变量的管理层薪酬激励与权益资本成本估计系数为0.076，加入"市场化进程"变量后估计系数为0.067，并且回归结果均在0.05水平上显著，说明市场化进程也能降低管理层薪酬激励增加权益资本成本的幅度，即市场化进程对管理层薪酬激励实施也具有保护作用，从而验证了本文的假设五。

另外，从降幅的角度来看，市场化进程对管理层股权激励的保护作用大于对管理层薪酬激励的保护作用。

5. 研究结论及启示

本文选取了2010—2014年中国深沪两市A股实施股权激励的上市公司为研究样本，针对全样本与分样本(股票期权样本、限制性股票样本)分别实证检验了管理层股权激励、薪酬激励与权益资本成本的关系。研究结果表明，权益资本成本均会随管理层股权激励和薪酬激励程度的增加而提高，说明中国上市公司管理层股权激励机制、薪酬激励机制未能发挥股东利益保护的作用；进一步分样本研究不同股权激励模式下，股权激励程度与权益资本成本的关系，发现股票期权激励提升权益资本成本的幅度小于限制性股票的提升幅度，说明股票期权比限制性股票的激励效果要好。而在加入市场化进程变量之后，管理层激励的权益资本成本提升作用有所降低，说明市场化进程起到了对管理层激励效用发挥的保护作用。

管理层股权激励作为一种长期的激励机制，其要义在于以股权的形式对管理层考虑股东利益最大化的目标对企业行使管理权力的约束，缓解股东与管理层之间的代理冲突，降低代理成本，降低权益资本成本，为实现股东利益最大化目标奠定基础。管理层薪酬激励作为一种短期的激励机制，其要义在于将薪酬作为最直观的回报，不仅满足马斯洛需要层次理论的要求，而且直接体现自身价值的受认可度，促使员工努力工作提升企业绩效，降低权益资本成本，实现企业价值和股东价值最大化的目标。目前，我国许多上市公司的治理质量偏低，外部市场制度不完善，监管力度不足等因素，使得管理层直接操纵激励以谋取私利，以至于激励的治理效用未能很好地实现，更多地体现为对股东利益的侵占，从而增加管理层的道德风险和股东面临的代理风险，从而股东要求的必要报酬率也会提高，导致公司股权资本成本的提升。而研究也表明，市场化进程对管理层激励的实施具有显著的保护作用，并且对股权激励的保护作用强于对薪酬激励的保护作用。

本文研究结论提供的主要启示如下：一方面，在设计管理层股权激励和薪酬激励计划时，应以股东财富最大化目标为基准，将权益资本成本作为激励计划设计的核心参数，动态调整激励计划以最大程度发挥管理层激励机制的治理效用；另一方面，国家要加快推进经济体制改革，不断完善制度建设及法律监管，逐步优化资本市场环境，进而提高我国的市场化进程，充分发挥市场化进程对激励机制的保护作用。如何提高管理层激励的治理效应，考虑市场化进程以外的其他因素对管理层激励机制的保护作用等是学者们未来的研究方向。

◎ 参考文献

[1]陈冬华，梁上坤，蒋德权.不同市场进程下高管激励契约的成本与选择：货币薪酬与在职消费[J].会计研究，2010，31(11).

[2]樊纲，王小鲁，朱恒鹏.中国市场化指数——各地区市场化相对进程报告2009[M].北京：经济科学出版社，2010.

[3]姜付秀，陆正飞.多元化与资本成本的关系[J].会计研究，2006，27(6).

[4]姜英，严婷.制度环境对会计准则执行的影响研究[J].会计研究，2012，33(4).

[5]吕长江，严明珠，郑慧莲，许静静.为什么上市公司选择股权激励计划？[J].会计研究，2011，32(1).

[6]王克敏，陈井勇.股权结构、投资者保护与公司绩效[J].管理世界，2004，20(7).

[7]周嘉南，雷霆.股权激励影响上市公司权益资本成本了吗？[J].管理评论，2014，26(3).

[8]邹颖，汪平，张丽敏.股权激励、控股股东与股权资本成本[J].经济管理，2015，37(6).

[9] Armstrong, C. S., Vashishtha, R.. Executive stock options, differential risk-taking incentive, and fiem value[J]. *Journal of Financial Economics*, 2012, 104(1).

[10]Bergstresser, D., Philippon, T.. CEO incentives and earnings management[J]. *Journal of Financial Economics*, 2006, 80(3).

[11]Boone, J. P., Khurana I. K., Raman, K. K.. Investor pricing of CEO equity incentive

[J]. *Review of Quantitative Finance and Accounting*, 2011, 36, (3).

[12] Brown, L. D. , Lee, Y. J. . The relation between corporate governance and CEO's equity grants[J]. *Journal of Accounting and Public Policy*, 2010, 29(6).

[13] Dong, Z. Y. , Wang, C. , Xie, F. . Do executive stock options induce excessive risk taking[J]. *Journal of BankingandFinance*, 2010, 34(10).

[14] Healy, P. , Palepu, K. . Information asymmetry, corporate disclosure, and the capital markets: a review of the empirical disclosure literature [J]. *Journal of Accounting and Economics*, 2001, 31(3).

[15] Karuna, C. . Industry product market competition and managerial incentives[J]. *Journal of Accounting and Economics*, 2007, 43(2).

[16] La, P. R. , Lopez S. F. , Shleifer, A. . Vishny R. Investor protection and corporate governance[J]. *Journal of Financial Economics*, 2000, 58(3).

[17] Stulz, M. . Golbalization, corporate finance, and the cost of capital[J]. *Journal of Applied Corporate Finance*, 1999, 26(2).

Marketization Process, Management Incentive and Cost of Equity Capital

Pan Xiaoting[1] Wang Jiankang[2]

(1, 2 Economics School of Yunnan University, Kunming, 650504)

Abstract: Equity incentive and compensation incentive are important parts of the management of the modern corporation, effective incentive mechanism can reduce the cost of equity capital. Based on using the CAPM model, Easton model, Gordon model and OJN model to estimate the cost of equity capital, this paper takes the equity incentive of China's listing Corporation which from 2010 to 2014 as a sample, firstly explore the impact of the management incentive of Chinese listing Corporation on the cost of equity capital and the moderating effect of the marketization on the relationship between the management incentive and cost of equity capital. The study shows that the degree of equity incentive and compensation incentive is positively related to the cost of equity capital; As compared with the restricted shares, the stock option has a greater rise on cost of equity capital; Marketing process can creased the amplitude of the cost of equity capital which rised by management incentive, in other words, marketization has a protective effect on the management incentive. These conclusions added the way to improve the incentive effect and the factors affecting the cost of equity capital, and provides reference to improve the management incentive system.

Key words: Equity incentive; Compensation incentive; Cost of equity capital; Marketization

专业主编：曾伏娥

我国建筑业碳排放效率评价及区域差异比较[*]

● 陆菊春[1]　钟　珍[2]　黄晓晓[3]

（1，2，3　武汉大学经济与管理学院　武汉　430072）

【摘　要】本文以我国各省市建筑业 2005—2012 年的面板数据为基础，利用三阶段 DEA 方法对我国建筑业碳排放效率进行评价。结果表明，与传统 DEA 方法相比，采用三阶段 DEA 方法来测度建筑业碳排放效率更加合理准确，在 2005—2012 年期间，我国建筑业碳排放效率仍处于较低水平但逐年上升，这种上升主要是技术效率的改善及技术进步共同作用。从东、中、西部三大区域比较看，东部地区建筑业碳排放效率最高为 0.8067，中部次之为 0.7127，西部最低为 0.4900。市场化水平、技术进步等外部环境变量是影响我国建筑业碳排放效率的关键因素，据此政府可以从改变环境变量入手对建筑业加以引导，帮助建筑业走健康持续的低碳发展道路。

【关键词】建筑业　三阶段 DEA　碳排放效率

1. 引言

目前中国建筑业的规模已占到全球建筑业的一半，建筑用水泥和钢材约占全球消耗量的一半，森林砍伐量则占了全球森林砍伐总量的 49%，其中建筑能耗约占中国全社会能耗的 30% 左右。我国要完成对国际社会碳排放降低 45% 的庄严承诺，建筑业的低碳发展迫在眉睫。

国外关于建筑业碳排放的研究，主要是围绕建筑的全生命周期以及建筑物的碳排放情况展开的。Hunt，Franklin 研究了美国如何有效地评价个体全生命周期内的碳排放情况。Brilian，Uson 运用全生命周期评价方法对建筑物碳排放效率进行了分析。Sorrell 指出必须从建筑业的可持续发展能力和能源利用效率的角度出发进行建筑行业的改革及政策制定。Hoffman，Henn 从社会和心理出发提出了促进绿色建筑健康有序发展的对策建议。Newton 从具体的实现途径出发，对实现绿色建筑的可能性进行了探讨。Heerwagen，Green 研究了组织以及生产力对建筑碳排放的影响。Theaker 从建筑产品创新、设计创新、新型建筑技

* 基金项目：国家社会科学基金资助项目"中国建筑业低碳竞争力评价及低碳发展机制研究"（11BJY051）

通讯作者：陆菊春，E-mail：jclu@whu.edu.cn。

术应用等方面论证了建筑产业的低碳途径。

国内关于建筑业的碳排放研究主要集中于建筑业碳排放的绝对量、建筑业碳排放的相对量、建筑业碳排放的影响因素等方面。李兵从全寿命周期的角度研究了建筑业的碳排放情况，构建了建筑业碳排放的测算模型。陆菊春等构建了基于区间数的不完全权重信息模型，用以评价建筑业的低碳竞争力。在建筑业碳排放的影响因素研究方面，祁神军等使用经济投入—产出分析法建立了我国建筑业碳足迹模型，并使用 Kaya 恒等式分析了我国建筑业碳排放的影响因素。张智慧在进行建筑业碳排放量的计算时，将其划分为建筑业自身产生的直接碳排放与间接碳排放，计算得到了我国建筑业的碳排放量及关联碳排放系数。冯博等使用脱钩模型对我国建筑业碳排放的脱钩状态进行分析，并对建筑业碳排放的影响因素进行了分解分析，研究结果表明，我国大部分省份的碳排放正处于弱脱钩状态，间接碳排放强度效率和产业规模效应是碳排放的主要影响因素。

我们通过对国内外建筑业碳排放研究现状的分析发现，目前针对我国建筑业碳排放效率的研究较少，并且效率研究主要采用的方法包括数据包络分析方法（DEA）和随机前沿分析方法（SFA），这两种方法相对都比较传统，虽然各有特点，但传统 DEA 评价结果可能会受到随机误差、环境因素以及管理无效率因素的影响，无法分离这三个方面的影响，只能将它们统一归于管理无效率因素。因此本文采用改进的 DEA 方法即三阶段 DEA 模型来评价建筑业碳排放效率，该方法可以克服传统 DEA 方法的缺陷，相比其他的效率评价方法，三阶段 DEA 的效率评价结果波动性小，相对稳定，一定程度上也说明三阶段 DEA 方法在解释随机误差与外生环境变量的影响上具有显著的优势。

2. 我国建筑业碳排放效率评价的三阶段 DEA 方法

2.1 建筑业碳排放效率评价指标构建

2.1.1 投入产出指标

结合现有的研究，在进行建筑业生产效率评价时，投入变量的选择大多从人力、物力、财力三个方面考虑。人力指标通常由相关从业人员的有效劳动时间来进行衡量，而我国在平均工作时间的统计中缺乏相关数据，故此处以当年建筑业全行业的从业人员数衡量人力指标。在物力方面，本文选取了建筑企业的机械设备年末总功率进行衡量。在财力方面，本文选取了建筑业企业总资产进行衡量。

将二氧化碳排放量作为投入指标[1][2][3]，这种思路主要从两个方面考虑：首先，生产

---

① Pittman ,R. W. .Issue in pollution control：Interplant cost differences and economies of seale［J］. *Land Economies*,1981,57(1):58-67.

② Corpper,M.L., Oates,W.E.. Environmental economies：A survey［J］. *Journal of Economic Literature*, 1992,30(2):11-49.

③ Reinhadr,S., Lovell,C.A.K., Thijssen,G.J. Econometric estimation of technical and environmental efficieney：An application to Dutch dairy famrs［J］. *American Journal of Agricultural Economics*,1999,81(1): 385-397.

过程是由一定资源投入带来相应的期望产出和污染物排放，而期望产出与污染物排放之间存在着同向变化的关系，这种关系类似于投入与产出之间的关系；其次，环境技术有效是指能使期望产出最大和污染物排放最小的情况，在效率评价中，希望建筑业碳排放效率的期望产出对应的污染物排放越小越好。

进行产出变量选取时，主要从价值产出及实物产出两个方面进行考虑。建筑业总产值全面反映了建筑业生产的实际活动，可以对建筑业的价值产出进行有效衡量。而实物产出方面，则主要使用建筑业房屋建筑竣工面积进行衡量。

2.1.2 环境变量分析

目前对于环境变量的选择，学术界还没有形成统一的标准，本文根据建筑业碳排放的实际情况，选取以下三个指标作为评价我国建筑业碳排放效率的环境变量。

2.1.2.1 市场化水平

市场化水平反映了建筑业所处的制度环境，对建筑业碳排放效率的影响主要体现在两个方面：一是与非国有经济产权相比，国有经济产权往往因缺乏市场约束而造成技术水平、成本效率、能源效率低下，进而导致碳排放效率低下；二是国有经济产权更容易受低碳相关政策及各类碳减排指标的影响，在有相关政策要求的情况下，国有经济产权往往更主动地进行减排，减排工作质量较高。本文在此选用非国有建筑企业总产值占全部建筑企业总产值的比重来表示一个地区建筑业的市场水平。

2.1.2.2 地区总产值

地区总产值反映了建筑业所处的经济环境，对建筑业碳排放效率的影响主要体现在生产方式上。

2.1.2.3 技术进步水平

提高技术水平是提高碳排放效率的重要手段，技术进步水平对建筑业碳排放效率的影响主要体现在三个方面：一是先进的能源转换技术可以提高能源转化效率，减少能源浪费；二是先进的节能技术可以直接降低生产及使用过程中的能耗；三是科技的发展可以实现能源的有效替代，用绿色能源替代化石能源。本文在此选用地区技术市场成交额作为技术进步水平的衡量指标。

2.2 建筑业碳排放效率评价的三阶段 DEA 方法

2.2.1 第一阶段——传统 DEA 方法

在这一阶段本文选择传统的 DEA 模型——BCC 模型(可变规模报酬模型)作为三阶段 DEA 模型的基础来评价决策单元的效率。计算得出技术效率值，通过分解这个效率值还可以得到纯技术效率值和规模效率值。为节约篇幅相关计算方法参见文献①②。

2.2.2 第二阶段——SFA 模型

由于在第一阶段使用原始数据得到的 DEA 评价结果可能会受到随机误差、环境因素

---

① 王科，李默洁. 碳排放配额分配的 DEA 建模与应用[J]. 北京理工大学学报(社科版)，2013 (8)：7-14.

② 魏权龄. 评价相对有效性的数据包络分析模型：DEA 和网络 DEA[M]. 北京：中国人民大学出版社，2012：32-34.

以及管理无效率因素的影响，而传统 DEA 方法只能将这三个方面的影响统一归于管理无效率因素，无法将影响分离。为了从得到的松弛变量中分离出随机误差、环境因素以及管理无效率三个方面，需要运用 SFA 回归模型。根据 SFA 模型得到的结果，可以将环境因素对效率的影响及随机误差剔除，进而调整生产投入指标。

设 x_{ni} 为第 i 个决策单元的第 n 个投入变量，s_{ni} 为其松弛变量，则 $s_{ni} = x_{ni} - X_n\lambda$，$i = 1，2，\cdots，I$；$n = 1，2，\cdots，N$，$X_n$ 是投入变量的第 n 行，$X_n\lambda$ 则表示 x_{ni} 所对应的产出向量 y_i 在投入效率子集上的最优映射。SFA 模型的因变量为松弛变量 s_{ni}，自变量为考虑到的 k 个环境变量：

$$Z_i = (z_{1k}，z_{2k}，\cdots，z_{ik})，\quad i = 1，2，\cdots，I \tag{1}$$

则 N 个 SFA 回归模型的一般形式为：

$$s_{ni} = f(Z_i，\beta^n) + v_{ni} + u_{ni}，\quad n = 1，2，\cdots，N；i = 1，2，\cdots，I \tag{2}$$

式（2）中，$f(Z_i，\beta^n)$ 反映了环境变量对松弛变量 s_{ni} 的影响，一般情况下取 $f(Z_i，\beta^n) = Z_i\beta^n$；假设 $v_{ni} \sim N(0，\sigma_{vn}^2)$，$v_{ni}$ 反映了随机误差对松弛变量 s_{ni} 的影响；假设 $u_{ni} \sim N^+(\mu^n，\sigma_{un}^2)$，$u_{ni}$ 反映了管理无效率的影响；v_{ni} 与 u_{ni} 相互独立。

对以上 N 个 SFA 回归模型使用极大似然估计法进行回归，则可以得到 N 组估计参数，由于各个松弛变量受环境因素、随机误差和管理无效率因素的影响程度各不相同，故每组估计参数都可能不相同。Kumbhakar 在 *Stochastic Frontier Analysis* 一书中给出了管理无效率的估计公式：

$$\hat{E}[u_{ni} \mid \varepsilon_i] = \frac{\lambda\sigma}{1 + \lambda^2}\Big[\frac{\phi(\varepsilon_i\lambda/\sigma)}{\Phi(\varepsilon_i\lambda/\sigma)} + \frac{\varepsilon_i\lambda}{\sigma}\Big] \tag{3}$$

式（3）中，$\sigma^2 = \sigma_u^2 + \sigma_v^2$，$\varepsilon_i = u_{ni} + v_{ni}$ 是综合误差，$\lambda = \sigma_u / \sigma_v$，$\Phi(.)$，$\phi(.)$ 分别为标准正态下的分布函数及密度函数。

在得到管理无效率的条件估计之后，可以进一步推导出随机误差项的条件估计公式为：

$$\hat{E}[v_{ni}/(u_{ni} + v_{ni})] = S_{ni} - Z_i\beta^n - \hat{E}[u_{ni}/(u_{ni} + v_{ni})]，\quad n = 1，2，\cdots，N；i = 1，2，\cdots，I \tag{4}$$

根据 SFA 模型回归得到的结果，可以将环境因素对效率的影响及随机误差剔除，进而调整生产投入指标。考虑到将处于不利生产环境中生产者的投入向下调整可能会出现负值的情况，一般选择将处于有利生产环境中生产者的投入向上调整，从而可以将有效的 DMU 作为基准，其他的 DMU 则可以按照下面的公式来进行调整：

$$X_{ni}^* = X_{ni} + [\max_i\{Z_i\beta^n\} - Z_i\beta^n] + [\max_i\{V_{ni}\} - V_{ni}]，\quad n = 1，2，\cdots，N；i = 1，2，\cdots，I \tag{5}$$

式中，X_{ni} 为第 i 个 DMU 第 n 个投入的原始值，X_{ni}^* 为第 i 个 DMU 第 n 个投入的调整值，$[\max_i\{Z_i\beta^n\} - Z_i\beta^n]$ 意味着将所有的决策单元都调整到最差的外部环境中，$[\max_i\{V_{ni}\} - V_{ni}]$ 意味着将所有的决策单元都调整到最差的运气状态中。

2.2.3　第三阶段——使用 SFA 调整数据后的 DEA 方法

依赖于第二阶段 SFA 模型计算得到的相关参数，对原始的投入产出数据进行调整，将随机因素和不利的环境因素影响剔除，在此基础上，通过常规的 DEA 模型计算得到的建筑业碳排放效率值能够纯粹地反映决策单元的管理水平。

3. 我国建筑业碳排放效率实证分析

3.1 数据收集与处理

本文选取了我国各省(市、自治区)(未包含西藏、港、澳、台数据，下同)2005—2012 年的相关数据，这些数据的来源主要包括《中国能源统计年鉴》、《中国建筑业统计年鉴》和各省市(区)的相关统计年鉴。对于碳排放量的计算，目前主要是参照 IPCC (2006)[18] 提供的将实物消耗转化为碳排放量的方法，计算公式如下：

建筑业 CO_2 排放量= 建筑业资源碳排放量 + 建筑业能源碳排放量

$$= \sum_{i=1}^{m} 资源_i \times 资源_i CO_2 排放量系数 + \sum_{j=1}^{n} 能源_j \times 能源_j CO_2 排放量系数$$

综合考虑建筑业碳排放主要来源以及数据的可获取性和连续性，资源选取钢材、水泥两种资源，能源则考虑原煤、洗精煤、其他洗煤、型煤、焦炭、汽油、煤油、柴油、燃料油、液化石油气、天然气、其他石油制品、热力、电力这 14 种能源，将它们按表1、表2折换成标准煤并求和之后，再乘以标准煤 CO_2 排放量系数得到能源碳排放量。

表1 资源及资源 CO_2 排放量系数 单位：$kgCO_2/kg$

	钢材	水泥	标准煤
CO_2 排放量系数	1.9	0.376	2.46

数据来源：IPCC2006。

表2 能源折换系数表

能源名称	折换系数	能源名称	折换系数	能源名称	折换系数
原煤	0.71	焦炭	0.97	燃料油	1.43
洗精煤	0.76	汽油	1.47	液化石油气	1.71
其他洗煤	0.29	煤油	1.47	天然气	12.14
型煤	0.60	柴油	1.46	其他石油制品	1.40
热力	0.03	电力	3.27		

注：除天然气的折换系数单位为吨/万立方米，热力的折换系数单位为吨/百万千焦，电力的折换系数单位为吨/万千瓦时外，其余能源的折换系数单位均为吨/吨。

各省(市、自治区)建筑业 CO_2 排放量的描述性统计见表3。为节约篇幅，投入产出其他各指标数据略。

表3

各年建筑业 CO_2 排放量的描述性统计　　　　　单位：万吨

统计量	2005 年	2006 年	2007 年	2008 年	2009 年	2010 年	2011 年	2012 年
极小值	105.61	117.94	172.92	225.69	302.02	295.26	320.42	373.65
极大值	10526.17	12405.25	13249.88	15943.75	17517.33	20687.41	55973.98	49008.99
均值	2273.05	2641.55	2728.46	3623.89	4142.12	5181.39	8242.10	10975.13
标准差	2248.57	2661.07	2903.07	3505.62	3907.33	5040.87	11402.30	13250.91

3.2 第一阶段——传统 DEA 方法计算结果

本阶段将相关数据输入 DEAP2.1 中，通过 BBC 模型计算 2005—2012 年全国及东、中、西部建筑业碳排放的技术效率、纯技术效率和规模效率，见表4。在规模报酬不变的条件下得到 TE1(技术效率)，它反映了在投入固定的情况下决策单元对应的最大产出；在规模报酬可变的条件下，得到 PTE1(纯技术效率)；在资金不足、不完全竞争的条件限制下，通过对决策单元的最佳生产规模和实际生产规模间的距离进行测度可以得到 SE1(规模效率)。

如果忽略随机因素及外在环境变量的影响，我国 2005—2012 年建筑业碳排放的纯技术效率均值都低于规模效率均值，总的来说我国建筑业碳排放的技术无效率更多是受纯技术无效率的影响，规模无效率的影响相对较小。

表4　　　　　　第一阶段 DEA 计算得到的建筑业碳排放效率

年份		2005	2006	2007	2008	2009	2010	2011	2012
全国	TE1	0.8912	0.8763	0.9041	0.8664	0.8763	0.8992	0.9155	0.9192
	PTE1	0.9142	0.9111	0.9264	0.8862	0.9153	0.9162	0.9261	0.9384
	SE1	0.9743	0.9622	0.9754	0.9781	0.9595	0.9823	0.9885	0.9808
东部地区	TE1	0.9112	0.9113	0.9532	0.9234	0.8795	0.9043	0.9463	0.9512
	PTE1	0.9322	0.9451	0.9573	0.9244	0.9135	0.9431	0.9493	0.9592
	SE1	0.9782	0.9651	0.9960	0.9991	0.9650	0.9662	0.9963	0.9914
中部地区	TE1	0.9023	0.9062	0.9171	0.9052	0.9283	0.9093	0.9302	0.9272
	PTE1	0.9172	0.9204	0.9203	0.9102	0.9313	0.9130	0.9342	0.9350
	SE1	0.9821	0.9852	0.9970	0.9950	0.9973	0.9961	0.9961	0.9913
西部地区	TE1	0.8602	0.8113	0.8372	0.7692	0.8273	0.8440	0.8670	0.8781
	PTE1	0.8932	0.8653	0.8981	0.8240	0.9030	0.8881	0.8930	0.9190
	SE1	0.9632	0.9391	0.9340	0.9392	0.9190	0.9521	0.9710	0.9571

注：东部地区：京、沪、津、冀、浙江、辽、苏、闽、鲁、粤、琼；中部地区：黑、吉、豫、皖、晋、鄂、湘、赣、蒙；西部地区：新、宁、陕、甘、青、渝、川、桂、黔、滇。(未包括西藏、港、澳、台数据)

3.3 第二阶段——SFA 模型计算结果分析

本阶段建立 SFA 回归模型，被解释变量为投入松弛变量，解释变量为地区生产总值、市场化水平和技术进步水平这三个环境变量，于是有：

$$S_{ni} = \beta_0^n + \beta_1^n Z_{1i} + \beta_2^n Z_{2i} + \beta_3^n Z_{3i} + V_{ni} + U_{ni}, \quad n = 1, 2, 3, 4, 5 \quad i = 1, \cdots, 30 \quad (6)$$

式中，$Z_i = [z_{1i}, z_{2i}, z_{3i}]$ 表示外部环境变量，分别表示地区生产总值、市场化水平和技术进步水平，S_{ni} 表示第 i 个 DMU 第 n 种投入的松弛变量，β_0^n 为常数项，β_1^n、β_2^n、β_3^n 为待估参数，$V_{ni} + U_{ni}$ 为组合误差项。松弛变量数据由第一阶段的 DEA 计算得出，为了方便叙述及计算，此处取各年数据的算术平均值进行分析。将数据导入 Frontier4.1 中计算后得到如表 5 所示的总体 SFA 估计结果。

表5 第二阶段 SFA 计算结果

变量	从业人员数的松弛变量	机械设备年末总功率的松弛变量	总资产的松弛变量	CO_2排放量的松弛变量
常数项	$-0.29\text{E}+01^*$ $(-1.74\text{E}+00)$	$-1.43\text{E}+06^{***}$ $(-1.43\text{E}+06)$	$-2.27\text{E}+06^{***}$ $(-2.27\text{E}+06)$	$-8.84\text{E}+02^{***}$ $(-8.83\text{E}+02)$
地区生产总值	$-0.81\text{E}-08$ $(3.15\text{E}-01)$	$-5.62\text{E}-03^{***}$ $(2.94\text{E}+00)$	$-4.32\text{E}-03$ $(6.59\text{E}-01)$	$-2.59\text{E}-06^*$ $(2.61\text{E}+00)$
技术进步水平	$0.48\text{E}-06$ $(1.82\text{E}-01)$	$-9.49\text{E}-03$ $(-1.12\text{E}-01)$	$3.41\text{E}-01$ $(3.38\text{E}-01)$	$4.31\text{E}-05$ $(2.26\text{E}-01)$
市场化水平	$-0.13\text{E}+02^{***}$ $(-1.18\text{E}+01)$	$1.54\text{E}+06^{***}$ $(1.54\text{E}+06)$	$2.35\text{E}+06^{***}$ $(2.35\text{E}+06)$	$-1.51\text{E}+03^{***}$ $(-1.51\text{E}+03)$
σ^2	$0.22\text{E}+03^{***}$ $(2.21\text{E}+02)$	$2.14\text{E}+12^{***}$ $(2.14\text{E}+12)$	$2.56\text{E}+12^{***}$ $(2.56\text{E}+12)$	$5.94\text{E}+06^{***}$ $(5.94\text{E}+06)$
γ	$1\text{E}+00^{***}$ $(1.58\text{E}+03)$	$9.29\text{E}-01^{***}$ $(1.02\text{E}+01)$	$1.00\text{E}+00^{***}$ $(3.71\text{E}+01)$	$1.00\text{E}+00^{***}$ $(1.25\text{E}+05)$
LR 检验值	$0.14\text{E}+02$	$0.16\text{E}+02$	$0.58\text{E}+01$	$0.18\text{E}+02$

注：括号内数字为相应的 t 值。* 表示10%显著性水平，＊＊表示5%显著性水平，＊＊＊表示1%显著性水平。

从结果看，四项投入松弛变量的似然比 LR 都通过了显著性水平为1%的混合卡方检验，即建立的四个 SFA 回归方程都通过了1%的显著性水平的检验，这说明效率值受到所选取的外部环境变量的显著影响，故可以通过 SFA 模型将外部环境变量的影响剔除。由于 $\sigma^2 = \sigma_u^2 + \sigma_v^2$，$\gamma = \sigma_u^2 / (\sigma_u^2 + \sigma_v^2)$，在检验结果中可以看到，各投入松弛变量下的 σ^2 都很大，并且 γ 都趋近于1，这意味着管理非效率因素在总方差中占了相当大的比重，反映出建筑业碳排放的管理效率在各区域之间有很大的不同，有必要运用 SFA 模型进行回归分析。

由于 SFA 回归模型的因变量为投入的松弛变量，自变量为环境变量，当环境变量的系数为负值时，表示环境变量的增加可以引起投入的松弛变量减少。根据松弛变量的定义，这说明资源的投入存在冗余，即减少松弛变量的投入就可以减少资源的浪费，从而提高相对效率。接下来将据此对各环境因素进行具体分析。

3.3.1 地区生产总值

从显著性水平看，这一环境变量对机械设备年末总功率的松弛变量通过了 1% 的显著性检验且影响系数为负，对 CO_2 排放量的松弛变量通过了 10% 的显著性检验且影响系数也为负，而对从业人员数的松弛变量、总资产的松弛变量则没有通过显著性检验。这说明地区经济发展水平与机械设备年末总功率及 CO_2 排放量的松弛变量负相关。这是比较符合逻辑的，因为地区生产总值代表了地区经济活动的水平，一个地区生产总值越大，说明该地区的经济活动更有效率，竞争更激烈，这会迫使决策单元节约各类资源的投入以在激烈的竞争中存活下来。

3.3.2 技术进步水平

这一环境变量对四项投入的松弛变量而言都没有通过显著性检验。这说明在当下我国的建筑业领域，技术进步因素并没有发挥其应有的作用，建筑业整体的技术水平仍有待提高。从计量方法上说，对于不显著的环境变量可以剔除后重新进行回归，但从经济理论上说，技术进步水平对于建筑业低碳发展而言是一个重要的影响因素，因此尽管技术进步水平的回归结果不显著，仍将其放在回归方程中考虑，但在第三阶段的调整中不考虑技术进步水平的影响。

3.3.3 市场化水平

这一环境变量对企业总资产和机械设备年末总功率这两项投入的松弛变量的影响系数为正值，对从业人员数和 CO_2 排放量这两项投入的松弛变量的影响系数为负值，且都通过了 1% 的显著性检验。在市场化水平高的地区，通常有较高的管理效率，存在机构冗余的可能性较小，因此从业人员数会随着市场化水平的提高而减少。

通过对 SFA 估计结果的分析可知，随机误差及环境因素对全国及各区域建筑业碳排放效率都会产生影响。因此，必须将外部环境因素及随机误差因素的影响剔除，使随机误差及外部环境对所有决策单元的影响都是公平的，才能真实有效地评价决策单元的效率水平。

3.4 第三阶段——调整值后的 DEA 实证分析

根据 SFA 模型回归的结果对第一阶段中的投入产出数据进行调整，可以得到应用于第三阶段的新投入产出数据，将其导入 DEAP 2.1 中进行计算，即可得到 2005—2012 年全国及各区域建筑业的碳排放调整效率均值情况如表 6 所示。

3.4.1 第三阶段与第一阶段比较

通过 Spearman 等级相关分析对比第三阶段和第一阶段各区域建筑业的产出值及效率值，来判别第三阶段 DEA 模型得到的建筑业碳排放效率值是否更符合实际情形。结果如表 7 所示：通过在第二阶段对随机因素和环境因素进行调整，各区域的技术效率值、规模

表6

年份		2005	2006	2007	2008	2009	2010	2011	2012
全国	TE3	0.5951	0.6091	0.6442	0.6262	0.6731	0.6992	0.7492	0.7874
	PTE3	0.9132	0.9312	0.9391	0.9143	0.9230	0.9354	0.9384	0.9402
	SE3	0.6494	0.6523	0.6823	0.6810	0.7282	0.7450	0.7972	0.8382
东部地区	TE3	0.7680	0.7824	0.8034	0.7784	0.7954	0.8263	0.8493	0.8504
	PTE3	0.9372	0.9592	0.9640	0.9521	0.9290	0.9641	0.9671	0.9550
	SE3	0.8213	0.8141	0.8332	0.8180	0.8582	0.8580	0.8804	0.8931
中部地区	TE3	0.5852	0.6133	0.6582	0.6623	0.7321	0.7531	0.8262	0.8711
	PTE3	0.9101	0.9350	0.9461	0.9314	0.9442	0.9462	0.9580	0.9434
	SE3	0.6432	0.6593	0.6970	0.7092	0.7723	0.7934	0.8611	0.9182
西部地区	TE3	0.4145	0.4132	0.4572	0.4274	0.4840	0.5102	0.5702	0.6435
	PTE3	0.8891	0.8986	0.9063	0.8571	0.8994	0.8943	0.8872	0.9204
	SE3	0.4662	0.4672	0.5033	0.5051	0.5451	0.5771	0.6472	0.7061

效率值及纯技术效率值与建筑业产出值的相关度都显著提升。这说明第二阶段对随机因素和环境因素的调整是非常有效的，这使得第三阶段对各区域碳排放效率的测度结果比第一阶段更加真实，也说明与传统 DEA 方法相比，采用三阶段 DEA 模型来测度建筑业碳排放效率更加准确、合理。

表7 　　　　基于 Spearman 等级的建筑业产出值与效率值的相关系数

	综合技术效率		纯技术效率		规模效率	
	TE1	TE3	PTE1	PTE3	SE1	SE3
建筑业产值	0.452 (0.000)	0.568 (0.000)	0.602 (0.000)	0.689 (0.000)	0.490 (0.000)	0.571 (0.000)

注：括号中的数为检验的 p 值。

对比第一、三阶段全国建筑业效率指标值，如图1所示，可以看到2005—2012年，全国建筑业碳排放技术效率(TE)、纯技术效率(PTE)和规模效率(SE)均值的变化趋势与整体变化趋势相同，在将外部因素的影响和随机误差剔除后均造成了规模效率和技术效率的下降以及纯技术效率的上升。由于 DEA 方法评价的是决策单元间的相对效率，通过第二阶段的调整剔除随机误差及外部环境因素的影响之后，第三阶段计算得到的各年纯技术效率都很接近于1，并且远高于技术效率和规模效率，这就说明全国建筑业管理控制碳排放的水平相差不大。第三阶段计算得到的技术效率和规模效率有着基本一致的变化趋势，这再一次说明了，全国建筑业碳排放的技术无效主要是规模无效率引起的。总的来说，我国建筑业碳排放效率值第一阶段 DEA 的评价结果和第三阶段 DEA 的评价结果存在着明显的差异，这种差异是随机误差及外部环境因素的影响造成的，这也进一步说明了使用 SFA 模型将外部环境因素及随机误差的影响剔除的必要性。

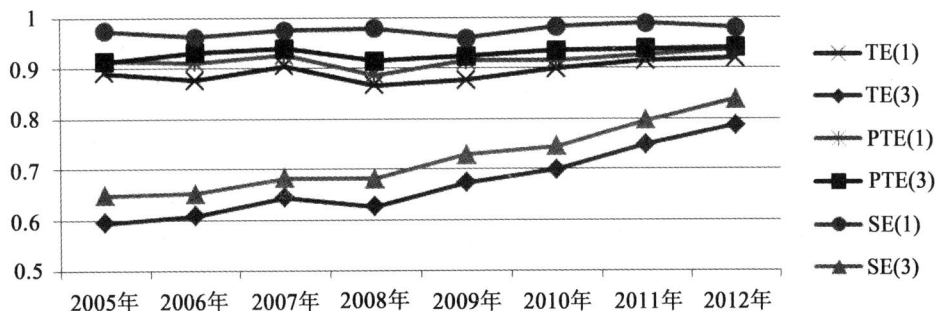

图 1　第一、三阶段全国建筑业技术效率、纯技术效率、规模效率对比

3.4.2　第三阶段建筑业碳排放效率计算结果分析

表 6 列出了投入数据调整后，2005—2012 年全国及东部、中部、西部三大区域的建筑业碳排放技术效率(TE3)、纯技术效率(PTE3)和规模效率(SE3)的计算结果。对比分析表 4 和表 6 可知，将随机因素和环境变量的影响剔除后，规模效率均值 SE 由第一阶段的 0.9751 下降为第三阶段的 0.7220，下降了 25.98%；技术效率均值 TE 由第一阶段的 0.8932 下降为第三阶段的 0.6732，下降了 24.69%；纯技术效率均值 PTE 由第一阶段的 0.9170 上升为第三阶段的 0.9290，上升了 1.38%。规模效率的下降幅度大于纯技术效率上升的幅度，使得技术效率最终出现了下降。

图 2 把我国建筑业碳排放技术效率按照东、中、西部三大区域进行分析，从图中可以看到，三大区域的建筑业碳排放技术效率均值进行比较，东部最高，其均值为 0.8067，中部次之为 0.7127，西部最低为 0.4900，这与实际情况作出的假设基本吻合。从增长趋势上看，三大区域的建筑业碳排放技术效率增长趋势与我国建筑业整体的碳排放技术效率增长趋势大致一致，均是随着时间的推进上升，在 2008 年出现一定幅度波动。

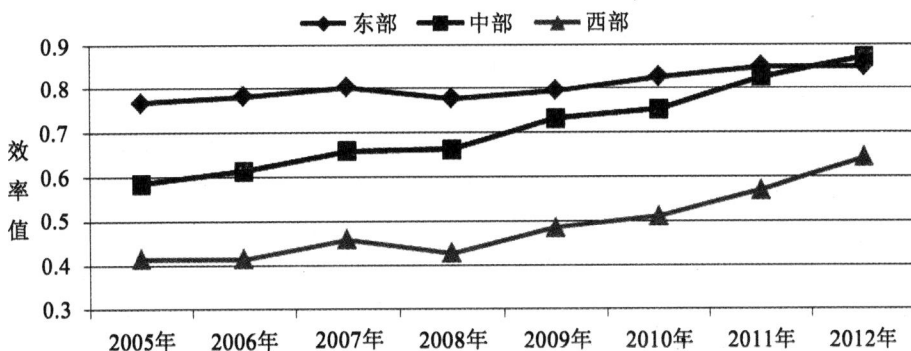

图 2　我国东、中、西部区域建筑业碳排放技术效率均值比较

我国各省(市、自治区)建筑业碳排放效率排名如表 8 所示,从表中可以看到:①东部地区的大部分省份排名靠前,但也存在两极分化的现象。北京、上海、江苏、浙江四个省份的建筑业碳排放效率常年处于前列,发展稳定;辽宁、天津、山东、广东四个省份的建筑业碳排放效率则在中上游间波动;河北、福建、海南三个省份的建筑业碳排放效率则一直处于中下游水平;②中部地区的大部分省份排名处于中游,同时随着时间的推进波动较大,发展情况不稳定。以湖北省为例,它的建筑业碳排放效率在 2011 年排名第 11 位,但在其之前的 2010 年和在其之后的 2012 年,其排名分别为第 2 名与第 1 名,波动很大;③西部地区的大部分省份排名长期处于下游,排名分布均匀。仅有四川、重庆、陕西三个省份的建筑业碳排放效率曾经较为靠前。总的来说,建筑业碳排放效率与经济发展水平及所处地区有关系,但这种关系不是绝对的。东部地区建筑业在碳排放效率上处于绝对的领先地位;中部地区建筑业碳排放效率处于波动中,有迎头赶上东部的潜力与趋势;西部地区建筑业碳排放效率则与东部与中部存在较大差距,未来还需要在低碳政策的执行情况、促进技术进步程度、经济发展状况等方面努力以提高其碳排放效率。

表 8 　　　　　　　　**2005—2012 年我国各省(市、自治区)建筑业碳排放效率排名**

		2005 年	2006 年	2007 年	2008 年	2009 年	2010 年	2011 年	2012 年
东部地区	北京	2	1	1	2	3	1	1	1
	天津	7	10	7	10	8	6	3	10
	河北	14	13	17	12	11	9	14	9
	辽宁	5	5	4	6	13	8	12	5
	上海	1	2	2	1	1	1	1	6
	江苏	1	1	1	1	1	1	2	2
	浙江	1	1	1	1	1	1	1	1
	福建	16	16	9	15	16	16	10	16
	山东	4	4	3	8	6	10	5	15
	广东	3	3	5	3	2	3	9	12
	海南	28	28	27	28	27	27	27	25
中部地区	山西	13	6	12	13	15	15	13	13
	内蒙古	23	21	20	23	22	22	21	19
	吉林	20	20	18	18	18	14	16	22
	黑龙江	17	15	13	16	9	5	18	1
	安徽	11	11	11	9	12	12	4	4
	江西	15	14	16	14	14	13	6	1
	河南	9	17	6	4	5	7	1	7
	湖北	8	8	8	7	4	2	11	1
	湖南	10	9	10	11	1	11	7	8

		2005 年	2006 年	2007 年	2008 年	2009 年	2010 年	2011 年	2012 年
西部地区	广西	22	22	21	19	20	20	15	18
	重庆	12	7	15	20	17	17	17	3
	四川	6	12	1	5	7	18	20	17
	贵州	25	25	24	25	24	24	23	23
	云南	19	18	19	22	19	19	19	14
	陕西	18	19	14	17	10	4	8	11
	甘肃	24	24	22	24	23	23	24	20
	青海	27	27	26	27	26	26	26	26
	宁夏	26	26	25	26	25	25	25	24
	新疆	21	23	23	21	21	21	22	21

注：未包括西藏、港、澳、台数据。

4. 结论

通过三阶段 DEA 模型对我国建筑业碳排放效率的评价，得到如下结论：

第一，通过第二阶段对随机因素和环境因素进行调整，建筑业碳排放的技术效率、规模效率及纯技术效率与建筑业产出值的 Spearman 相关性都显著提升，表明建筑业碳排放效率受随机误差和环境因素的影响比较大，与传统 DEA 方法相比，采用三阶段 DEA 模型来测度建筑业碳排放效率更加准确、合理。市场化水平、技术进步水平等外部环境变量是影响我国建筑业碳排放效率的关键因素，据此政府可以从改变环境变量入手对建筑业加以引导，帮助建筑业走健康持续的低碳发展道路。

第二，全国建筑业碳排放技术管理水平仍处于较低水平，相比之下纯技术效率高于规模效率，建筑业碳排放的技术无效率更多是受规模无效率的影响。同时，全国建筑业碳排放的效率是逐年上升的，这主要是由于技术进步和技术效率的改善，而技术效率改善的主要因素是规模效率的提高。

第三，我国建筑业碳排放效率呈现明显的区域特点。对比分析三大区域的建筑业碳排放效率，东部处于绝对的领先地位，其均值为 0.8067，其次是中部地区为 0.7127，西部地区最低。将东、中及西部三大区域的建筑业碳排放效率的增长速度进行比较，其中西部地区增长速度最快，其次是东部、中部地区。不同区域针对建筑业碳排放效率的差异应提出不同的应对策略。

◎ **参考文献**

[1]冯博，王雪青. 中国各省建筑业碳排放脱钩及影响因素研究[J]. 中国人口资源与环

境，2015，25（4）．

[2]李兵．低碳建筑技术体系与碳排放测算方法研究[D]．武汉：华中科技大学学位论文，2012．

[3]陆菊春，刘罗，张建军．基于区间数的建筑业低碳竞争力评价[J]．技术经济，2012，31（4）．

[4]祁神军，张云波．中国建筑业碳排放的影响因素分解及减排策略研究[J]．软科学，2013，27（6）．

[5]张智慧，刘睿劼．基于投入产出分析的建筑业碳排放核算[J]．清华大学学报：自然科学版，2013，53（1）．

[6]潘伟，王凤侠．城市低碳交通绩效评价//珞珈管理评论2015年卷第1辑（总第16辑）[M]．武汉：武汉大学出版社，2015．

[7]Hunt, R. G., Franklin, W. E.. LCA-How it came about: Personal reflections on the origin and the development of LCA in the USA [J]. *The International Journal of Life Cycle Assessment*, 1996, 1(1).

[8]Brilian, L. Z., Uson A. A., Carpellini A. Life cycle assessment in building: State of the art and simplified LCA methodology as a complement for building certification[J]. *Building and Environment*, 2009, 44(12).

[9]Sorrell, S.. Making the link: Climate policy and the reform of the UK construction industry [J]. *Energy Policy*, 2003, 31(9).

[10]Hoffman, A. J., Henn, R.. Overcoming the social and psychological barriers to green building [J]. *Organization & Environment*, 2008, 21 (4).

[11]Newton, P. W., Tucker, S. N.. Pathways to decarbonizing the housing sector: A scenario analysis [J]. *Building Research and Information*, 2011, 39(1).

[12] Heerwagen, J., Green, B.. Organizational success and occupant productivity [J]. *Building Research and Information*, 2000, 28(5).

[13]Theaker, I. G., Cole, R. J.. The role of local governments in fostering green buildings: A case study[J]. *Building Research and Information*, 2001, 29(29).

The Carbon Emission Efficiency Evaluation of China's Building Industry and Comparison of Regional Differences

Lu Juchun[1] Zhong Zhen[2] Huang Xiaoxiao[3]

(1, 2, 3 Economics and Management School of Wuhan University, Wuhan, 430072)

Abstract: According to carbon emission status of China's building industry, with the 2005—2012 year panel data of provinces' (regions') building industry, using a three-stage DEA model to evaluate the carbon emission efficiency of the building industry. The results showed that three-stage DEA model was more reasonable to measure the carbon emission efficiency of the building industry than the traditional DEA method, in 2005—2012 period, the national carbon emission efficiency of the building industry was still at a low level but increased year by year, this increase was mainly from the improve of the technical efficiency and the technological progress. From the perspective of three regional building industry, the carbon emission efficiency of eastern building industry was the highest, for 0.8067. Central followed and western was he lowest. External environment variables have a significant impact on carbon emission efficiency of the building industry, the government can use this as the basis to guide and help the building industry to take the healthy and sustainable low carbon development path.

Key words：Building industry；Three-stage DEA；Carbon emission efficiency

专业主编：曾伏娥